인정의
기술

VALIDATION
Copyright ⓒ Caroline Fleck, 2025
Korean translation rights ⓒ Sejong Books, Inc., 2025

All rights reserved including the right of reproduction in whole or in part in anyform. This edition published by arrangement with Avery, an imprint of Penguin Publishing Group, a division of Penguin Random House LLC. The Publisher will include any and all disclaimers that appear on the proprietor's copyright page of the book in the publisher's editions of the work.

이 책의 한국어판 저작권은 알렉스리 에이전시 AIA를 통해 Penguin Random House LLC와 독점 계약한 세종서적(Sejong Books)이 소유합니다. 저작권법에 의하여 한국 내에서 보호를 받는 저작물이므로 무단 전재 및 복제를 금합니다.

인정의 기술

캐럴라인 플렉 지음 ― 정미나 옮김

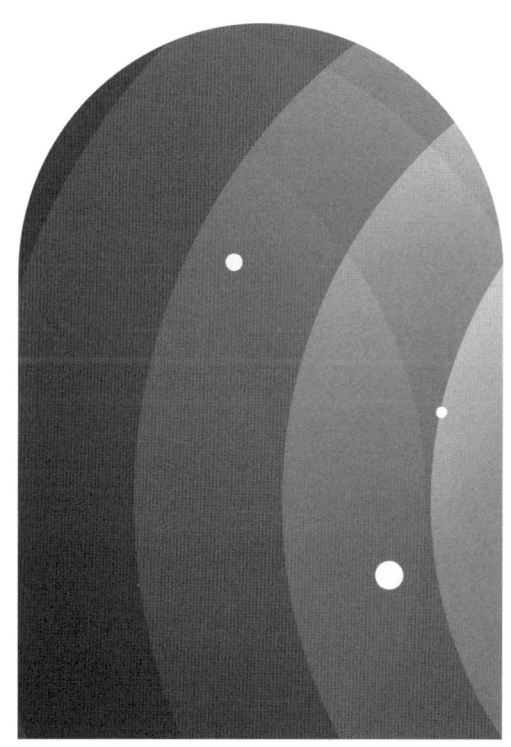

세종

일러두기

'환자'라는 표현에는 수동적인 의미가 담겨 있어 저자가 지향하는 협력적 치료 관계의 본질과는 거리가 있다. 그래서 저자는 여러 선배 치료사들의 방식을 따라 상담을 찾아오는 이들을 '내담자'라고 부르기로 했다. 이 책에 등장하는 모든 내담자의 이야기는 익명으로 기록되어 있다. 본문에 나오는 내담자의 모습이 혹시 아는 누군가와 비슷하더라도, 실제 그 사람의 이야기가 아님을 미리 밝혀둔다.

하바나에게
네가 세상에서 처음 낸 울음소리에
엄마의 가슴은 터질 듯이 벅찼단다.

차례 ────────

들어가는 글 당신을 알아요: 관계를 바꾸는 공감과 인정의 기술 … 8

◆ 1부 인정해주면 확 달라진다: 관계의 핵심 원리

1장 "그래, 네가 맞아" ― 한마디로 바뀌는 관계의 법칙 … 16
2장 인정의 힘: 관계를 살리는 마법 같은 기술 … 33
3장 보이지 않는 것을 보는 눈 … 53
4장 고통을 낭비하지 마라: 상처를 성장으로 바꾸는 방법 … 73

◆ 2부 관계를 바꾸는 8가지 인정의 기술

5장 인정의 사다리 ― 진짜 소통을 위한 8단계 … 94
6장 ①주의 기울이기 ― '듣는 힘'이 만드는 기적 … 105
7장 ②따라 하기 ― 관계를 이어주는 모방의 기술 … 127
8장 ③맥락 파악하기 ― 보이는 행동 너머를 읽는 법 … 144
9장 ④입장 바꿔보기 ― "그 상황이라면 누구라도 그랬을 거야" … 160
10장 ⑤마음 읽기 ― 상대의 속마음을 알아채는 감각 … 181
11장 ⑥행동 보여주기 ― 말보다 강한 메시지 전달법 … 202
12장 ⑦감정 나누기 ― 더 깊이 연결되는 법 … 220
13장 ⑧진심 보여주기 ― 공감의 최고 단계 … 242

 3부 인정이 가져오는 실제적인 변화

14장 행동을 바꾸는 가장 강력한 방법 ⋯ 262
15장 아이의 마음을 여는 인정의 기술 ⋯ 276
16장 사랑을 지키는 기술 ⋯ 291
17장 인정하는 리더가 이긴다 ⋯ 303
18장 회복력을 높이는 자기 인정의 기술 ⋯ 318

맺음말 나는 내 편이 될 권리가 있다 ⋯ 342
감사의 말 ⋯ 351

부록 인정의 사다리: 실천 가이드 ⋯ 356
주 ⋯ 358

들어가는 글

당신을 알아요:
관계를 바꾸는 공감과 인정의 기술

나는 원래부터 감수성이 예민한 편이었다. 어린 시절엔 이것이 축복처럼 느껴졌다. 내 감수성이 사람들을 끌어당기는 특별한 매력이었기 때문이다. 지금도 마음속 깊은 불안과 비밀을 거울 앞에 선 듯 내게 털어놓던 사람들의 모습이 선명하게 떠오른다. 아이들은 물론 어른들도 내게 속마음을 쉽게 열었다. 초등학교 3학년 때의 일이다. 친구 제니의 엄마가 남편이 바람피운 이야기를 털어놓았다. 제니가 무용학원에서 돌아와 지하실에서 '바닥이 용암이야' 게임(바닥을 밟지 않으면서 한곳에서 다른 곳으로 이동해야 하는 게임으로 바닥을 밟으면 게임이 종료된다—옮긴이)을 하기로 한 날이었다. 나는 제니 엄마 옆에 웅크리고 앉아, 아줌마가 어쩌다가 엎지른 펩시콜라는 잊은 채 이야기를 경청했다. 아줌마는 무너진 결혼 생활을 주체할 수 없다는 듯 마구 쏟아내며 깊은 한숨을 내쉬었다. 그때 했던 말들은 하나도 기억나지 않고, 당시에 나는 대부분 무슨 뜻인지도 잘 몰랐을 것이다. 하지만 격분한 눈빛과 눈물로 번진 뺨의 표정만은 지금도 선명하다. 나는 이야기를 제대로 이해하진 못했지만 그래도 공감하려 애썼다. 바닥에 콜라가 웅덩이를 이루어가는 순간, 내가 말했다. "너무 끔찍해요. 이제 막 태어났는데 죽어가는 기분일 것 같아요." 이혼도 '새출발'의 의미도 모르던 아홉 살의 입에서 나온 직감적인 말이었다. 의미도 모른 채 내뱉은 말이었건만, 그 순간 아줌마의 가장 깊은 곳에 닿은 듯했다.

매번 완벽하게 반응했던 것은 아니다. 상황을 악화시킨 적은 없었지만, 상대의 감정이나 필요를 직감적으로 알아채지 못할 때도 많았다. 그래도 진정한 교감이 이뤄질 때면 온몸에 전율이 흘렀다. 그때의 나는 누군가에게 쓸모 있는 따뜻한 사람이 된 것 같았다.

하지만 성장하면서 내 감수성은 축복이 아닌 저주가 되어갔다. 사람들을 끌어당기기는커녕 오히려 나를 고립시켰다. 나는 남들보다 쉽게 상처받았고, 열세 살 사춘기의 상처가 아무는 데는 또래들보다 한참 더 오래 걸렸다. 외로움과 취약함이 자주 찾아왔다. 그때의 내가 겪은 그 경험을 전문용어로는 '엘사 여왕 증후군Queen Elsa of Arendelle syndrome'이라고 한다. …… 이 말은 농담이고, 사실 이건 주요우울장애(오랜 기간에 걸쳐 우울한 증상이 발생하는 것─옮긴이)였다. 열여섯 살에 이 병명으로 진단받은 후 10년 넘게, 나를 점점 쇠약하게 만드는 그 증상들과 싸워야 했다. 증상이 심해지면 대개는 자기 보호를 위해 집에 숨었다. 하지만 가끔은 어린 시절의 마법 같은 감수성을 깨우려 했고, 누군가와 진심 어린 대화를 나눌 때면 그 따스한 교감이 내 상처를 조금씩 치유해주었다.

그런 순간들은 우울증이라는 무거운 굴레에서 잠시나마 나를 자유롭게 했다. 그 외에 내 피난처는 오직 책과 공부뿐이었다. 대학 시절, 논문들로 둘러싸인 도서관 독서실은 나를 지키는 성벽이었다. 4학년이 되어 임상심리학 박사과정을 선택한 건, 한편으론 과제 속에 더 오래 숨고 싶어서였다. 다른 한편으론 내 예민한 감수성이 짐이 아닌 선물이 될 수 있다는 희망이 있었다. 남들에겐 따스한 위로가 되고, 나에겐 덜 아프게 살아가는 지혜를 찾고 싶었다. 분명 내 안에는 남다른 정서적 감각이 숨쉬고 있었다. 다만 그것이 진정한 가치를 발휘하려면 올바른 방향을 찾아야 했다. 놀랍게도, 그 방법을 배우게 될 순간이 찾아왔다.

인정의 기술*을 처음 배운 날을 "평생 잊지 못한다"라고까지는 하지 않겠다. 나도 다른 사람들처럼 수많은 날들이 흐릿하게 지워졌으니까. 하지만 "수용 전략: 인정의 기술"이라는 제목이 적힌 진

---

*원어는 '타당화validation'인데 이는 심리학에서 한 사람의 감정과 생각, 경험이 이해할 만하고 '타당'(정당)하다는 것을 인정하고 전달하는 치료적 기법을 의미한다. 이 책에서는 한국 독자들의 직관적 이해를 위해 '인정의 기술', '수용의 기술', '공감의 기술'이라는 표현을 주 번역어로 사용할 것이다. 이는 단순한 "그래요, 이해해요"라는 감정적 공감이나 위로를 넘어서는 것이다. 상대의 관점에서 그 경험과 감정이 충분히 그럴 만하다고 인정하고, 그 사람의 내면세계를 온전히 받아들이며, 그렇게 느끼는 것이 자연스럽고 타당하다는 메시지를 전달하는 것으로 이해하길 바란다.—편집주

보라색 파워포인트 슬라이드에 관한 기억은 선명하게 남아 있다. 그날의 열기 넘치는 강의를 들으며 '왜 이걸 초등학교에서 가르치지 않을까?'라고 생각했던 순간도 또렷하다.

 인정의 기술을 배우면서 잃어버린 줄도 모르던 퍼즐 조각을 찾은 듯했다. 마치 전체 그림의 핵심을 찾은 것처럼 말이다. 이 기술을 배운 지 얼마 지나지 않아, 평생 나를 괴롭혔던 그 예민함이 오히려 다른 이들을 살리는 힘이 될 수 있음을 깨달았다. 평생 추구하던 그 '마법'은 사실 누구나 익힐 수 있는 단순한 기술이었다. 이를 연습할수록 더 능숙해졌고, 나 자신은 물론 다른 사람들과도 더 깊이 교감할 수 있었다. 시간이 흐르면서 내 감정을 보는 눈도, 감정과의 거리도 달라졌다. <u>숨기고만 싶던 나의 예민함은, 이 기술을 만나 남들의 마음을 어루만지는 특별한 재능으로 피어났다.</u>

 한 가지 분명히 짚고 넘어가야 할 것이 있다. 인정의 기술을 연습한다고 해서 내 우울증이 나아진 것은 아니며, 그런 효과가 있다는 연구 자료도 아직 찾지 못했다. 하지만 개인적 경험과 여러 관찰을 통해 확실히 알게 된 것이 있다. 바로 이 기술이 인간관계의 질을 근본적으로 변화시킬 뿐 아니라, 그 관계 속에서 일어나는 치유와 성장의 가능성까지 크게 좌우한다는 것이다. 이는 타인과의 관계뿐 아니라 자신과의 관계에서도 마찬가지다. 이 기술이 가져오는 긍정적 변화는 크게 다음 다섯 가지로 정리할 수 있다.

1. **관계의 깊이**: 상대의 경험을 진심으로 인정하고 받아들일 때, 그 사이에는 친밀감과 신뢰, 심리적 안전감이 자라난다. 이런 감정의 변화는 자연스럽게 행동의 변화로 이어진다. 서로를 더 깊이 신뢰하게 되면서 더욱 솔직하고 진실된 관계가 만들어지는 것이다.
2. **갈등의 해소**: 어려운 대화 속에 이 기술을 녹여내면, 대화가 겉돌거나 감정싸움으로 번지는 것을 막을 수 있다. 사람들은 자신의 입장이 전달되지 않는다고 느낄 때 공격적으로 변하고, 존중받지 못한다고 느낄 때 방어적으로 바뀐다. 하지만 상대의 마음을 진정으로 인정할 때는 공격할 이유도, 방어할 필요도 사라진다.
3. **영향력의 확장**: 자신들의 진의를 그들이 이해하지 못한다고 느낀다면, 문제 해결이나 설득은 어려워진다. 하지만 상대의 마음을 깊이 이해하고 인정할 때, 당신은 그들을 더 잘 이해하게 되고 그들 역시 당신의 말에 더 귀 기울이게 된다.
4. **변화를 이끌어내는 힘의 증대**: 이 기술은 비용도 들지 않고, 누구나 원하며, 그 효과가 감소하지도 않는다. 이런 특성 덕분에 강력한 동기부여가 되어, 운동을 시작하거나 심지어 오피오이드(아편성 진통제) 의존도를 낮추는 등의 실제적인 도움을 줄 수 있다.[1]
5. **자기 연민의 강화**: 타인의 마음을 인정하는 법을 배우면서 그들과의 관계뿐 아니라 자신과의 관계도 달라진다. 혼자 하는 명상이 타인과의 관계도 좋아지게 하듯, 타인과의 진정한 교감은 자신을 대하는 태도도 부드럽게 만든다. 이 책 마지막에서 다룰 자기 인정의 방법까지

익힌다면 그 효과는 더욱 커질 것이다.

이 기술을 배운 지 10년쯤 되었을 때부터, 나는 이 소중한 기술을 더 많은 사람과 나누는 것을 삶의 소명으로 삼았다. 그러면서 사람들이 이 기술로 무너진 결혼 생활을 되살리고, 부모 자식 간의 관계를 다시 쌓으며, 때로는 목숨을 구하는 것도 지켜보았다(앞으로 하나씩 들려주겠다). 이제 나는 심리치료든, 양육 워크숍이든, 기업 교육이든 이 기술을 가장 먼저 가르친다. 실리콘밸리 톱5 기업 중 한 곳에서 직원 100명을 위한 12주 과정의 대인관계 강의를 요청받았을 때도, 전체 시간의 3분의 1을 온전히 이 기술 교육에 썼다. 강의 성과는 경영진의 기대를 훌쩍 뛰어넘었고, 강의 후 가장 많이 받은 요청은 이 기술만을 다룬 책을 써달라는 것이었다.

이런 변화를 이끌어내는 기술은 타고난 감수성이나 '뛰어난 공감 능력'이 있어야만 익힐 수 있는 게 아니다. 어린 시절 우연히 이 마법 같은 기술을 발견했다는 건 내게 그런 소질이 있었다는 뜻이지만, 타고난 재능이 꼭 필요한 것은 아니다. 오히려 타고난 감수성이 풍부한 사람들은 이 기술에 자연스레 끌리면서도 정작 연습은 덜 하는 경향이 있어, 결과적으로 습득 가능성은 더 낮다(그 이유는 앞으로 설명하겠다). 정서적 감수성이 뛰어난 것은 분명 장점이지만, 연습 없이는 그 장점도 빛을 발하지 못하기 때문이다.

이제부터 내가 평생 찾아온 그 마법 같은 교감을 만드는 방법과,

그런 교감을 통해 의미 있는 변화를 일으키는 비결을 나누려 한다. 이 책은 더 쉽고 효과적으로 배울 수 있도록 반복 학습과 실제 사례를 중심으로 구성했다. 하지만 진정한 변화를 만들어내려면 책장을 넘어 실제 삶으로 나아가야 한다. 이는 피할 수 없는 현실이다. 모든 언어가 그렇듯 책만으로는 한계가 있다. 유창해지려면 직접 말해보는 수밖에 없다.

인정해주면 확 달라진다:
관계의 핵심 원리

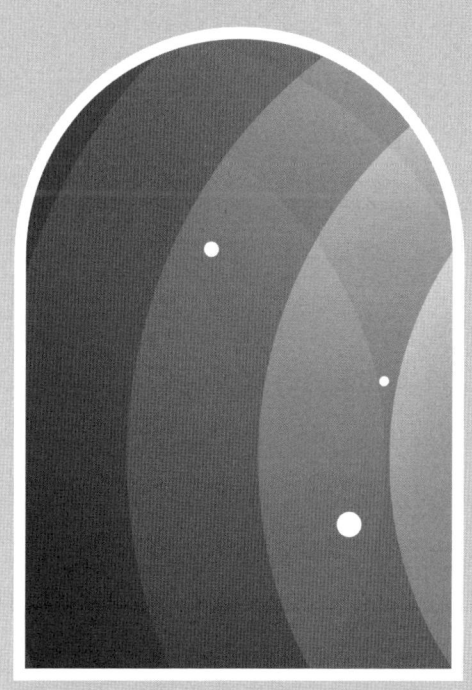

1장

"그래, 네가 맞아"
─ 한마디로 바뀌는 관계의 법칙

온화한 방법으로도 세상을 흔들 수 있다.
― 마하트마 간디

당시 나는 스물일곱 살의 임상심리학 박사과정 학생이었고, 내 앞에는 스물두 살의 남자가 한 명 앉아 있었다. 그는 방금 "오늘 저녁에 목숨을 끊겠다"고 담담하게 말했다. 그의 뒤로는 나를 비추는 카메라와 모니터가 있었다. 화면에는 '반드시 첫 단계에서 자살 위험성을 평가할 것!'이라는 문구가 떠 있었다. 시계를 힐끗 보니 한 시간의 상담 시간에서 겨우 5분이 남아 있었다. 복도 아래 강의실에선 내 얼굴이 모자이크 처리된 채 스크린에 비치고 있었고, 열 명의 수련생들과 함께 있는 담당 임상실습 강사가 실시간으로 피드백을 보내고 있었다.

나는 위험성 평가를 위한 질문들을 재빠르게 훑었다. "치명적인 수단에 접근할 수 있는가? 구체적인 계획이 있는가?" 다행히 위험 수준은 높지 않아 보였다. 그는 이틀 전 밤에 남자 친구와 헤어졌다고 했다. 처음엔 꺼내고 싶지 않은지 말하지 않다가, 상담이 끝나갈 무렵에야 털어놓았다. 파트너와 함께 살던 그 빈 아파트로 돌아가 또 하룻밤을 혼자 보내야 한다는 생각을 견딜 수 없다고 했다.

해야 할 일은 분명했다. 상담을 통해 배운 절망 극복 기술을 활용하도록 격려하고, 오늘 밤을 버티는 구체적인 방법을 함께 찾아야 했다. 하지만 그는 어떤 방법에도 반응하고 싶어 하지 않았다. 소용없을 게 뻔하다고 했다. 게다가 이별 얘기를 하고 싶지 않은데 자꾸 캐묻는 것에 짜증을 내고 있었다. 아무 말도 하지 않겠다며, 그저 집에 가고 싶다고만 했다.

이 상황을 빨리 돌려놓지 못한다면, 입원을 거부하는 그를 강제로라도 입원시켜야 하지 않을지 고민해야 했다. 그렇게 되면 치료사로서 그를 놓칠 수 있었고, 그는 절실히 필요한 치료에 대한 의지마저 잃을 수 있었다. 모니터를 봤지만 아무런 답도 없었다. 나는 평소 알던 대로 인지행동치료 전략을 모두 꺼내보았다. 긍정적 강화, 소크라테스식 질문, 부정적 강화, 모델링, 심지어 (전략이라고 하기도 어려운) '애원'까지. 하지만 모든 것이 허사였다. 시계를 보았다가 다시 모니터로 시선을 돌렸을 때, 지금도 또렷한 그 글자들이 천천히 떠올랐다. '공감의 기술'이었다. 순간 당황했다. 그가 이별 얘기를 거부한다고 분명히 말한 상태였으니까. 그러다 문득 한마디가 떠올랐다.

"이거 참 엿같은 일이네요."

그가 눈을 치켜떴다. 아니, 노려보는 것에 가까웠다.

"열정 넘치는 대학원생이 기회만 엿보다가 당신에게 질문만 퍼붓고 있잖아요. 관심을 가져주는 거라고 믿고 싶지만, 그냥 배운 대로 하는 걸 수도 있고요."

모니터를 슬쩍 보니 '잘하고 있다'는 메시지가 떠 있었다.

"게다가 한 번도 본 적 없는 사람들이 가득한 방에서 이 모든 게 생중계되고 있기까지 하고요."

"나는 보통 남의 시선 따위는 신경 안 쓰는 사람이에요. 그래도…… 말해줘서 고마워요." 그가 말했다. …… 미소를 지으며!

"저도 그런데, 지금은 좀 신경 쓰이네요." 나는 일어나 모니터를 끄고는 산책을 제안했다. 우리는 20분 동안 치료센터 맞은편 공원을 거닐었다. 안에서 나눈 대화를 이어가며 나는 그저 그의 입장이 되어보려 했다. 자살을 만류하거나 위험을 줄이려 하지도 않았다. 그 대신 절실히 도움이 필요한데 믿을 만한 사람을 찾지 못한 그의 심정에 깊이 공감하려 했다.

다시 들어와서 우리는 본격적인 상담을 시작했다. 그렇게 두 시간을 더 이어간 후, 나는 그를 입원시키지 않기로 했다. 이는 결과적으로 옳은 판단이었다. 그는 그날 밤 상담에서 배운 기술로 혼자서 그 시간을 견뎌냈다. 그다음 밤도, 또 그다음 다음 밤도……. 그때가 벌써 20년 가까이 지났다. 지금도 그는 자신이 일구어낸 '살 만한 삶'의 근황과 사진들을 종종 보내온다. 그리고 지금은 그 자신이 뛰어난 상담 치료사로 살아가고 있다.

물론 누군가에게 자살 대신 극심한 고통을 견디자고 설득하는 일은 가장 위험부담이 큰 변화 중 하나다. 하지만 이렇게 까다로운 상황에서도 통하는 전략이라면, 이보다 훨씬 덜 심각한 상황에서도 비슷한 효과를 발휘할 것이다. 내가 자주 하는 말이지만, 상담 치료를 통한 변화와 그 밖의 변화의 차이는 전자가 좀 더 어렵다는 것뿐이다. 심각한 우울증으로 가장 좋아하는 일조차 하기 싫어하는 사람에게 규칙적인 운동을 권하는 건 거의 불가능에 가깝다.* 사실 임상심리 전문가들이 알고 있는 정신건강 개선을 위한 변화의 방법들은 정신질환자뿐 아니라 일반인들에게도 똑같이 효과가 있다.[1]

물론 사람의 생각과 행동을 변화시키는 일에 관심을 가진 건 심리학자들만이 아니다. 우리 모두는 다른 사람들이 내 말을 들어주길 바라며 많은 시간을 보내지만, 아무리 애써도 번번이 실패하곤 한다. 지금 이 순간에도, 주변에는 당신에게 영향을 미치려 애쓰는

---

*그럼에도 규칙적인 운동은 우울증 치료에서 항울제를 쓰는 것만큼 효과가 있다. A. Blumenthal 외, "Exercise and Pharmacotherapy in the Treatment of Major Depressive Disorder," *Psychosomatic Medicine* 69, no. 7 [September 1, 2007]: 587~96, https://doi.org/10.1097/psy.0b013e318148c19a

누군가가 있을 것이다. 아이일 수도, 파트너일 수도, 부모일 수도 있고, 직장 동료나 상사일 수도 있다. 우리는 언제나 주변 사람들의 변화를 꿈꾼다. 게으른 동료는 더 부지런해지고, 일밖에 모르는 상사는 일 얘기를 줄이고, 연락 없는 친구는 답장을 자주 하고, 메신저 중독인 파트너는 메시지를 덜 보내길.

이런 갈망이 모여 지금의 '변화 산업'을 만들어냈고, 그 규모는 이미 10억 달러를 넘어섰다. 매년 수많은 사람이 타인의 행동을 바꾸거나 관계를 개선시켜주겠다는 워크숍, 책, 프로그램에 몰려든다. 이런 유의 워크숍 등은 주로 특정한 관계나 문제에 초점을 맞추어 '사람을 설득하는 법'이나 '반항하는 아이 다루기' 같은 제목을 내건다. 하지만 결국 모든 목표는 하나다. 행동 변화를 이끌어내는 것이다.

이런 방법들 중에는 사이비 과학이나 헛소리가 많은 것이 사실이지만, 믿을 만한 정보도 상당하다. 긍정적 강화처럼 과학적으로 입증된 전략이 점점 일반화되고 있다. 인지행동치료가 수십 년간 써온 이런 기법들은 이제 배변 훈련부터 직원 관리까지 다양한 분야에서 성공의 열쇠가 되고 있다(이 둘이 비슷한 방법으로 해결된다니 잠시 감사한 마음이 든다).

심리학자들의 과학적 접근법이 주목받는 것은 당연하다. 특히 어려운 상황에서는 더욱 그렇다. 앞서 말했듯 누구에게나 영향력을 미치기 힘든 사람이 있기에, 그들과 소통할 방법이 있다는 것만으로도 희망이 된다. 하지만 이해하기 힘든 점이 있다. 왜 사람들은 70년이 넘은 오래된 행동 전략만 반복해서 적용하고, 그것을 획기적으로 발전시킨 최신 연구 결과들은 무시하는 걸까? 나는 이 현실이 정말 안타깝다. 인간 행동에 대한 우리의 이해는 B. F. 스키너에서 끝난 게 아니다. 그것은 끝이 아닌 시작이었다!*

초기 행동 연구는 오늘날에도 여전히 가치가 있다. 개를 훈련해 본 사람이라면 누구나 알고 있듯이, 간식을 통한 긍정적 강화는 개가 명령에 따라 앉거나 꼬리를 흔들게 만드는 데 놀라운 효과를 보인다. 이러한 행동주의 원리가 동물에게만 국한되는 것도 아니다. 어떤 이들은 게임 레벨을 올리는 보상만으로도 며칠씩 컴퓨터 앞에 앉아 있기도 한다. 하지만 스키너 이후 우리가 알게 된 것이 있다. 사람들이 변화를 거부할 때는 변화의 기본 원칙을 아는 것만으로는 부족하다는 것이다. 그들의 마음을 먼저 인정하고 받아들이는 법도 알아야 한다.

---

* B. F. 스키너는 행동주의의 선구자이다. 그는 우리가 원하는 행동에는 보상을, 원치 않는 행동에는 벌을 주어 행동의 빈도를 조절할 수 있다는 '조작적 조건화operant conditioning'(어떤 반응에 대해 선택적으로 보상함으로써 그 반응이 일어날 확률을 증가시키거나 감소시키는 방법—옮긴이) 이론으로 유명하다.

변화에서 마음을 읽는 법이 필요한 이유

임상심리학자들이 수용과 행동주의의 관계를 본격적으로 연구하기 시작한 것은 1990년대 초, 마샤 리네한Marsha Linehan 박사가 변증법적 행동치료Dialectical Behavior Therapy, DBT라는 새로운 치료법을 선보이면서부터이다. 당시 리네한의 치료법이 이 분야에 충격을 준 이유는 수용이 변화의 촉매라는 사실을 입증했기 때문만이 아니다. 그때까지 어떤 치료도 해내지 못했던 일, 바로 자해와 자살 행동을 확실히 줄일 수 있다는 것을 보여주었기 때문이다.[2]

현대 심리학에서 '수용'은 어떤 상황을 있는 그대로, 비판이나 변화의 시도 없이 인정하는 것을 뜻한다. 이런 정의라면 수용과 변화는 서로 상반된다. 하지만 리네한은 자살 위험이 있는 내담자들을 전통적 행동 전략으로 치료하며 고군분투하던 중에, 수용과 변화가 동전의 양면일 수 있다는 것을 깨달았다. 그녀는 변화만을 강조하면 오히려 저항을 키울 수 있다고 보았다. 앞서 내 상담 사례처럼, 내담자에게 내가 알던 기술을 써보려 계속 밀어붙였다면 어땠을까? 리네한은 특정 정신건강 문제가 '인정받지 못함'에서 비롯된다고 보았다. 자신과 자신의 감정이 계속해서 거부당하는 환경에 놓인 사람들이 정신건강 문제를 겪게 된다는 것이다. 성소수자와 비성소수자의 자살률 비교는 이런 관점에서 설득력을 보여준다.[3]

리네한은 사람들이 진정으로 인정받는다고 느낄 때 변화도 더 잘 받아들일 거라고 생각했다. 이 가설을 검증하기 위해 DBT라는 새로운 치료법을 개발했다. 이를 통해 치료사들이 기존의 행동변화 전략과 함께 그녀가 만든 '수용 전략'을 쓸 수 있게 했다. 핵심은 두 가지다. 치료사가 수용을 전달하도록 돕는 공감의 기술과, 내담자가 자신과 환경을 받아들이게 돕는 기술이다. 이 중에서도 가장 중요한 건 공감의 기술이다. 리네한의 말처럼 "DBT에서 이 기술의 중요성은 아무리 강조해도 지나치지 않다."[4] 내 식대로 말하자면, 이 기술은 엔싱크NSYNC의 저스틴 팀버레이크나 데스티니스 차일드Destiny's Child의 비욘세 같은 존재다. 다른 수용 전략들도 나름의 역할이 있지만, 이 기술에 비하면 조연에 불과하다.

DBT의 성공 이후, 수용과 변화를 결합한 새로운 치료법이 쏟아져 나왔다. 이 치료법들은 다양한 정신건강 문제에 효과가 있음이 입증되었고, 오랫동안 심리학자들을 곤혹스럽게 했던 재발성 우울증[5]이나 경계성 성격장애[6] 같은 질환을 치료하는 데 최적 표준으로 자리 잡았다.

지난 수십 년간 정신건강에 대한 금기가 줄어들면서 수용 전략도 점차 주목받기 시작했다. 최근 레이디 가가는 오프라 윈프리와의 대화에서[7] "DBT를 통해 나의 모든 것을 있는 그대로 받아들이게 되었고, 그 덕분에 만성 통증도 이겨낼 수 있었다"며 자신의 삶이 완전히 달라졌다고 털어놓았다.[8] 심리학자로서 서점에서 치료 매뉴얼에서나 보던 수용 전략이 베스트셀러 제목으로 걸려 있는 것을 볼 때만큼 기쁜 순간도 없다. 이처럼 과학적 치료법이 각광받는 시대에, 이토록 강력한 마음 읽기의 기술이 이미 모두에게 알려져 있을 것 같지만, 놀랍게도 아직은 그렇지 않다.

'타당화 validation', 즉 '공감의 기술'이라는 말이 이제는 하나의 유행어가 되었다. 누구나 이것이 관계를 좋게 만든다는 것을 아는 듯 보인다. 하지만 정작 그 의미를 제대로 설명하는 자료는 찾기 어렵고, 실제로 어떻게 연습해야 하는지를 알려주는 정보는 더욱 드물다. 상대방의 마음을 진정으로 이해하고 받아들이는 데 효과적이라고 입증된 이 기술을 제대로 아는 사람은 아직 많지 않다. 이것이 변화를 이끌어내는 열쇠라는 사실도 대부분의 사람에게는 비밀로 남아 있다. 마음을 다루는 여러 방법이 널리 알려졌음에도, DBT가 발견한 이 혁신적인 기술만은 아직 대중에게 잘 알려지지 않았다.

물론 당신이 들어본 적 있는 다른 온건한 수용 기술들도 변화를 만들어낸다. 그런 기술들을 꾸준히 연습하면 자신과의 관계가 달라지고, 결국 다른 사람들과의 관계도 변화한다. 다만 상대의 행동이나 조언 수용 가능성을 즉각적으로 높이지는 못한다. 반면 <u>몇몇 공감의 기술은 그런 즉각적인 효과를 낸다. 이 기술은 행동 변화를 이끌어내는 힘을 키워준다.</u>

주목할 점은, 이 기술과 변화의 관계가 다른 사람뿐 아니라 자신에게도 적용된다는 것이다. 그래서 자기 인정이 어떻게 자신과의 관계를 개선하고, 원하는 변화를 실현할 가능성을 높이는지도 이해해야 한다. DBT의 성공과 그로써 도입된 여러 기술과 개념들의 인기를 고려할 때, DBT의 핵심인 이 기술이 아직도 잘 알려지지 않았다는 것은 참 이상한 일이다. 수년간 이 현상의 원인을 찾아본 결과, 다음 세 가지 심각한 문제에 부딪힌 상황이라는 결론을 내렸다.

1. 사람마다 이 기술의 의미를 다르게 이해하고 있다는 점
2. 이 기술이 그동안 정신질환 치료에만 국한되어왔다는 점
3. 이 기술이 어디에나 있으면서도 어디에도 없다는 점

이 세 가지 문제 때문에 이 기술은 여전히 심리학의 1급 비밀로 남아 있다. 이 비밀을 밝히기 위해, 각각의 문제를 살펴보고 해결책을 제시하려 한다. 이 문제들을 이해하는 것이 이 기술의 본질을 이해하는 첫걸음이 될 것이다.

문제 #1: 사람마다 의미를 다르게 이해하고 있다는 점

이 기술이 무엇인지 잘 모르더라도 걱정하지 말자. 당신만 그런 게 아니다. 이 용어의 정의는 매우 다양하다. '마음챙김' 개념도 MBSR(Mindfulness-Based Stress Reduction, 마음챙김 기반 스트레스 완화) 프로그램이 성공을 거둔 초기에 비슷한 문제를 겪었다.[9] MBSR은 8주 과정으로, 명상이나 불교 수행 경험이 없는 사람들에게 마

음챙김을 가르친다. 1990년대 초 여러 연구에서 MBSR이 만성 통증[10]과 불안[11] 같은 질환에 효과가 있다는 것이 입증되었지만, 대부분의 사람은 여전히 마음챙김이 무엇인지 혼란스러워했다. '마음챙김이 뭐지? 종교? 마음 상태? 로스앤젤레스의 어떤 카페 이름?' 이 기술처럼 마음챙김도 수행 방법은 물론 의미조차 하나로 정리되지 않았었다.

마침내 1994년, MBSR을 개발한 심리학자 존 카밧진 박사가 일반 독자를 위한 책 『존 카밧진의 왜 마음챙김 명상인가?: 당신이 어디를 가든 거기에 당신이 있다Wherever You Go, There You Are』를 출간했다. 그는 이 책에서 마음챙김을 "현재의 순간에 의도적이고 무비판적으로 주의를 기울임으로써 일어나는 인식"[12]이라고 정의했다. 수행 방법을 정의에 포함시켜 개념을 더 실용적으로 만들었고, 일상적인 언어로 표현해 영적인 뉘앙스도 줄였다. 서구에서는 지금도 카밧진의 이 정의가 마음챙김의 표준으로 가장 많이 인용되고 있다.

마음챙김이 명상처럼 내면을 들여다보는 깊이 있는 수행으로 여겨지는 반면, 인정의 기술은 그저 칭찬이나 SNS의 '좋아요' 정도로 가볍게 인식되고 있다. 하지만 리네한에 따르면 이 기술은 "사회적 기대심리social desirability(실제로 생각하고 느끼는 대로가 아니라 사회적으로 바람직하다고 용인되는 방식으로 생각하고 행동하려는 경향—옮긴이)와는 무관하며 단순한 칭찬이나 동의와도 다르다."[13] 더구나 우리는 이런 인정을 바라거나 요구하면 안 된다는 말을 자주 듣는다. 관계에서 서로를 이해하고 인정하는 건 좋은 일이지만, 그걸 기대하는 것 자체가 마치 불안정하고 집착적인 모습처럼 여겨지고 있다.

인정해준다는 것은 당신이 곁에서 주의를 기울이며 이해해주고 관심을 가져주고 있다는 것을 보여주는 일이다.

이 기술이 사람마다 다르게 이해되는 문제에 대해서는 명확한 정의를 내리는 것으로 해결할 수 있다. 하지만 이는 생각보다 어려웠다. 나 역시 내담자들의 마음에 와닿으면서도 내가 가르치는 기술들과 연결되는 간단한 정의를 만들기까지 수년이 걸렸다. 전문 용어로 가득한 연구 문헌에서 배운 지식을 쉽게 풀어내는 게 쉽지 않았기 때문이다. 나도 카밧진처럼 실용적인 접근을 시도한 후에야, 드디어 내담자들이 이해하고 내 방식의 토대가 된 정의에 도달했다. 바로 다음과 같다. <u>한 사람이 다른 사람의 경험에 주의를 기울이고, 이해하며, 공감하고 있음을 전함으로써 그 경험을 있는 그대로 받아들여주는 것.</u>

따라서 이 책에서 배울 기술들은, 상대방에게 주의를 기울이고, 이해하고, 공감하고 있음을 효과적으로 전달하기 위한 검증된 방법들이다.

문제 #2: 그동안 정신질환 치료의 전유물이 되어왔다는 점

DBT에서 내담자들은 감정 조절, 집중력 향상, 관계 개선, 수용 등 다양한 기술을 배운다. 그러나 놀랍게도 치료사들이 가장 핵심적이라고 여기는 이 중요한 기술과 그 구체적 방법론은 1990년대 DBT가 시작되었을 당시에는 내담자들과 공유되지 않았다. 내담자들은 이 기술이 관계를 만들고 유지하는 데 매우 중요하다는 점만 배웠을 뿐, 실제 수행 방법은 배우지 못했다. 2014년이 되어서야 리네한이 치료 매뉴얼을 개정하며 이 기술을 내담자 교육에 포함시켰다.[14] 하지만 지금도 이는 선택사항으로 여겨져서 DBT 프로그램에서 가르칠 수도, 빼놓을 수도 있다. 이처럼 오랫동안 치료사들만의 전유물이었다는 점을 생각하면, 이 기술이 대중화되지 못한 것도 그리 놀라운 일은 아니다.*

이어서 짚어볼 중요한 점이 있다. 리네한이 평생의 업적을 쏟아부은 이 작업의 핵심은 깊은 고통 속에 있는 사람들을 구하는 것이었다. 카밧진이 마음챙김을 일반 대중을 위해 정의했던 것과 달리, 리네한의 타당화 접근은 주로 치료 매뉴얼과 임상연구 논문, 그리고 내담자들을 위한 소수의 자료에 한정되어 있었다. 하지만 타당

---

* 초기 DBT에서 이 기술을 내담자들에게 가르치지 않은 것은 의도적인 선택이었다. 리네한은 수십 년간 이 기술을 연구하며 다양한 교육 방식을 실험적으로 시도했다. 치료 방법을 개발할 때는 이런 꼼꼼한 검증 과정이 반드시 필요하기 때문이다.

화가 치료사나 환자들만을 위한 도구일까? 전혀 그렇지 않다. 2장에서 보게 되겠지만, 타당화는 갈등을 줄이고 교감을 높일 뿐 아니라, 수감자가 심문 중에 진실을 말하게 하거나 십대가 부모의 조언을 받아들이게 하는 등 다양한 행동 변화를 이끌어내는 것으로 입증되었다. 그렇다면 이런 연구 결과를 더 널리 알리고 이 기술을 가르치는 데 더 많은 노력을 기울여야 하지 않을까? 그렇다. 이 기술을 쉽게 설명하고 그 폭넓은 활용성을 보여줄 방법을 더 고민해야 한다.

나는 지난 10년 동안 DBT의 타당화 기술을 모든 사람이 일상의 어떤 상황과 관계 속에서도 진정한 이해를 전달하고 깊은 유대감을 형성할 수 있는 실질적인 도구로 다듬고 재구성해왔다. 이 책은 그 여정의 결실이다. "이 상황에서 뭐라고 말해야 할까?", "어떤 방식으로 표현해야 효과적일까?"라는 관계 속 영향력에 대한 고민을 안고 있는 모든 이들이 이 책에서 그 해답을 찾게 될 것이다.

문제 #3: 타당화 기술이 어디에나 있으면서 어디에도 없다는 점

타당화 기술은 주로 치료 영역에서 다루어져왔지만, 자세히 들여다보면 다양한 이름으로 곳곳에 존재함을 알 수 있다. 문제는 이런 기술이 '타당화 기술'이라 불리는 경우가 드물고, 오히려 특정 관계 문제에 대한 일회성 해결책으로 제시되는 경향이 있다는 점이다. 예를 들어 커플 워크숍에서는 파트너와의 소통을 위한 '말하는 사람-듣는 사람' 기법을 배우고,[15] 직장 생활을 위한 도움을 얻고자 펼쳐든 『결정적 순간의 대화』에서는 갈등 해소를 위한 '바꿔 말하기 기술'을 다루며,[16] 4학년 아이와의 소통 문제에는 '미러링'(상대방의 말투, 표정, 몸짓 등을 그대로 따라 하는 행위로, 상대방과의 공감대를 형성하고 친밀감을 높이는 데 효과적이다—옮긴이)을 해보라는 제안을 받는다.[17] 이 전략들을 나란히 놓고 보면, 모두 같은 본질을 공유한다. 상대의 말을 정리하고 반영하면서 당신이 경청하고 있음을 보여주는 것이다. 이는 모두 같은 타당화 기술의 다른 표현이다. 이 특별한 기술은 2부에서 자세히 살펴볼 것이다.

이처럼 타당화 기술이 다른 이름으로 불리고 특정 문제의 해결책으로 재포장되다 보니, 이를 제대로 알아보기가 어렵다. 게다가 타당화에 대한 일반적 이해마저 모호한 수준에 머물러 있어, 결국 이 기술은 어디에나 있으면서도 어디에도 없는 것처럼 보인다.

하지만 타당화의 핵심과 표현 방법을 이해하면, 어떤 이름으로 나타나든 그 기술을 쉽게 알아볼 수 있다. 타당화가 필요한 상황이라면, 이 책에서 배우는 기술로도 비슷하거나 더 좋은 결과를 얻을 수 있다. 타당화를 익히는 과정은 '매트릭스를 보게 되는 것'과 같다. 타당화가 어떻게 작동하고 언제 효과적인지 이해하면, 변화를 만들어내는 그 힘을 끝없이 확장할 수 있다.

앞으로 보게 될 내용

이 책은 크게 세 부분으로 나뉜다. 1부에서는 인정의 기술(타당화)의 개념을 구체적으로 설명하고, 그 주목할 만한 성과들을 살펴보며, 그 근원도 간략히 짚어본다. 2부에서는 인정의 기술 사다리 Validation Ladder(타당화 기술 지도 체계)와 함께, 지금까지 없었던 새로운 인정의 기술 습득 방법을 소개한다. 3부에서는 이 기술을 강화와 문제 해결 같은 행동변화 전략으로 활용해, 결혼 생활 개선에서 내면의 부정적 목소리 다스리기까지, 삶의 중요한 영역들을 변화시키는 방법을 알아본다. 책을 다 읽을 즈음이면, 인정의 기술이 가진 힘을 직접 경험하는 데 필요한 모든 것을 갖추게 될 것이다.

이번 장에서는 DBT를 많이 다루었지만, 4장을 제외하고는 더 이상 자세히 언급하지 않을 것이다. 4장에서는 인정의 기술의 과학적 근거와 철학을 살펴보며, 마샤 리네한과의 만남을 통해 내가 알고 있던 인정의 기술에 대한 모든 지식에 의문을 품게 된 경험담도 풀어놓으려 한다. DBT에 대해 더 알고 싶은 독자들에게는 리네한의 회고록 『인생이 지옥처럼 느껴질 때Building a Life Worth Living: A Memoir』를 추천한다.

마지막으로 한 가지 분명히 하자면, 이 책은 다른 사람을 조종하는 방법을 가르치려는 것이 아니다. 인정의 기술이 변화의 가능성을 열어주는 것은 사실이지만, 그것은 '수용'(받아들임)을 통해서이다. 우리는 모두 있는 그대로의 모습을 인정받고 싶어 한다. 이런 욕구가 채워지면 자연스럽게 상대의 말에 귀 기울이게 되고, 더 나아지고 싶은 동기도 생긴다. 버락 오바마 대통령의 말처럼 "다른 사람의 입장이 되어 그 사람의 눈으로 보는 것, 그것이 평화의 첫걸음이다. 평화의 시작이 당신에게 달려 있다."[18] 타인의 눈으로 보고, 그들의 경험을 이해하고 진정한 관심을 보이는 것은 말처럼 쉽지 않다. 그 중요성을 아는 것만으로는 부족하다. 실천하는 방법을 알아야 한다. 이 책의 기술과 전략들은 바로 그 방법을 제시한다. 이 기술들은 관계의 깊이와 성장을 가져다주지만, 당신 역시 같은 수준의 진심과 헌신을 보여줘야 한다.

2장

인정의 힘: 관계를 살리는 마법 같은 기술

> 연구가 시작되었던 당시만 해도 그 누구도 공감이나 애착에 관심을 갖고 있지 않았다.
> 하지만 건강하게 나이 들기 위한 열쇠는 첫째도, 둘째도, 셋째도 관계다.
> — 조지 베일런트, 하버드 대학교의 성인발달 연구에 대한 발언 중*

    3, 4년 전, 나는 몇 년 전부터 소원해진 딸과의 관계 회복을 간절히 바라던 여성 데브를 만났다. 데브는 정말 다정하고 좋은 사람이어서, 그녀를 알게 된 것이 즐거웠다. 최근 은퇴한 심장외과 의사였던 그녀는 매년 수입의 절반 이상을 자선단체에 기부했다. 해비타

---

*하버드 대학교의 성인발달 연구는 인간의 건강과 행복에 가장 큰 영향을 미치는 요인이 무엇인지, 즉 부인지, 명성인지, 관계인지를 알아보기 위해 시작되어 80년간 이어졌다. 결론부터 말하자면, 그 답은 '관계'였다. Over Nearly 80 Years, Harvard Study Has Been Showing How to Live a Healthy and Happy Life," *Harvard Gazette*, April 5, 2023, https://news.harvard.edu/gazette/story/2017/04/over-nearly-80-years-harvard-study-has-been-showing-how-to-live-a-healthy-and-happy-life.

트에서 봉사하고 지역 안락사 동물 보호소에서 동물들을 돌보기도 했다. 그녀의 부드러운 말투를 들으면, 어떻게 딸 카미아와 이토록 멀어질 수 있었는지 상상하기 어려웠다. 나는 데브가 카미아에게 보냈다는 문자와 이메일을 보여달라고 했다. 예상대로 그 메시지들은 따뜻하고 명랑하고 긍정적이었다. 하지만 그 속에는 딸의 감정을 인정하지 않는 모습도 숨어 있었다. 이런 면모는 예상치 못했지만, 모녀 관계를 생각하면 이해가 되는 부분이었다.

당시 카미아는 대학 졸업을 앞두고 있었다. 공부를 좋아하고 전액 장학생이었지만, 만성 백혈병 때문에 대학 생활이 힘들었다. 모녀가 멀어진 것은 카미아가 2학년 추수감사절 때로, 겉으로는 영화 시청 문제로 시작된 격한 다툼 때문이었다. 그때 카미아는 데브를 "인생의 즐거움이란 즐거움은 죄다 쪽쪽 빨아내는 독선적인 미친 년"이라고 욕했다. 이후 몇 년 동안 카미아는 두 번이나 과도한 음주로 병원에 실려갔고, 데브는 그 사실을 한밤중 응급실에서 연락받고서야 알게 되었다. 자식의 입원은 어느 부모에게나 괴로운 일이지만, 카미아의 병과 틀어진 관계 때문에 데브는 특히 더 힘들어했다. 결국 과거는 접어두고 카미아의 건강이라는 시급한 문제에 집중하기로 했다.

자연스럽게도, 소원해진 후 데브가 보낸 메시지들은 딸의 건강 문제에 집중되어 있었다. 때로는 현재의 관계를 인정하는 듯했다. "나도 알아. 나이 많은 엄마에게 또 메시지가 오면 진저리가 날 수도 있겠지…….” 하지만 곧바로 두 사람의 문제와 감정을 축소하는 말이 이어졌다. "엄마와 딸 사이는 다 그래. 우리가 그 문제를 웃으며 얘기할 수 있는 날이 빨리 올수록 우리 사이가 더 좋아질 텐데." 이런 상투적인 말은 주로 메시지 시작과 끝에만 등장했고, 대부분의 내용은 변함없이 카미아의 건강에 관한 것이었다. "이건 내가 우연히 본 기사인데, 알코올이 면역 기능을 어떻게 손상시키는지에 대해 나와 있어.💀" "3월에 내가 나머지 약이랑 갱신된 에피펜을 받아올게. 엄마 생각엔 네 약들이 한 4년쯤 전에 유효기간이 끝났을 것 같구나.🙃" "네가 원격의료로 존스 박사님에게 진료를 받게 예약해두었어. 네가 고등학교 때 그 선생님에게 진료받는 걸 싫어했던 건 알지만 그분은 국내에서 최고로 손꼽히는 혈액종양 전문의야.👍" 거의 3년이 지났지만 카미아는 엄마의 메시지에 단 한 번도 답하지 않았고, 당연히 원격의료 진료도 거부했다.😔

데브는 이 책에서 소개할 인정의 기술을 익히는 동안 메시지 발송을 잠시 중단하기로 했다. 일주일에 하나씩 기술을 배우고 연습하며 노력한 끝에, 그녀는 이 기술들을 제대로 터득하고 활용하게 되었다. 그녀가 이제 진정으로 상대의 마음을 이해하고 표현할 수 있게 되었다고 느꼈을 때, 처음 상담에서 보여준 메시지들을 다시 한번 살펴보자고 제안했다. 데브는 보지 않아도 기억난다고 했지만, 나는 한 번 더 읽어보라고 권했다. 그녀는 메시지를 하나씩 읽어가며 고개를 가로저었고, 얼굴을 찌푸리다가 입술을 깨물며 말했다.

"그렇네요. 제가 뭐라고 보냈는지 잊고 있었어요. 이제 보니 제가 정말 '인생의 즐거움을 죄다 빨아내고 독으로 채워 넣은 독선적인 미친년'이 맞네요."

하지만 데브는 결코 그런 사람이 아니었다. 적어도 내가 보기엔 그랬다. 그녀는 자신에게 깊은 상처를 준 딸과의 관계를 회복하기 위해 매주 상담을 받을 만큼 헌신적인 엄마였다. 다만 소원해진 관계와 카미아의 말 때문에 자신이 '나쁜 부모'라는 생각을 떨치지 못하고 있었다. 이런 생각을 바로잡는 일은 카미아와의 소통 개선만큼이나 중요했다. 자기 비난은 암처럼 퍼져나가며, 내버려두면 걷잡을 수 없이 커진다. 스스로 믿는 대로 현실이 되어버리는 잔인한 예언 같은 것이다. 불안은 집중력을 떨어뜨리고, 그로 인해 불안이 더 커지는 악순환이 이어진다. 나는 데브가 카미아와 관계를 회복하는 것만큼, 스스로를 받아들이고 인정하도록 돕는 데에도 힘을 쏟았다. 자기 자신을 받아들이는 방법에 대해서는 뒤에서 더 자세히 다루겠다.

관계 회복은 처음에는 더디게 진행되었다. 데브는 우선 현재의 모녀 관계를 있는 그대로 인정하는 데 집중했다. "딸과 말도 안 하고 지내는 걸 가볍게 여기지 말았어야 했어요. 사실 이렇게 된 게 가슴이 미어져요. 어쩌다 이 지경이 되었는지 안타까워요." 그다음으로는 약이나 병원 예약으로 해결하려 하기보다는, 만성병을 겪으며 살아가는 고통과 어려움을 있는 그대로 인정하고 공감하는 단계로 나아갔다. 4주 후, 데브는 처음으로 답장을 받았다. "사랑해요, 엄마. 그렇다고 엄마가 여기로 날아와주길 바라는 건 아니에요." 3개월 무렵에는 모녀가 자주 연락을 주고받게 되었고, 얼마 뒤부터는 전화로 수다도 떨었다. 마침내 관계는 회복되었고, 오히려 전보다 더 돈독해졌다. 이제 데브는 매년 추수감사절마다 해비타트 봉사 현장에서 카미아와 찍은 사진을 담은 엽서를 보내온다.

책의 앞부분에서 이야기했듯이, 감정과 상황을 있는 그대로 받아들이는 법을 익히면 삶이 달라진다. 특히 다음과 같은 면에서 도움이 된다.

1. 관계 개선
2. 갈등 감소
3. 사람들에게 긍정적인 영향 주기
4. 변화 이끌기
5. 자기 연민 강화

데브의 이야기 같은 여러 사례는 내가 강조하는 부분을 잘 보여주지만, 일화가 과학적 증거를 대신할 수는 없다. 나도 누군가가 자료 제시도 없이 자신의 방법이 특별하다고 주장하면 실망스럽고 의심스러워진다. "정말요? 그 4단계 플랜으로 사랑도 찾고, 살도 빼고, 승진도 하고, 타이핑 속도까지 높일 수 있단 말이에요? 물론 사례들은 솔깃하지만, 의구심을 풀어줄 연구 결과는 없나요?" 그래서 나는 내 말을 그저 믿어달라고 하지 않고, 이 다섯 가지 주장을 뒷받침하는 몇몇 연구를 소개하려 한다. 연구라는 말이 지루하게 들릴 수도 있지만, 이번만큼은 다르다. 지금부터 들려줄 과학 기반의 이야기들은 왜 감정 수용과 공감이 중요한지 생생하게 보여줄 것이다. 이 기술은 삶의 질을 높일 뿐만 아니라, 때로는 생명을 구할 만큼 강력한 힘을 가지고 있기 때문이다.

주장 #1: 인정은 관계를 개선한다

과학적 근거를 이야기하기에 앞서 잠시 상상의 시간을 가져보자. 누구에게도 말하지 않은 비밀, 부끄러운 과거의 흑역사 혹은 남들이 공감하지 않을 것 같은 생각을 떠올려라. 이제 그 이야기를 당신에게 중요한 사람, 예를 들어 파트너나 부모, 혹은 가까운 친구에게 털어놓는 상황을 상상해보자. 혼자라면 그 사람에게 이야기하듯 소리 내어 말해도 좋다. 그리고 상대가 당신의 말에 온전히 귀 기울이며 이해해주고 있다는 느낌을 상상해보자. 그 사람의 표정에서 진심 어린 공감을 느끼고, 당신을 평가하거나 비난하지 않는다는 마음이 전해진다고 가정해보자. 그런 경험을 하면 어떤 기분이 들 것 같은가? 안전감? 안도감? 아니면 그 사람과 더 가까워졌다는 느낌? 앞으로 그 사람을 더 신뢰하고 의지하고 싶어지지 않을까? 만약 이런 생각에 고개가 끄덕여진다면, 당신만 그런 게 아니다.

인정은 관계 속 감정을 바꾼다. 신뢰와 친밀감을 높이고 '심리적 안전감'을 주며, 그 결과 관계 자체가 더 깊어지고 긍정적으로 변한다.*[1] 인정이 주는 힘은 관계의 유형에 상관없이 헌신도와 관계의 질을 높이는 가장 강력한 요인 중 하나다.[2] 인정이 주는 감정적 유대감은 MDMA(엑스터시)와 맞먹는 효과를 보이지만, MDMA와는 달리 신체에 대한 유해성이 없이 관계를 개선하여 건강과 수명에 긍정적인 영향을 미친다. 사회적 유대감의 결핍은 하루 15개비의 담배를 피우는 것과 맞먹는 수준으로 생명을 위협하는 반면에[3] 긍정적인 관계는 생존 확률(특정 연령의 사람이 이후의 특정 연령까지 살아남을 확률—옮긴이)을 최대 50퍼센트까지 높여준다.[4] 결국, 인정이 목숨을 구할 수 있다는 말은 결코 과장이 아니다.

중요한 점은 인정의 효과가 우리가 비밀을 털어놓을 때뿐만 아니라, 일상적인 대화 속에서도 강력하게 발휘된다는 것이다. 심지어 상대방이 낯선 사람일 때조차도 마찬가지다. 인정이 고통에 미치는

---

*이 내용은 사회심리학에서 '지각된 파트너 반응Perceived Partner Responsiveness, PPR'이라고 불린다. PPR은 상대방이 나를 이해하고 공감하며 관심을 기울이고 있다는 느낌을 주는 반응을 말한다. 이 개념은 내가 말하는 인정의 개념과 매우 유사하기 때문에, 둘을 같은 의미로 봐도 무방하다. Yan Ruan 외, "Can I Tell You How I Feel? Perceived Partner Responsiveness Encourages Emotional Expression," *Emotion* 20, no. 3 [April 1, 2020]: 2, https://doi.org/10.1037/emo0000650

영향을 알아보기 위해 진행된 한 흥미로운 연구가 있다.[5] 연구진은 참가자들에게 물 한 양동이를, 팔을 쭉 뻗은 채 최대한 오래 들고 있도록 하는 실험을 네 차례 반복하게 했다. 각 실험 사이에는 잠깐의 휴식 시간이 주어졌다. 참가자들은 자신들이 무작위로 두 그룹으로 나뉘었다는 사실을 알지 못했다. 한 그룹은 실험 사이마다 진행자로부터 인정과 격려를 받았고, 다른 그룹은 무관심하거나 냉담한 반응을 받았다. 결과는 놀라웠다. 인정을 받은 그룹은 그렇지 않은 그룹에 비해 긍정적인 감정이 더 많았고, 불안감은 더 적었다. 말 그대로 더 나은 기분을 느낀 것이다. 게다가 다섯 번째 실험에 참가할 의향을 물었을 때, 인정을 받은 그룹은 그렇지 않은 그룹보다 참여 의사를 밝힌 비율이 두 배나 높았다. 이는 인정이 사람들에게 고통을 이겨내고 다시 도전할 힘을 준다는 강력한 증거이다.

　인정의 기술이 데브와 카미아의 관계를 개선하는 데 얼마나 영향을 미쳤는지는 정확히 알 수 없다. 나는 카미아를 만나본 적도 없고, 엄마와의 관계 회복에 어떤 요인이 가장 큰 역할을 했는지 물어볼 기회도 없었다. 다만 앞서 언급한 연구 결과를 바탕으로 추측해 보면, 서로에 대한 신뢰와 안전감이 쌓이면서 불편한 상황에서도 대화를 이어가려는 의지가 생겼을 것으로 짐작된다.

주장 #2: 인정은 갈등을 효과적으로 다룬다

리버풀 대학교의 로런스 앨리슨과 에밀리 앨리슨은 심문 같은 갈등 상황에서 수감자로부터 신뢰할 만한 정보를 얻는 방법으로써 고문이 효과적이라는 통념은 잘못되었음을 입증했다. 이들의 광범위한 연구에 따르면, 고문은 소통과 기억을 손상시키고 반발심을 키우며, 결과적으로 얻어낸 정보의 신뢰도마저 떨어뜨린다. 결국 이런 방법은 단절, 위축 그리고 심리적 트라우마만 남길 뿐이다.[6] 그렇다면 효과적인 방법은 무엇일까? 두 연구자는 현대 심리요법을 바탕으로 한 '라포 지향적 접근법'을 제안했다. 라포는 "공통점 찾기, 자기 개방, 공감을 통한 이해"[7] 등으로 관계의 다리를 놓는 기술이다. 이는 사실상 인정의 기술과 거의 같은 개념으로, 갈등 상황에서 더 나은 소통과 해결을 가능하게 한다. 여러 연구가 보여주듯, 공감과 이해를 바탕으로 한 접근은 정보를 얻어내고 수감자의 저항을 줄이는 데 효과적인 반면, 비난하는 접근(빈정거림, 협박, 비판 등)은 오히려 역효과를 낸다.[8]

고객 서비스 상황 역시 마찬가지다. 진정한 경청은 갈등을 피하고 건설적인 소통을 이끌어내는 핵심이다. 상대방의 마음을 이해하는 태도는 방어적인 자세를 누그러뜨리고 긍정적인 관계를 유지하여, 결과적으로 고객들의 문제 해결 만족도를 높인다. 반면 고객 서비스 담당자가 사과하지 않거나 고객의 불만을 제대로 '듣지' 않으면 대화가 악화되어 문제 해결이 어려워진다.[9] 여기서 주목할 점은, 이렇게 마음을 이해하려는 태도가 부부 관계와 부모 자식 관계의 갈등 관리에서도 똑같이 효과적이고 중요하다는 것이다. 실제로 이 두 관계를 개선하는 것으로 입증된 여러 방법의 핵심에는 진심 어린 이해와 공감이 자리 잡고 있다.

갈등 상황에서 상대의 마음을 읽으려 노력하는 것은 화상 회의 중에 귀여운 고양이 필터를 쓰는 것과 같다. 한순간에 긴장이 풀리고 적대적인 감정이 누그러든다. 왜일까? 이는 이해받은 사람의 생리적 변화와 관련이 있다. 화가 나면 논리적 사고력, 기억력, 집중력이 크게 떨어진다. 정보 처리와 문제 해결에 필요한 인지 능력이 저하되는 것이다. 교감 신경계가 지배하면서 싸우거나, 도망가거나, 얼어붙는 반응만 남게 된다.

이해와 공감은 격한 반응을 차분하게 만든다. 교감신경계의 흥분을 낮추고, 이성적으로 생각하며, 상대의 입장을 헤아릴 수 있게 한다.[10] 갈등이 첨예한 스트레스 상황에서 진정한 이해를 받은 사람은 심박수, 전기피부반응(발한), 부정적 감정이 줄어드는 것으로 나타났다.[11] 반면 상대방의 감정을 무시하거나 부정하는 태도는 생리적 각성을 높이고 이성적 반응을 막아 결국 갈등을 악화시킨다.[12]

주장 #3: 인정은 당신의 영향력을 높인다

여기서는 편의상 '영향력'을 "상대가 당신의 말을 듣는 것"으로 정의해보자. 당신의 조언을 받아들이고, 제안대로 해보는 것이다. 중요한 점은 상대가 당신과 마음이 통하지 않으면 이러한 영향력을 발휘하기 어렵다는 것이다. 의사인 데브는 딸에게 도움이 될 조언과 방법을 많이 알고 있었지만, 카미아는 엄마와 대화조차 하지 않으려 했다. 영향력을 높이고 싶다면 상대가 당신의 말을 듣고, 또 당신에게 마음을 열도록 해야 한다. 이 두 가지를 모두 이끌어내는 데는 진심 어린 이해가 특효약이라는 것이 입증되었다.

상대가 마음을 열게 하기

앞서 말했듯, 사람들은 자신을 진정으로 이해해주는 사람을 더 신뢰한다. 흥미롭게도 신뢰는 그 자체로 진실을 끌어내는 묘약이다. 상대방의 속마음을 자연스럽게 열어주기 때문이다. 형제 관계를 살펴본 연구에서도 신뢰가 마음을 여는 핵심 요소로 나타났고, 직장 연구에서도 사람들은 고민을 털어놓을 대상으로 다정하거나 전문적인 사람보다 믿음이 가는 사람을 선호하는 것으로 밝혀졌다.[13] 오리건 대학교의 크리스티나 가마슈 마틴과 연구진이 청소년들의 감정적 상처 털어놓기를 연구한 결과도 이와 일치한다.[14] 이 연구에 따르면, 십대들은 어머니가 자신의 감정을 이해해주지 않을 것 같다고 느끼면 말을 아끼고, 가장 중요한 내용도 숨겼다.

다시 말해 십대는 공감과 수용을 덜 받을수록 그 경험을 전체 관람가 영화의 예고편 수준으로만 보여줄 가능성이 높다. 진정한 이해를 해줄 것 같은 엄마들만이 전체 이야기를 듣게 된다는 뜻이다.

이러한 공감적 이해의 효과는 처음 만난 사람과의 관계에서도 동일하게 나타난다.[15] 첫 대화에서 진정한 이해를 받은 사람들은 더 깊은 개인사를 나누게 되고, 즐겁더라도 공감이 부족한 대화를 나눈 사람들보다 더 깊은 유대감을 느낀다. <u>전반적인 연구 결과를 보면, 상대의 마음을 이해하고 인정하는 것이 대화를 이끌어내는 가장 확실한 방법임이 분명해 보인다.</u>

상대가 받아들이게 하기

주목할 점은, 마음을 읽어주는 태도가 상대의 말문을 열게 할 뿐 아니라, 당신의 말에도 귀 기울이게 만든다는 것이다. 이와 관련해 가장 흥미로운 연구는 설득이 통하지 않기로 유명한 집단, 바로 사춘기 청소년들을 대상으로 한 것이다. 콜럼비아 대학교에서 400명이 넘는 어머니와 청소년을 연구한 결과에 따르면, 어머니가 일관되게 한 가지 공감 기술(자기 노출: 자신의 내면 상태에 있는 감정, 생각, 소망 등 모든 것을 있는 그대로 진솔하게 상대방에게 드러내는 것—옮긴이)*을 쓴다고 답한 십대들이, 그렇지 않은 어머니를 둔 십대들보다 자기 어머니를 더 신뢰하고 유능하다고 평가했다.[16] 이런 태도는 십대의 흡연과 성관계 의향을 예측하는 요인으로도 밝혀졌다. 실제로 어머니가 늘 이런 이해의 기술을 쓴다고 한 십대들이 더 높은 확률로 이에 대해 '아니요'라고 답했다.**

『대인 폭력 저널Journal of Interpersonal Violence』에는 더욱 충격적인 연구가 실렸다. 청소년기의 부정적 경험, 공감적 이해, 데이트 폭력의 관계를 살펴본 이 연구[17]에 따르면, 최근 성적이 떨어지거나, 부모가 이혼했거나, 가까운 친구 관계가 결핍되어 있는 등 힘든 일을 겪은 청소년들이 데이트 폭력의 가해자나 피해자(또는 둘 다)가 될 가능성이 더 높았다. 그러나 이러한 연관성은 어머니의 공감 수준이 낮거나 보통이라고 느낀 십대들에게서만 나타났다. 어머니가 깊이 있게 이해해주는 경우에는 이런 연관성이 없었다. 아버지의 깊은 이해도 비슷한 효과를 보였지만, 이는 남자아이들에게만 해당되었다. 이와 같은 연구 결과를 보면 이런 공익광고가 나와도 될 것 같다. "힘들어하는 십대 자녀의 마음을 읽어주세요. 데이트 폭력을 막을 수 있습니다."

---

*노출은 공감적 치료 기술의 하나이지만, 상대방에게 말하거나 자기 노출을 강요하는 압박이 될 수 있다는 점에서 그 적용에 신중한 판단이 필요하다.

**다수의 연구에서 사람의 행동의도는 실제 미래 행동을 예측하는 신뢰할 만한 지표로 확인되었다. 따라서 이 연구에서 '아니요'라고 답한 십대들은 실제로도 흡연이나 성관계를 하지 않을 가능성이 높다. Thomas L. Webb and Paschal Sheeran, "Does Changing Behavioral Intentions Engender Behavior Change? A Meta-Analysis of the Experimental Evidence," *Psychological Bulletin* 132, no. 2 [January 1, 2006]: 249~68, https://doi.org/10.1037/0033-2909.132.2.249

부모들은 분명 자녀가 담배를 피우거나, 성관계를 갖거나, 폭력을 저지르길 원하지 않았겠지만 그런 짓을 하지 않도록 대놓고 훈계하는 방식을 취할 필요는 없었다. 연구가 증명한 효과적인 방법은 비난이 아닌, 따뜻한 이해의 손길이었다. 그렇게 내민 손길로 결국 자녀는 부모의 바람대로 생각하고 행동하게 되었다.

주장 #4: 인정은 강력한 변화를 만든다

마음을 읽어주는 것이 좋은 영향을 준다는 건 알겠다. 하지만 과연 그 효과가 얼마나 클까? 우리 딸이 자발적으로 차고 청소를 하고 싶어질 정도일까? 심리학에서는 이를 '긍정적 강화'로 설명한다. 어떤 행동 후에 좋은 경험을 하면 그 행동을 다시 하고 싶어진다는 것이다. 실제로 하바나가 차고를 청소한 뒤 내가 보여준 진심 어린 이해 덕분에 다음에도 청소를 했다면, 바로 이런 긍정적 강화가 일어난 것이다.

앞서 살펴본 영향력 연구들은 모두 행동 이전에 공감적 이해가 선행되었음을 보여준다. 담배를 피우게 되기 전에 이해받은 경험이 있거나, 부모의 깊은 공감이 데이트 폭력을 예방하는 효과가 있었다. 이렇게 이해와 공감이 행동에 앞서 영향을 미칠 때, 우리는 이를 명확한 인과관계로 볼 수 있다. 이는 행동 후에 이루어지는 강화와는 근본적으로 다른 방식이다. 긍정적 강화는 행동에 더욱 강력한 영향을 미친다. 사람들은 원하는 '보상'을 얻기 위해 어려운 상황도 견뎌낸다(올림픽 선수들이 금메달을 위해 쏟아붓는 엄청난 노력을 떠올려보자).

긍정적 강화는 뇌의 보상 중추를 자극해 쾌감을 주는 도파민 같은 신경전달물질을 분비하게 한다. 마약이나 오르가슴, 예상치 못한 현금 획득 같은 것이 이런 효과를 가져온다. 뇌 영상 연구가 보여주듯, 이해받는 느낌은 이런 보상 중추뿐 아니라 사회적 유대와 관련된 뇌 영역까지 활성화한다.[18] 그렇다면 마음을 읽어주는 것이 행동 변화를 일으킬 만큼 기분 좋은 일인가? 그 답은 분명 '그렇다'이다.

인정과 공감의 힘은 놀랍게도 한 사람의 미래 행동을 비롯한 수많은 것을 변화시킬 수 있다. 하바나의 사례처럼 특정한 변화를 이끌어내기 위해 이 기술을 활용하는 구체적인 방법은 3부에서 다룰 것이다. 그때 내가 사용했던 여러 변화 전략과 함께, 차고 청소를 즐거운 게임으로 바꾸는 긍정적 강화 방법도 설명하겠다.

지금은 두 가지 중요한 요점으로 마무리하고 싶다. 첫째, 인정과 긍정적 피드백 같은 언어적 보상의 힘을 과소평가해서는 안 된다. 연구에 따르면, 상이나 금전적 보상은 시간이 지나면서 내적 동기를 점차 감소시키지만, 언어로 표현된 인정과 격려는 반대로 동기를 더욱 키워준다.[19] 둘째, 진정한 인정은 거짓으로 만들어낼 수 없다. 그래서 이 방법은 상대방에게 유익하거나 양쪽 모두에게 좋은 행동을 강화하기에 적합하다. 예를 들어, 나는 하바나가 집안일을 도우며 가족에게 기여하는 것에 자부심을 느끼는 것이 정말 중요하다고 진심으로 믿는다. 주의를 기울이고 이해하며 공감하는 척할 수는 있겠지만, 그런 진정성 없는 태도는 이 책이나 이 기술의 본질과는 거리가 멀다.

주장 #5: 인정은 자기 연민을 키운다

지금 이 글을 쓰면서도 나는 '나쁜 부모'라는 생각에 양심의 가책을 느끼고 있다. 사람들의 삶과 관계를 변화시키겠다고 하는 전문가가 이런 모습을 보여서는 안 된다는 것을 알면서도 말이다. 내 옆 바닥에는 하바나가 풀이 죽은 채로 앉아 있다. 방금 '블라인드폴드 체스'(체스 보드와 기물을 보지 않고 경기하는 것—옮긴이)를 한 판 더 하자고 졸랐다가 거절당한 후의 모습이다. 오해는 말자. 딸은 체스 신동이 아니다. 그저 나에게 눈가리개를 씌워 말을 이리저리 넘어뜨리게 만드는 것을 즐길 뿐이다. 내 입장을 설명하자면, 우리는 이미 여섯 판을 연달아 했고 밀린 이메일도 산더미였다. 딸의 입장도 이해한다. 지금 코로나에 걸려 아프기 때문이다(당시는 오미크론 출현 이전이자 아동 백신 접종 이전 시기로, 확진자가 비교적 적었던 때였다).

우리 부부는 최선을 다했음에도 딸을 지키지 못했고, 지금은 너무 바빠서 딸과 놀아줄 시간조차 내기 어려웠다. 솔직히 말하면, 그럴 마음도 없다. 완전히 지쳐버렸다. 밤마다 딸의 호흡 곤란을 지켜보는 공포와, 이번 주 내내 딸의 감정을 받아주느라 생긴 피로감 사이를 오가며, 동시에 자살 위험이 있는 내담자들과 원격 상담까지 하다 보니 체력이 바닥났다. 그래서 아픈 아이와 게임을 더하는 대신, 일에 집중하기로 했다. 문득 내 안의 '자기 비난 감지기'가 울린다. 어딘가에서 자기 부정의 기운이 느껴지는 것이다. 그 기운이 집안에 스멀스멀 퍼지고 있다! 자기 인정의 방어막이 필요할 때이다.

자기 인정은 다른 사람을 인정해주는 기술을 자신에게 적용하는 것이다. 일종의 '자기 연민 실천'이라고도 할 수 있다. 크리스틴 네프와 크리스토퍼 거머는 『나를 사랑하기로 했습니다』에서 자기 연민을 "힘든 시기를 보내거나, 실수했거나, 열등감에 빠진 친구를 대하듯 자신을 대하는 것"[20]이라고 설명했다. 스스로를 인정하는 능력이 곧 자기 연민인 것이다.

자기 비하나 자기 부정은 결코 타고나는 것이 아니다. 이는 환경 속에서 학습되고 내면화된 결과물이다. 정신건강 연구들은 타인의 부정적 반응이 우리 내면에 얼마나 깊은 상처를 남기는지 명확히 보여준다. 자신의 생각과 감정을 표현했다가 무시당하거나 비난받은 경험이 많은 사람들은 우울증, 불안증, 경계성 성격장애, PTSD, 나르시시즘, 심지어는 정신병까지도 훨씬 더 높은 확률로 겪게 된다.²¹ 이런 점에서 현재의 '정신건강 위기'는 곧 '인정의 위기'라고도 볼 수 있다. 물론 이는 부정적 환경에서 자란 모든 사람이 정신건강 문제를 겪거나, 그 반대의 경우를 의미하지는 않는다. 다만 타인의 부정적인 반응을 자주 경험하는 사람일수록 자기 부정과 자기혐오를 특징으로 하는 정신건강 문제에 더 취약해진다는 것이다.

안타깝게도 이런 부정의 경험은 가정을 넘어 사회 전반에 깊이 뿌리박혀 있다. 2021년 미국심리학회 연구는, 혼혈인들이 겪는 인종정체성 부정(잘못된 인종 구분)은 다른 어떤 차별보다도 심각한 건강상의 피해를 초래한다고 밝혔다.²² 양성애자의 85퍼센트 이상이 정체성을 부정당하는 경험을 하고 있으며, 논바이너리nonbinary(남성 또는 여성으로 이원화된 젠더 체계를 따르지 않는 성 정체성—옮긴이) 청소년들은 다양한 사회적 상황에서 자신의 존재를 인정받지 못한다. 이는 깊은 수치심과 자기 회의로 이어져 정신건강을 위협하고, 높은 자해와 자살 시도율의 원인이 되고 있다.²³

연구들은 더 중요한 사실을 밝혀냈다. 바로 광범위한 부정의 경험이 성 불평등을 만드는 핵심 원인이라는 점이다. 여성의 관점을 무시하고 침묵을 강요하는 행위는 성차별적 폭력의 씨앗이 된다.²⁴ 제프리 엡스타인(십대 소녀들을 성폭행하고 인신매매한 혐의로 기소된 억만장자—옮긴이)과 알 켈리(성범죄 혐의로 복역 중인 미국 R&B 가수—옮긴이) 사건의 수사 과정은 이러한 부정이 어떻게 여성을 향한 폭력으로 이어지는지 보여주는 충격적인 증거다.

다행히도 자기 부정이 학습된 것처럼, 자기 인정 역시 배울 수 있다. 치료사들이 내담자를 인정하는 훈련을 받는 핵심 이유 중 하나는 내담자에게 자기 인정의 방법을 가르치기 위해서이다. 물론 이러한 인정은 치료적 관계를 강화하고, 갈등을 다루며, 행동 변화를 이끌어내는 데도 매우 효과적이다. 하지만 많은 경우, 사람들에게 가장 필요한 것은 자신과의 관계를 변화시키는 것이다. 그래서 나는 내담자들이 그동안 무시하도록 배워온 자신의 생각과 감정을 인정하도록 돕는다.

자신과의 관계도 다른 관계와 다르지 않다. 타인을 수용하는 데 쓰는 기술들은 자기 비판을 줄이는 데도 똑같이 효과적이며, 이에 대해서는 18장에서 자세히 다루겠다. 이 기술에 능숙해지면 흥미로운 역설을 발견하게 된다. 우리는 자신이 대우받고 싶은 대로 남을 대해야 할 뿐 아니라, 타인에게 베푸는 친절을 자신에게도 베풀어야 한다.

결론

타인을 인정하고 이해하는 기술이 관계를 개선하고 갈등을 줄이며, 긍정적 변화와 자기 연민을 이끌어내는 건 분명하다. 하지만 이 기술을 익히는 데 특별한 자질이 필요한 것이 아닐까? 높은 정서 지능이나 심리학 전문성이 필수적이지 않을까? 여러 연구가 이런 궁금증에 흥미로운 답을 제시했다. 가족 구성원[25]부터 학생[26], 의사[27]에 이르기까지 다양한 계층의 사람들이 타인을 이해하고 인정하는 능력을 키워 앞서 언급한 긍정적 결과를 달성할 수 있음이 입증되었다. 단 두 번의 훈련으로도 큰 변화가 일어났고,[28] 어떤 실험에서는 45분 만에 효과가 나타났다.[29] 이런 연구들은 놀라운 사실을 보여준다. 누구나 간단한 기본 원칙만 따라 해도 이 능력을 발전시킬 수 있고, 그를 통해 자신의 삶과 인간관계를 획기적으로 개선할 수 있다는 것이다.

내 경험에 따르면, 이 기술을 누가 잘 활용할 수 있을지는 한 가지로 결정된다. 바로 이 개념의 핵심을 얼마나 깊이 이해하고 있느냐는 것이다. 예를 들어 우리는 때로 이해하기 힘든 상황과 마주하게 된다. 비이성적으로 보이는 행동을 어떻게 받아들일 수 있을까? 전혀 공감되지 않는 상황에서는 어떻게 해야 할까? 이런 현실적인 도전들을 다루기 위해서는 단순히 개념을 아는 것을 넘어, 그 본질에 대한 깊은 이해가 필요하다. 지금까지 이 기술이 관계를 회복하고, 갈등을 조정하며, 변화를 이끌고, 자기 확신을 강화한다는 것을 살펴보았다. 이제 이 기술이 사람마다 어떤 의미로 다가오는지 알아보자.

3장

보이지 않는 것을 보는 눈

나는 강한 단어를 쓰는 게 좋아. 확실한 의미가 담겨 있잖아.
— 루이자 메이 올컷, 『작은 아씨들』

비밀 하나를 나누고 싶다. 사실 비밀이라기보다는 질문에 가깝다. 상담 수련을 시작할 때 배운 것이 있다. 내담자가 고민을 털어놓을 때마다 반드시 자문해보는 질문이었다. 나는 이 질문이 내담자에게만 국한될 이유가 없다고 생각했다. 그래서 누군가 도움을 구할 때마다, 심지어 나 자신에게도 이 질문을 던져왔다. 덕분에 나는 심리치료사, 엄마, 딸, 상담가, 자매, 배우자, 친구, 동료로서 더 나은 역할을 해왔다고 자부한다. 바로 이런 질문이었다. "지금 이 사람에게 진정 필요한 것은 무엇일까? 문제를 해결해주는 것일까, 아니면 마음을 이해하고 인정해주는 것일까?"

이 질문은 우리 안의 선한 본능, 즉 무언가를 더 나은 방향으로 바꾸고 싶은 충동에 도전장을 던진다. 누군가 힘들어하거나 문제를 안고 찾아오면, 우리는 그 고통을 덜어주고 해결책을 찾아주고 싶어 한다. 하지만 안타깝게도 좋은 의도로 시작된 이런 노력이 오히려 역효과를 내는 경우가 많다. 문제 해결은커녕 상황을 악화시키고, 위로는 못할망정 상대의 감정을 부정하게 되는 것이다.

주위에서 흔하게 보는 상황을 예를 들어보자. 갓 태어난 여동생이 집에 오자 '오빠'가 된 아이가 동생이 싫다고 투정을 부린다. "그러면 안 돼. 동생을 사랑해야지." 부모가 달래본다. "지금은 아기지만 금방 커서 너랑 같이 놀 수 있을 거야!" 물론 아기가 놀이 친구가 되려면 최소 2년은 걸린다. 하지만 아이에게 2년은 영원과도 같은 시간이다! 결국 아이는 입을 다문 채 혼란스러워하며 상처를 받거나, 더 심하게 떼를 써서 혼이 날 수도 있다. 이처럼 아이의 감정을 부정하는 방식의 대응은 결코 아이의 마음을 진정시키지 못한다.

이런 부모의 모습이 공감되거나 비슷한 경험이 떠오른다면, 너무 자책하지 말자. 나도 마찬가지다! 나의 본능은 늘 이성적 판단을 압도해왔고, 특히 아이와 관련된 일에서는 더욱 그렇다. 아이에게 문제가 생기면 즉시 해결하려는 생물학적 충동이 일어난다. 고통스러워하면 그 고통을 덜어주려 하고, 의심이 생기면 그 의심을 해소하려 한다. 눈물을 보면 얼굴이 일그러지면서도 웃음소리를 내며 아이를 즐겁게 하려 애쓴다. 이런 해결 중심의 본능적 반응이 때로는 도움이 되지만, 늘 그런 것은 아니다. 문제는 누군가 도움을 청할 때 해결책이 아닌 이해와 인정을 원하는 경우도 있다는 점이다.

인정과 문제 해결은 서로 배타적이지 않다. 먼저 인정해준다고 해서 나중에 문제를 해결할 수 없는 것도 아니고, 그 반대도 마찬가지다. 예컨대 취업 면접에서 탈락한 배우자에게 우선 공감을 표현한 뒤, 다음 기회를 위한 방안을 함께 찾을 수 있다. 그 순간 상대에게 가장 필요한 것이 무엇인지 판단하여 순서를 조정할 수 있고, 또 그렇게 해야 한다. 다만 한 번에 한 가지씩만 집중해야 효과적이다.

문제 해결이란 말 그대로 해답을 찾아가는 과정이다. 이와 관련된 다양한 '변화 전략'은 3부에서 자세히 살펴보기로 하고, 지금은 진정한 인정이 무엇인지 정확히 이해하는 데 집중해보자. 이 장을 읽어가면서 복잡한 개념에 매달리기보다는, 당신의 삶에서 변화가 필요한 누군가를 떠올리며 함께 탐험을 떠나보자. 당신의 공감 능력을 시험해보는 수업이라고 생각하자. 변화와 인정 사이에서 유연하게 균형을 잡는 능력이 성공의 열쇠가 될 것이다.

인정이란

앞서 나는 인정이란 "상대방의 경험에 주의를 기울이고, 이해하며, 공감하고 있음을 전달함으로써 그 경험을 있는 그대로 받아들이는 것"이라고 정의했다. 이는 곧 어떻게 상대를 인정해줄 수 있는지를 보여준다. 다시 말해, 진정한 인정을 위해서는 주의 깊게 듣고, 이해하며, 공감하고 있다는 것을 분명히 드러내야 한다. 그렇다면 이를 어떻게 실천할 수 있을까?

잘 듣는다는 착각을 넘어서려면

존 카밧진은 마음챙김을 "현재의 순간에 의도적으로, 판단 없이 주의를 기울이는 것"이라고 정의했다. 상대를 인정할 때도 이런 의도적이고 열린 태도가 필요하다. 어떤 면에서 인정은 '관계 속에서 이루어지는 마음챙김'이다. 다만 호흡이나 신체감각이 아닌, 상대방의 경험에 주의를 모은다는 점이 다르다.

타인에게 온전히 주의를 기울이는 것을 방해하는 요소는 많지만, 특히 주목해야 할 두 가지가 있다. 첫째는 우리가 '잘 듣고 있다'고 착각하는 경향이다. 특히 어떤 상황을 잘 이해하고 있다고 확신할 때 이런 착각이 심해진다. TV 프로그램 「언더커버 보스」가 이를 잘 보여준다. 여기 나오는 CEO들은 처음에는 자신이 회사를 잘 이해하고 있다고 믿는다. 하지만 일주일간 현장 직원으로 일하면서 직원들의 노고에 더 깊은 감사를 느끼고, 회사 운영에 진정 필요한 것이 무엇인지 깨닫게 된다. 각본이 있는 프로그램이지만 중요한 진실을 보여준다. 누군가의 경험에 진정으로 주의를 기울일 때, 우리는 전혀 다른 차원의 이해에 도달할 수 있다는 것이다.

두 번째 방해 요소는 아이러니하게도 자신에 대한 지나친 의식이다. 우리는 타인의 경험을 이해하기 어렵거나 공감이 되지 않을 때 뒤로 물러나기 쉽다. 부적절한 말이나 행동을 할까 봐 겁이 나서 아무것도 하지 않게 된다. 심지어 제대로 듣지도 않고 화제를 돌리거나 휴대폰을 보는 등 회피하기도 한다. 상대의 경험을 인정하는 일이 완벽한 이해나 공감을 전제로 하는 것은 아니다. 오히려 주의 깊게 듣는 것부터 시작하면 된다. 이를 통해 진정한 이해와 공감에 도달할 수 있다.

부정적 편향을 넘어서려면

인정의 관점에서 이해한다는 것은, 상대방의 반응을 그 일부분이라도 합리적이고 타당한 것으로 받아들이는 것이다. 안타깝게도 우리는 종종 타당한 부분보다 '잘못된' 부분에 초점을 맞추곤 한다. 이는 부정적 편향 때문이기도 하다.[1]

이 부정적 편향은 마치 어깨 위의 작은 악마 같아서, 주변의 잘못되거나 나쁘거나 위험한 것들에 우리의 주의를 끌어당긴다. 진화적 관점에서 이 편향된 악마는 생존에 도움이 되었다. 사자를 볼 때 아름다운 갈기보다 날카로운 이빨에 주목하는 것이 생존에 유리했기 때문이다. 하지만 인간관계에서는 이런 부정적 편향이 오히려 문제가 된다. 누군가를 진정으로 인정하기 위해서는, 명백한 실수나 단

점이 있더라도 그것을 넘어서서 타당한 면에 주목해야 하기 때문이다. 관계에서 진정한 성공을 거두려면, 이빨보다는 갈기에 먼저 주목하는 지혜가 필요하다.

감정을 느끼는 것만으로는 충분하지 않다

공감이란 상대의 감정을 함께 느끼는 것이다. 이는 때로 상대의 경험에 의미를 부여하거나 관심을 보여주는 형태로 나타난다. 이러한 공감은 단순한 감정이입을 넘어 논리적 이해에 기반을 둔다. 친구가 남편과 부부관계를 갖던 중 성인 아들과 마주친 순간을 털어놓았다. 나는 그 상황의 당혹감에 깊이 공감할 수 있었다. 이는 단순히 그 순간의 민망함을 상상할 수 있어서가 아니라, 그런 상황에서 보인 그녀의 반응이 지극히 자연스럽고 이해할 만한 것이었기 때문이다.

공감empathy과 동정sympathy은 자주 혼동된다. 발음도 비슷하니 당연하다! 일상 대화에서는 큰 문제가 없지만, 진정한 인정을 위해서는 이 둘의 차이를 아는 것이 중요하다. 동정이 타인의 고통을 '안타깝게 바라보는' 것이라면, 공감은 그 사람의 기쁨과 슬픔을 '함께 느끼는' 것이다. 동정이 "정말 안됐구나"라고 위에서 내려다보는 것이라면, 공감은 "그 마음 이해해"라고 곁에서 말해주는 것이다.

2021년 여름, 어머니가 뇌종양 진단 후 응급 수술을 받으셨다. 다행히 수술은 성공적이었고 완치되었다. 당시 나는 어린 시절 암으로 어머니를 잃은 내담자 엘라를 상담하고 있었다. 어머니를 잃을 수도 있다는 두려움을 겪으면서, 나는 엘라의 상실감을 더 깊이 이해하게 되었다. 성인인 내가 느낀 두려움과 슬픔도 감당하기 힘들었는데, 어린 나이에 그런 일을 겪었다는 것은 상상하기도 어려웠다.

어머니가 회복된 후, 나는 이 경험을 엘라와 나누기로 했다. 그 대화는 오직 진정한 인정만이 만들어낼 수 있는 특별한 유대를 형성했다. 얼마 후 엘라에게서 짧은 이메일을 받았다. 그녀는 몇 문장으로 내 경험을 깊이 있게 인정해주었다. 그것은 다른 누구에게서도 받지 못했던 특별한 인정이었다. 내가 의도적으로 구한 것도 아닌데, 그녀의 말에 깊은 감동을 받았다. 엘라는 나를 위로해야 한다는 부담감 없이, 자연스럽게 자신의 마음을 전했다. 우리는 서로의 모습에서 자신을 발견했고, 그것이 진정한 교감을 만들어냈다. 이것이 바로 공감이 가진 힘이며, 단순한 동정과는 다른 지점이다.

여기서 중요한 것은 공감을 느끼는 것과 전하는 것은 별개라는 점이다. 엘라와 나는 서로의 공감을 표현했기에 진정한 인정을 경험할 수 있었다. 이는 미묘하지만 매우 중요한 차이다. 감정에 예민한 사람들은 타인의 감정을 쉽게 느끼기 때문에 오히려 공감을 표현하는 연습을 소홀히 하기 쉽다. 자신의 뛰어난 공감 능력이 자동으로 좋은 표현으로 이어질 것이라고 착각하지만, 현실은 그렇지 않다.

감정에 예민한 사람들은 자주 양극단의 반응을 경험하며 자란다.

이들은 감정을 너무 강하게 느끼기에, 억제하려 해도 다른 사람들보다 더 큰 반응을 보일 수밖에 없다. 그러다 보니 적절한 감정 표현법을 배우기도 전에 압도되어버리고, 결국 대부분은 '과한 감정'으로 인한 상처 때문에 자신의 감정을 억누르는 쪽을 택하게 된다. 반면에 관심이나 공감 같은 긍정적 감정을 표현할 때는 제대로 된 피드백을 받기 어렵다. 공감을 표현하는 사람에게 그것이 부담스럽다거나 잘못되었다고 말해주는 경우는 드물기 때문이다. 이처럼 감정 예민자들이 흔히 겪는 역설이 있다. 남의 감정을 읽는 데는 뛰어나지만, 정작 그 이해한 감정을 상대에게 전달하는 기술의 중요성은 놓치고 만다는 것이다.

진심은 숨길 수 없다

인정의 요소들을 정리하면서 꼭 기억해야 할 것이 있다. 인정에도 깊이가 있다는 점이다. 상대방의 말에 얼마나 진심으로 귀 기울이고, 이해하며, 공감하느냐에 따라 인정의 효과가 달라진다. 진심이 없는 인정은 진정한 인정이 아니다. 그것은 그저 상대를 이용하거나 무시하는 것과 다름없다. 설령 좋은 의도로 상대를 이끌고 싶다 해도, 꾸며낸 말로 거짓 공감을 보여서는 안 된다. 그런 행동은 아무 효과가 없을 뿐 아니라, 오히려 해가 된다. 결국 관계도 망가지고, 상대의 변화를 이끌어내는 데 꼭 필요한 경청과 이해, 공감의 힘마저 잃게 되기 때문이다.

진실의 조각 하나를 찾아라

인정이란 타인의 경험에 주의를 기울이고(마음챙김), 그것을 받아들이며(이해), 함께 느끼고(공감) 있음을 전달하는 것이다. 그렇다면 사람의 '경험'은 어떻게 구성되며, 경험의 타당성은 어떻게 판단할 수 있을까?

인간의 경험은 '감정, 생각, 행동'으로 이루어진다. 중요한 것은, 한 사람의 경험을 모든 측면에서 인정할 필요는 없다는 점이다. 우리는 상대방의 부정적인 부분이나 납득되지 않는 점에 더 눈이 가기 쉽다. 이건 인간의 '부정적 편향' 때문이다. 하지만 진정한 인정은 그런 편향을 넘어서, 상대의 경험 안에서 '진실의 한 조각'을 찾는 데서 시작된다. 그 조각은 꼭 크지 않아도 된다. 단지, 그 사람이 왜 그런 생각을 했는지, 왜 그런 감정을 느꼈는지, 왜 그런 행동을 했는지를 이해할 수 있는 연결 고리만 찾으면 된다. 만약 그 조각조차 찾기 어렵다면, 이렇게 생각해보자. "<u>그 사람이 그렇게 생각한다면, 그 행동은 이해할 수 있는가?</u>" 만약 누군가가 자신의 도시에 방사능이 퍼졌다고 믿고 있다면, 정부에 항의하기 위해 관련 증거를 수집하는 행동은 충분히 납득 가능한 반응이다. 또 다른 질문은 이렇다. "그 행동을 보면, 그런 감정이 생기는 게 이해되는가?" 예컨대 3일 동안 잠도 자지 않고 외계인 관련 다큐멘터리만 몰아서 본 사람이 외계 침공에 대한 강한 불안을 느낀다면, 그 감정 역시 맥락

속에서 이해될 수 있다.

진정성 있는 것만 인정하라.

진심으로 그렇게 느끼는 만큼만 주의를 기울이고, 이해하고, 공감하듯이, 정말로 타당하다고 판단되는 부분만 인정해주어야 한다. 다시 한번 강조하지만, 진정으로 이해되는 것만 인정하라.

겉으로는 이해하기 힘들어 보여도, 바로 그런 반응 속에 우리가 주목해야 할 변화의 출발점이 숨어 있을 수 있다. 예를 들어 내가 치료했던 조현병 환자가 갑자기 약을 중단하면서 내가 정부와 공모해 자신을 해치려 한다고 믿게 된 적이 있다. 물론 그것은 사실이 아니기에, 그의 생각 자체는 인정할 수 없었다. 하지만 그가 보이는 두려움과 불신의 감정은 이해할 만했다. 자신이 죽음의 위협 아래 있다고 굳게 믿는 사람이 변호사를 찾아 나서는 것은 당연한 일이기 때문이다. 그의 믿음에 정면으로 반박하는 대신, 먼저 그의 감정과 행동을 인정해준 뒤에 생각을 바꾸도록 도와주는 접근이 필요했다.

당신이 정신분열증 환자를 직접 대할 일은 드물겠지만, 오늘날 우리는 모두 비슷한 도전을 마주한다. 이 분열된 사회에서 비합리적이거나 위험해 보이는 반응들 속에서도 이해할 수 있는 지점을 발견해야 하는 것이다. 그렇기에 지금은 그 어느 때보다 서로를 깊이 이해하고 인정하려는 태도가 절실하다.

"이해할 수 있는 것만 인정한다"는 기준을 세웠다면, 이제 가장 중요한 질문이 남는다. "무엇이 이해할 만한 것인가?" 우리는 어떤 기준으로 다른 사람의 생각, 행동, 감정이 타당한 것인지를 판단할 수 있을까?

<u>생각의 경우, 사실에 근거하고 현실에 기반한 논리적 추론이라면 타당하다고 볼 수 있다.</u> 사람들은 같은 상황에서도 서로 다른 해석과 결론에 도달한다. 그 추론 과정이 논리적이라면 타당하다고 인정할 수 있다. 단, 그 관점에 동의할 필요는 없다. 이 부분은 뒤에서 더 자세히 다루겠다.

행동의 타당성은 문화적 규범과 개인의 목표 그리고 맥락(현재와 과거)에 비추어 판단할 수 있다. 다만 '문화적 적절성'을 기준으로 삼을 땐 주의가 필요하다. 문화 규범이 때로는 개인의 가치와 충돌하거나 억압적으로 작용할 수 있기 때문이다. 로사 파크스가 버스 뒷자리 착석을 거부한 행동은 문화 규범에 위배되었지만, 그녀의 가치관에 부합했고 의미 있는 사회적 저항이었다. 그래서 나는 주로 그 사람의 장기적 목표와 삶의 맥락을 기준으로 행동의 타당성을 판단한다. 예를 들어 파트너의 8개월간의 외도를 알게 되었다면, 배신감과 분노, 불신은 모두 타당한 감정이다. '다시는 꼴도 보고 싶지 않다'는 생각도 이해할 만하다. 하지만 파트너의 집에 불을

지르는 행동은 타당하지 않다. 그것은 문제를 해결하기는커녕 더 큰 문제를 만들고, 아마도 당신의 다른 인생 목표들과도 정면으로 충돌할 것이기 때문이다.

과거의 맥락에서는 타당했던 행동이 현재는 그렇지 않을 수 있다. 내 경험을 예로 들어보자. 대학 졸업 후 첫 직장에서, 나는 회의 때마다 학생처럼 손을 번쩍 들곤 했다. 이 고민을 상관에게 조심스럽게 털어놓자, 그녀는 부드러운 미소를 지으며 이렇게 말해주었다. "평생을 학교에서 보냈으니 당연하죠. 자신에게 환경에 적응할 시간을 주세요." 수업 중에 열심히 손을 드는 것은 학교에서는 효과적인 전략이었다. 상관은 지금의 맥락에서는 어울리지 않는 그 행동의 과거 맥락을 인정해준 것이다.

이제 감정에 대해 이야기해보자. 감정은, 대부분의 경우 타당하다. 물론 예외도 있지만, 생각이나 행동과 달리 감정 자체를 논리적으로 반박하는 건 거의 도움이 되지 않는다. 11장에서 아주 특별한 예외 상황을 다루겠지만, 대부분의 경우 "그 감정은 잘못된 거야"라고 말하는 건 좋은 결과를 낳지 않는다. 잘해봐야 누구도 이길 수 없는 입씨름이 되고, 최악의 경우 상대가 자신의 감정을 불신하게 되어 자아상과 세계관이 크게 왜곡될 수도 있다. 기분을 북돋아주거나 마음을 가라앉히는 방식으로 누군가의 감정을 바꾸려 노력하는 것은 괜찮다. 하지만 이때도 그 사람이 느끼는 감정이 잘못되었다는 뉘앙스를 풍기지 않도록 주의해야 한다. "사람들이 당신의 양육 방식을 지적질하는 것 같으면 짜증이 나죠. 딴 데로 생각을 돌려 그런 기분을 떨굴 만한 일을 찾아보는 게 어때요?"라고 감정 조절을 돕는 것과, "다른 사람들이 어떻게 생각하든 신경 쓸 필요가 뭐 있어?"라며 감정을 부정하는 것은 전혀 다른 접근이다.

이제는 당신이 사람들의 감정을 부정하지 않는다면 불필요한 설명일 수도 있지만, 엄밀히 말하면 그 감정이 타당한지는, 그것이 어떤 상황과 맥락에서 생겨났는지를 함께 보아야 판단할 수 있다. 누군가의 행동이 '상황상 이해할 만한지' 판단하려면 그 상황을 알아야 한다. 하지만 다른 사람의 삶이 어떤 상황인지는 언제나 일부만 알 수 있을 뿐이다. 종일 함께 있더라도 직접 관찰할 수 있는 것은 일부일 뿐이다. 육체적 고통, 뇌의 화학 작용, 호르몬 수준 같은 것들은 보이지 않지만, 이 모두가 한 사람의 감정과 환경에 대한 반응에 큰 영향을 준다.

그래서 상대의 감정이 쉽게 이해되지 않는다면, 감정을 판단하려 들기보다 질문하고, 궁금해하고, 관찰하는 태도가 필요하다. 감정보다는 표현된 행동에 초점을 맞추는 것도 한 방법이다. 예를 들어 이렇게 말할 수 있다. "하바나, 그렇게 꽥꽥 소리를 지른다고 해서 원하는 걸 가질 수 있는 건 아니야." 상대가 자기 감정을 알아차리고 이름 붙일 수 있도록 도와주는 것은 괜찮다. 하지만 그 감정이 잘못되었다고 부정하거나 밀어내는 일은, 당신과 상대 모두에게 좋지 않은 결과를 가져온다.

인정이 아닌 것

상대방을 진정으로 이해하는 과정에서 부딪히는 대부분의 장애물은 무엇이 '이해'가 아닌지를 알면 피할 수 있다.

인정은 동의가 아니다

나는 환경적·윤리적 이유로 채식을 하고 있다. 수년간 이 문제로 많은 대화를 나누면서 육식가들의 관점에서도 타당한 면들을 발견하게 되었다. 그들의 결론에 동의하거나 호감이 가지는 않지만, 거의 언제나 이해할 만한 부분은 찾을 수 있다.

"난 요리를 잘 안 해먹어서 육식 외에는 필수 영양분을 채울 수 없어요." 말이 된다. 우리 모두 너무 바빠서 식단까지 철저히 챙기기가 버거울 수 있다.

"나 한 사람 바뀐다고 뭐가 달라지나요?" 맞는 말이다. 가끔은 나도 의문이 들 때가 있다.

"육식을 그만두려면 유제품도, 동물성 제품도 모두 끊어야 하잖아요. 그건 건강에도 안 좋고 지속가능하지도 않을 것 같아요." 무슨 말인지 잘 안다. 나도 채식을 시도하다 실패한 경험이 있으니까. 지금도 매일 위선적이지 않으려 노력한다.

분명히 말하지만, 나는 이런 관점들에 동의하지 않는다. "맞아요. 하지만"으로 시작하는 반박할 말도 많고, 마음만 먹으면 상대의 의견에 맞서 내 견해를 말할 수도 있다. 하지만 상대의 입장을 인정하고 이해하며 공감한다는 것을 보여주려면, 타당한 부분에만 집중해야 한다. 이 관점들에는 나름의 논리와 합리성이 있으니, 내 동의 여부와 관계없이 그 점을 전달해야 한다.

상대의 감정이나 일부 반응을 인정하는 것이, 그 사람의 전체 행동을 지지하거나 묵인하는 것은 아니다. 내가 상담했던 한 고위 간부는 분노 조절에 도움을 받고 싶어 했다. 어느 날 그녀는 이웃들이 자신의 쓰레기통에 쓰레기를 버리기 시작했다며, 이 무례한 행동을 어떻게 다뤄야 할지 모르겠다고 했다. 매주 수거일 밤마다 쓰레기를 도로변에 내놓으면, 이웃들이 자신의 쓰레기통은 물론 '그녀의' 쓰레기통까지 가득 채워놓는다는 것이었다. 이야기를 듣고 있자니 나도 부글부글 끓어오르는 기분이 들었다. 그녀는 퇴근 후 이웃집에 찾아가 한 소리 하고 싶어 했지만, 나는 대신 강단 있으면서도 부드러운 어조로 이메일을 써보자고 제안했다. 우리가 함께 쓴 이메일은 한 편의 예술 같았다. 그녀가 이메일을 보낸 후 몇 시간 뒤, 이웃들로부터 답장이 왔다. 효과가 있었다! 이웃들은 사과하며 뉘우쳤고, 심지어 게임 모임에도 초대해주었다. 모든 일이 잘 풀린 듯했다.

3주 후, 한밤중에 경찰서에서 전화가 왔다. 내담자였다. 이웃들이 또다시 그녀의 쓰레기통에 쓰레기를 버렸고, 그녀는 분노와 좌절감에 휩싸여 공동 주차장에 있는 이웃집의 새 차 타이어를 칼로 그었다. 경찰이 와서 심문했고, 체포에 저항하다 구금되었다. 그녀는 이 이야기를 하면서 방어감과 죄책감을 오갔다. 말없이 듣고 있던 나는 온몸이 쭈뼛해지며 '어떻게 그런 일을 벌일 수 있지?'라는 생각이 들었다. 하지만 먼저 꺼낸 말은 이것이었다. "쓰레기통에서 이웃집 쓰레기를 봤을 때 뺨을 한 대 얻어맞은 기분이었겠어요." 진심이었다. 잘 해결하려고 애써서 성공했는데, 그것이 물거품이 되고 멸시감과 쓰레기 봉지만 돌아왔으니 오죽했을까. 그녀의 마음이 이해되기 시작했다.

그녀가 갑자기 울음을 터뜨려 나는 깜짝 놀랐다. 그 뒤 10분 동안 그녀의 생각과 감정을 계속 이해해주었다. 그녀가 잘 대처했다는 식의 인정은 아니었다. 오히려 그녀의 감정을 인정하면서, 궁극적으로는 자신의 행동에 책임지고 이웃의 피해를 보상하며, 격한 감정을 다스리도록 이끄는 출발점으로 삼았다. 그녀의 행동을 질책했다면 앞으로의 행동에 영향을 미치기 어려웠을 것이다. <u>행동 이면의 논리나 감정을 수용하고 이해해준다면, 당신의 조언에 귀 기울일 가능성이 훨씬 높아진다.</u>

인정은 칭찬이나 승인이 아니다

1장에서 언급했듯이 상대를 진정으로 이해하는 것이 칭찬이나 승인과 혼동되는 경우가 많다. '외적 인정'에 의존하는 것이 해롭다는 주장도 이 때문이다. 남들의 시선을 의식해 사진을 보정하거나 외모를 바꾸려 애쓰면 오히려 자신을 있는 그대로 받아들이기가 더 어려워진다는 것이다. 맞는 말이다. 타인의 승인을 얻고자 자신을 왜곡하는 것은 자존감에 오히려 해가 된다. 겉모습에 기반한 정체성은 종이로 지은 집처럼 쉽게 무너진다. 하지만 진정한 이해란 판단이 아닌 수용을 담고 있다. 겉으로 드러난 모습이 아닌, 그 사람의 내면을 보는 것이다. 당신이 올린 셀피에 누군가가 눈이 튀어나온 이모티콘과 함께 '멋지시네요'라고 댓글을 단다고 해보자. 이는 긍정적인 말이고 칭찬이지만, 여전히 판단이다. 진정한 공감은 다르다. "당신이 어떤 모습이든 있는 그대로를 받아들입니다"라고 말해주는 것이다. 낮은 자존감과 불안으로 힘들어하는 사람들에게는 오히려 더 많은 이해와 수용이 필요하다. 외모나 실력과 관계없이 있는 그대로 받아들여진다는 느낌을 받아야 한다.

인정은 문제 해결이 아니다

이제 다시 처음으로 돌아가보자! 이번 장의 서두에서 말했듯이, 공감은 문제 해결과는 다르다. 상대를 있는 그대로 받아들인다는 메시지를 전하는 것이 공감이라면, 문제 해결은 상대를 바꾸고 싶어 하는 의지를 전한다. 하바나가 철자 시험에서 좋지 않은 성적을 받고 울면서 집에 온다고 해보자. 내가 다음 시험을 위한 여러 준비 방법을 제안한다면, 이는 딸의 행동에 대한 문제 해결이다. 더 나은 성적을 위해 앞으로 어떻게 '바꿔볼' 수 있을지 결정하도록 돕는 것이다. "예전에 철자 시험 잘 본 적도 있잖아"라고 말하는 건, 딸의 생각을 '바꿔보려는' 시도이다. 감정을 받아들이기보다는, 상황을 다르게 보도록 유도하는 문제해결 방식이다. 이 두 가지 모두 딸의 감정에 개입하거나 '바꾸려는' 간접적인 시도이다.

그 대신 팔을 어깨에 둘러주며 "이런, 어떡해. 우리 딸, 정말 실망했겠네"라고 말하면 딸의 감정을 직접적으로 이해해주는 것이다. 노력한 일을 잘 해내지 못한 후의 실망감은 당연한 것이다. "엄마도 예전에 시험을 망치고 욕실에서 울었던 적이 있어"라고 말하면 딸의 행동을 인정해주는 것이다. 마음이 상하고 실망스러울 때 우는 것은 자연스러운 일이니까. 이쯤에서 누군가는 내가 단지 딸의 기분을 바꾸기 위해 공감해주는 것이 아니냐고 물을 수도 있다. 어느 정도는 맞는 말이다. 이 책은 진정한 이해가 변화를 이끈다는 것을 전제로 한다. 다만, 나는 누군가의 마음을 이해할 때 그 결과를 염두에 두지 않는다. 이 상황에서 나는 시계를 보며 언제쯤 하바나의 마음이 진정될지 살피거나, 딸이 내 이해를 확신하고 난 뒤에 어떤 공부 전략을 제시할지 궁리하지 않는다. "예전에 철자 시험 잘 본 적도 있잖아"라고 말하는 건, 딸의 생각을 바꿔보려는 시도이다. 감정을 받아들이기보다는, 상황을 다르게 보도록 유도하는 문제 해결 방식이다. 진정한 공감은 "시간이 지나면 나아질 거야"가 아닌, "지금 그렇게 느끼는 게 당연해"라고 말하는 것이다. 이렇게 현재의 감정을 인정해주면 당신은 진정한 지지자가 될 수 있지만, 성급하게

"곧 괜찮아질 거야"라고 하는 것은 오히려 상대의 마음을 더 아프게 할 수 있다.

이해와 문제 해결은 서로 다른 방향을 향하지만, 양립 불가능한 것은 아니다. 수용과 변화는 동전의 양면과 같다. 아이가 앞으로 시험 준비를 더 잘할 방법을 찾으려는 것은 당연하며, 성적 향상에 어려움을 겪고 있다면 필요한 일일 수도 있다. 다만 진정한 이해 없이는 아무리 좋은 제안을 해도 딸이 받아들이지 않을 가능성이 높다. 약점을 털어놓았는데 상대가 그걸 고치자는 말부터 꺼낸다면, 지지를 받기보다 비판받는 기분이 들 수 있다. <u>비판받는 느낌은 곧, 이해받지 못했다는 감정으로 이어진다.</u>

지금 상황에서 상대의 이해가 필요한지, 해결책이 필요한지를 분명히 알면 원하는 것을 얻을 가능성이 높아진다.

마찬가지로, 속마음을 나눴는데 "이렇게 해보는 게 어때?"라는 조언만 돌아온다면, 위로보다는 평가받는 느낌이 들기 쉽다. 이런 순간 우리가 원하는 것은 조언이 아닌, 그저 내 마음을 있는 그대로 받아들여주는 것이다. 당신도 마찬가지다. 조언을 하는 사람은 대부분 진심으로 돕고 싶어 한다. 그렇기에 "지금은 해결책보다 공감이 필요해요", "이 상황을 이해해주는 것만으로도 충분해요", "내 마

음이 이상하지 않다고 말해주세요." 같은 식으로 솔직히 말하면, 당신에게 정말 필요한 지지를 받을 수 있다.

이것만은 기억하기

진정한 이해란 마음챙김의 자세(무비판적인 인식)로 상대의 경험(감정, 생각, 행동)을 바라보며, 그것을 이해하고 공감하고 있음을 전하고, 그래서 그 경험이 타당하다고 받아들여주는 것이다. 이런 포괄적 정의에 한 가지를 덧붙이고 싶다. 내가 내담자들과 학생들에게 자주 하는 말인데, 다음 문구들은 마치 팔뚝의 타투처럼 늘 기억해두면 좋다. 이는 인생에서 마주치는 대부분의 관계 문제를 해결하는 비법이 될 것이다.

실천 가이드
- 진심으로 공감되는 만큼만 표현하기
- 납득할 수 있는 부분만 받아들이기
- 인정은 동의가 아니다
- 인정은 칭찬이나 승인이 아니다
- 인정은 문제 해결이 아니다

4장

고통을 낭비하지 마라:
상처를 성장으로 바꾸는 방법

삶에 의미가 있다면 고통에도 이유가 있음에 틀림없다.
고통은 떼어낼 수 없는 삶의 한 부분이며, 운명과 죽음도 마찬가지다.
인간의 삶은 고통과 죽음 없이는 완전할 수 없다.
— 빅터 프랭클, 『죽음의 수용소에서』

"저는 다발성 경화증을 앓고 있어요." 눈물이 그렁그렁한 채 내가 말했다.

마샤 리네한이 나를 빤히 쳐다보더니 물었다. "그래서요?"

솔직히 말해, 현대 심리학에 공감의 혁명을 일으킨 사람에게 기대했던 반응은 아니었다.

"그래서 DBT 치료사가 될 수 없어요."

"잠깐, 뭐라고요?" 그녀가 코를 찡그리며 물었.

2011년, 나는 지난 5년간 듀크 대학 박사 과정에서 경계성 성격장애BPD에 관해 배울 수 있는 모든 것을 배웠다. 충동, 자해, 감정

기복, 분노 등으로 나타나는 이 질환은, 오랫동안 제대로 이해받지 못한 데서 오는 심리적 고통이 핵심 원인으로 여겨진다. 이 질환을 가진 내담자들은 정신건강 질환자들 중에서도 특히 심한 낙인이 찍히고, 의료인들에게 차별을 받곤 했다.* 나는 BPD를 이해하게 된 순간부터, 방관자가 아닌 변화를 만드는 사람이 되기로 결심했다. 박사 과정을 마친 후, 나는 시애틀의 유명 병원(BPD 치료에 효과가 입증된 최초의 치료법인)에서 DBT의 특별 연구원이 되었다. 일을 시작한 지 얼마 되지 않았을 무렵, 다른 연구원들과 함께 마샤 리네한의 수련회에 초대받았다. 내가 완전히 습득하고 싶었던 바로

---

*치료사들은 종종 BPD 환자의 상담을 거부하거나, 증상이 보이면 다른 과로 보내버린다. 어느 저명한 심리학자의 말처럼 "경계성 환자들을 피하는 이유는 고소당하고, 속고, 위협받는 것이 두렵기 때문"이라고 한다. 이는 그나마 완곡한 표현이다. 면허를 가진 의료인들이 이런 내담자들을 '미친', '제정신이 아닌', '두 얼굴의', '골치 아픈', '미친년' 같은 말로 부르는 것을 직접 들어왔기 때문이다. 더 큰 문제는, BPD 환자의 약 75퍼센트가 여성이라는 점이다. 특히 어린 시절 학대나 성적 트라우마를 겪은 여성에게서 더 자주 발병한다. 이처럼 고통을 겪은 이들이 다시 낙인과 혐오의 대상이 되는 현실은, 정신건강 분야에 몸담은 사람으로서 참담하고 부끄러운 일이다. 최악의 경우, 이런 태도는 가해자가 아닌 피해자를 탓하는 또 다른 형태의 폭력이 되기도 한다. Paola Bozzatello 외, "The Role of Trauma in Early Onset Borderline Personality Disorder: A Biopsychosocial Perspective," *Frontiers in Psychiatry* 12 [January 1, 2021], https://doi.org/10.3389/fpsyt.2021.721361; Lais Barros De Aquino Ferreira 외, "Borderline Personality Disorder and Sexual Abuse: A Systematic Review," *Psychiatry Research-Neuroimaging* 262 [April 1, 2018]: 70~77, https://doi.org/10.1016/j.psychres.2018.01.043; Jeffrey S. Ball and Paul S. Links, "Borderline Personality Disorder and Childhood Trauma: Evidence for a Causal Relationship," *Current Psychiatry Reports* 11, no. 1 [January 22, 2009]: 63~68, https://doi.org/10.1007/s11920-009-0010-4; Andrew E. Skodol and Donna S. Bender, "Why Are Women Diagnosed Borderline More Than Men?," *Psychiatric Quarterly* 74, no. 4 [January 1, 2003]: 349~60, https://doi.org/10.1023/a:1026087410516.

그 치료법의 창시자에게 배울 기회를 얻은 것이다. 나는 수련회에서 최선을 다했고, 마침내 그토록 돕고 싶었던 내담자들을 상담할 수 있는 길에 들어섰다. 하지만 안타깝게도 시작도 하기 전에 포기해야 할 것 같은 위기가 찾아왔다.

이야기는 더 거슬러 올라간다. 박사과정 2년차 때 만성 구역감이 시작되었다. 구토감이 심해 자주 침대에 누워야 했고, 밤에도 이 문제로 잠에서 깨곤 했다. 수년간 검사를 받았지만 원인을 찾지 못했다. 시간이 흐르면서 다른 이상한 증상들도 나타났고, 듀크 대학 마지막 학기에는 신경과로 옮겨갔다. 마침 시애틀에서 인턴 과정을 시작하기 위해 서부로 이사할 준비를 하던 때였다. 신경과 전문의는 내 증상의 신경학적 원인을 배제하기 위한 몇 가지 검사를 권했다. 신경학적 문제는 아닐 거라며 확신에 찬 목소리였다. '너무 자신 있게 말하는군요, 선생님.'

지금의 남편 매트와 서부로 장거리 이동 중이었다. 차 안에서 신경과 전문의의 전화를 받았다. "시애틀에 도착하면 바로 병원에 가보세요. 당신에게 MS(다발성 경화증)가 있습니다."

"스티븐 호킹처럼요?" 내가 물었다.

"아니요. 스티븐 호킹은 근위축성 측색 경화증이었어요."

나는 내게 무슨 일이 일어나고 있는지 전혀 이해할 수 없었다.

워싱턴주의 여러 의사들이 내 병을 확인해주었다. 그 후 1년간 밤에는 병의 진행을 늦추기 위해 배에 주사를 맞고, 낮에는 일과 공부를 이어갔다. 전에 없던 극심한 피로가 찾아왔다. 금요일 저녁이면 그대로 쓰러져 일요일까지 잠을 잤고, 허기를 달래거나 화장실에 갈 때만 겨우 일어났다. 직장에서는 내담자 상담 사이사이 문을 잠그고 구역질을 참느라 책상 밑에 웅크려 있다가 잠들기도 했다.

그때 우울증은 없었지만, 10년 동안 정신건강 문제를 숨기며 겉으로 멀쩡한 척 지내온 덕에 고통을 생산성으로 바꾸고 병을 감추는 데는 이미 능숙했다. 내게 다발성 경화증이 있다는 것을 알면 사람들은 모두 놀라며 말했다. "하지만 정말 건강해 보여요!" 그때의 나에게 건강해 '보이는' 것은 중요했고, 지금도 어느 정도는 그렇다. 우울증이든 다발성 경화증이든, 병이 아직 빼앗아가지 못한 것을 쉽게 빼앗기고 싶지 않았다.

진단을 받은 지 1년도 안 되어 인턴 과정을 마치고 박사 학위도 받았으며 결혼도 했다. 겉으로 보기에 나는 최고의 삶을 살고 있었다. 하지만 DBT 특별 연구원으로 일하게 된 시기에는 병과의 싸움보다 나 자신과의 싸움이 더 힘들었다.

그 연구원 자리는 나와 같은 질환을 가진 사람에게는 꿈이자 악몽 같은 곳이었다. 그곳에서 나는 지금까지 만난 가장 훌륭한 임상의들과 함께 진료를 보며, 무척 의미 있는 일을 하고 있었다. 전보다 더 많은 내담자도 만났다. 자살, 자해, 폭력 위험을 동시에 지닌 사람들을 상대로 온종일, 매일 24시간 대기 상태로 일했다. 그러던 중 내 증상이 갑자기 악화되면서 서서히 균열이 생기기 시작했다.

한번은 상담 중에 구역질이 올라왔다. "잠시만요." 막 파트너를 배신한 일을 털어놓으며 울고 있던 여성 내담자에게 양해를 구했다. 화장실까지 갈 시간조차 없어서 책상 옆 휴지통을 붙잡고 최대한 조용히 토했다. 돌이켜 보면, 형부와의 불륜을 고백하는 사람 앞에서 할 수 있는 '최악의' 반응이었다.

이제는 내 한계를 넘어섰다는 것을 깨달았다. 그동안은 그저 부정하고 있었을 뿐이다. 가슴이 아팠지만, 이 일을 아무리 사랑해도 내게는 맞지 않는다는 것을 인정해야 했다. 리네한의 수련회가 다가올 때쯤, 나는 그녀와의 첫 만남이 마지막이 될 수도 있다고 체념하고 있었다.

이제 다시 리네한과 만난 순간으로 돌아가보자.

"당신에게 MS가 있어서 DBT 치료사가 될 수 없다는 말이군요." 리네한이 직설적으로 말했다.

"네, 맞아요."

"틀렸어요." 아마 이것이 그녀가 내게 한 가장 강한 부정의 말이었을 것이다.

"당신은 MS가 있기 '때문에' 오히려 DBT 치료사가 되어야 해요." 그녀는 열띤 목소리로 말했다.

그동안 들어온 바로는 리네한이 총명한 사람이라 알고 있었는데, 이 말은 바보 같은 소리로 들렸다. 내가 어떤 사람인지, 어떤 어려움을 겪고 있는지 모르는 것 같았다. 공감의 대가라는 그녀가 내 현실을 있는 그대로 받아들이기보다, 내가 수개월에 걸쳐 내린 결론을 바꾸려 하는 것만 같았다.

"당신이 그 일이나 환자들 혹은 치료법 자체를 싫어한다면 그만둬야겠죠. 그건 분명한 사실이에요."

"저는 그 모든 것을 사랑해요." 내가 말했다.

그녀는 의심스러운 눈으로 나를 보며 DBT에 매료된 이유를 물었다.

"선생님의 이해와 공감에 대한 연구가 혁신적이었어요. 저를 더 나은 사람으로 만들어주기도 했고요."

"그건 칼 로저스(인간 중심 치료를 개발하여 인간성 심리학을 개척한 미국의 심리학자—옮긴이)에게서 훔쳐온 거예요." 그녀가 담담히 말했다.*

"정말요?"

"어느 정도는요." 그녀가 답했다. "하지만 바로 그래서 당신이 DBT 치료사가 되어야 해요."

"칼 로저스 때문에요?" 내가 어리둥절해하며 물었다.

---

*내 담당 편집자는 리네한이 정말로 칼 로저스의 연구를 '훔쳤다'고 인정한 것이냐고 물었다. 리네한은 독특한 유머 감각으로 유명했고, 나와의 대화에서도 그런 면모를 자주 보였다. 하지만 나는 그녀만큼 유머러스하지 못해서, 이런 식으로 되묻고 싶다. 설마 그녀가 고양이 장난감으로 칼 로저스의 주의를 흐트러뜨리고, 악어가죽 핸드백에 그의 책상에서 훔친 논문을 숨기기라도 했을까?

"공감 때문이에요. 당신의 고통은 선물이에요. 그 선물을 헛되이 쓰지 마세요."

그 수련회 기간 동안 리네한은 매일 저녁 정신질환으로 고통받는 모든 이들을 위한 기도를 낭독했다. 감상적으로 들릴 수 있지만, 세상에 혼자라고 느끼며 좌절하는 그들을 위한 그녀의 기도는 진심이 느껴졌다. 그녀가 살리고자 헌신해온 이들의 삶이 고스란히 전해졌다. 은퇴를 앞둔 2020년, 리네한은 회고록 『인생이 지옥처럼 느껴질 때』를 펴냈다. 이 책에서 그녀는 어린 시절 시설에서 보낸 수년간의 정서적 고통을 상세히 털어놓았다. 병원에서 겪은 증상뿐 아니라 그녀가 받은 차별과 학대 역시 BPD의 모습과 일치했다. 심각한 자해와 자살 시도를 반복했던 그 어린 소녀가, 어떻게 살아남아 현대 심리학의 가장 영향력 있는 목소리가 되었는지 떠올리기 쉽지 않을 정도이다. 말 그대로 자신의 고통을 의미 있게 활용한 놀라운 예시다.

그녀의 경험을 생각하면, 리네한이 그만한 위치에 올랐을 때 정신치료의 혁신을 시도한 것도 당연해 보인다. 이번 장의 나머지 부분에서는 그녀의 공감 이론에 영향을 준 과학과 철학을 살펴보려고 한다. DBT의 이해와 공감 기술 그리고 그 활용법도 소개하겠다. 무엇보다 중요한 것은, 이 모든 것을 당신과 당신의 고통에 연결 지어보는 것이다. 진정한 이해가 삶을 어떻게 변화시키는지 여러 차례 강조했지만, 1부를 마치며 한 가지 더 덧붙이고 싶다. 타인을 진정으로 이해하는 법을 배우면서 얻는 가장 큰 선물은, 고통의 의미를 발견할 기회를 얻는다는 것이다.

본격적인 이야기에 앞서 두 가지를 짚고 넘어가겠다.

첫째, 앞으로 다룰 심리치료의 원리들이 전문가가 아닌 이들에게는 어렵게 느껴질 수 있다. 하지만 이는 자녀를 키우는 부모, 팀을 이끄는 관리자, 서로를 이해하려는 부부 등 타인의 성장을 돕고자 하는 모든 이들에게 요긴한 내용들이다. 위대한 심리학자 칼 로저스가 말했듯 "수용과 존중, 깊은 이해의 환경은 개인의 성장에 좋은 토양이 되며, 이는 내담자뿐 아니라 아이, 동료, 학생 모두에게 해당된다."[1]

둘째, 요즘은 대부분 책을 끝까지 읽지 않는다. 지금 당신은 이 책의 4분의 1을 읽었고, (나를 포함해) 많은 사람이 책을 읽다가 포기하는 지점에 와 있다. 이제부터 과학과 철학 이야기를 하겠다고 하니, 당신이 "나중에 읽자"며 책을 덮을까 봐 걱정된다. 그렇다면 이 부분을 건너뛰고 다음으로 넘어가도 좋다. 하지만 추천하고 싶지는 않다. 이 책 전반에 걸쳐 자주 언급되는, 그리고 스스로에게 반박하는 최고의 근거가 되는 '변증법'을 놓치게 될 테니 말이다.

"그건 칼 로저스에게서 훔쳐온 건데"

인정과 수용의 심리학, 그 출발인 칼 로저스

칼 로저스는 매우 흥미로운 인물이었다. 1957년, 그는 이제는 전설이 된 논문[2]을 발표했다. 한 사람의 성장은 치료사의 진정성, 공감, 수용을 통해 이루어진다는 견해였다.* 맞는 말이다. 누군가가 더 자신감을 갖게 돕고 싶은가? 그렇다면 그를 있는 그대로 받아들여라. 덜 화내고 더 많이 웃게 하고 싶은가? 역시 수용이 답이다. 로저스는 인간의 변화를 강화나 처벌로 설명한 B. F. 스키너 같은 행동주의자들의 관점을 받아들이지 않았다.[3] 당시 주류였던 프로이트식 정신분석 역시 문제 삼았다.[4] 그 시절 정신분석 분야에서는 의사가 환자보다 우월하다고 여기는 태도가 만연했고, 로저스는 이를 해롭다고 여겼다. 자기 분야에서 돌아가는 현실에 실망한 그는 새로운 치료법을 개발했다.[5] 치료사들에게 변화를 강요하지 말고 해석과 분석을 멈추라고 조언한 것이다.[6] 그의 연구는 당시 유행하던 이론들에 정면으로 도전장을 내민 것이었다. 그가 제안한 공감적이고 수용적인 접근법은 분명한 도전이었다.

로저스는 임상 연구의 중요성을 굳게 믿었지만 1960년대 초 갑작스럽게 학계를 떠났고, 그의 혁신적인 치료법에 대한 연구도 점

---

*로저스는 무조건적인 긍정적 존중이라는 말로 진정성, 공감, 수용을 한데 묶어 표현했다.

차 사그라들었다. 돌이켜보면, 수용과 공감, 이해가 개인의 성장에 좋은 '환경'을 만든다는 그의 통찰은 옳았다. 다만 아쉽게도 그는 치료사들이 이런 환경을 만드는 데 도움이 될 구체적인 기술을 제시하지는 않았다. 또한 수용이 중요한 변화를 이끌 수 있다고 해도, 수용만으로는 부족하고 훈련이나 긍정적 강화 같은 행동 변화 전략과 함께 써야 할 때가 많다는 점은 보지 못했다.

리네한이 이 분야에 발을 들였을 때, 행동치료와 인지행동치료는 이미 표준이 되어 있었다. 로저스의 영향으로 이 분야는 점차 평등하고 협력적인 분위기로 바뀌었지만, 리네한은 변화를 지나치게 강조하면 오히려 내담자의 저항이 더 강해진다는 사실을 발견하게 된다. 그녀는 회고록에서 새 기술을 가르치거나 문제 해결을 돕고자 할 때 내담자들이 "선생님은 제 말을 듣고 있지 않아요", "선생님은 저를 바꾸려고만 하시네요"라고 말했던 것을 회상했다.[7] 변화 대신 수용에 초점을 맞춰 로저스의 방식을 최대한 시도해봤지만 효과가 없었다. "내담자들은 '뭐라고요? 절 도와주지 않겠다는 건가요? 그냥 이 고통 속에 내버려두시겠다는 거예요?'라고 반응했다."[8] 이쯤 되면 리네한이 『치료사 지침서 How to Be a Therapist』를 보다가 참고할 내용이 고갈되어가는 모습이 그려져 눈에 선하다. 이런 좌절 속에서도 그녀는 수용이 치료의 중요한 퍼즐 조각이라는 확신을 잃지 않았다. 새로운 방향이 필요하다고 느낀 그녀는 수용에 대해 가능한 한 모든 것을 배우기 위해 '거리'로 나섰다. 바로 불교 수도원으로 간 것이다.

철학: 선불교와 변증법의 조화

수용을 통한 변화는 불교의 모든 종파가 강조하는 핵심이다. 리네한은 수용에 대한 더 깊은 이해를 찾아 학계를 잠시 떠나, 캘리포니아의 선불교 수도원인 샤스타 애비 선원으로 향했다.[9] 이후 독일로 건너가 선불교의 영적 스승에게 가르침을 받기도 했다. 내 눈앞에 리네한의 모습이 영화의 한 장면처럼 스쳐 지나간다. 명상에 잠긴 모습, 촛불 아래에서 고대 경전을 읽는 모습, 좌절감에 두 손을 비비다가 마침내 수용의 의미로 손바닥을 펼치는 모습이 차례로 보였다. 약 1년간의 선불교 수행 후, 리네한은 수용의 의미와 수용-행동주의 사이의 균형에 대한 더 깊은 통찰을 얻어 DBT 연구로 돌아왔다.

그녀가 개발한 이해와 공감의 기술은 치료사들이 내담자들과 더 깊이 교감하며 변화를 자연스럽게 받아들이도록 돕는 길을 열었다. 이는 로저스가 주장한 진정성, 수용, 공감이 실현되는 통로가 되었고, 스키너의 행동 개입도 더 효과적으로 이루어지게 했다.

수용과 변화처럼 상반된 개념을 통합하는 접근법은 변증법적 사고방식을 따른 것이며, DBT라는 이름도 여기서 비롯되었다. 변증법적 행동치료Dialectical Behavior Therapy에서 '변증법'은 대립되는 개념의 통합을 의미한다.[10] 변증법은 우리 마음이 현실에 자꾸 씌우는 흑백논리라는 왜곡된 필터에 맞서는 철학적 사고방식이다. 흑백논리는 빠른 판단으로 상황에 대처하게 하지만, 동시에 현실을 왜곡하기도 한다.

변증법은 '둘 중 하나'라는 관점을 '둘 다 가능하다'는 관점으로 바꾸어 상반된 것들이 공존할 수 있게 한다. 예를 들어 한 사람이 '동시에' 좋은 면과 나쁜 면을 가질 수 있고, 약한 '동시에' 강할 수도 있다. 변증법은 새로운 현실을 보여줄 뿐 아니라(좋은 동시에 나쁜 사람은 단순히 좋거나 나쁜 사람과는 분명히 다르다), 현실이 흑백논리보다 더 복잡하다는 점에서 진실에 더 가깝다.

변증법은 내담자들의 변화를 이끌어내는 것으로 입증되었지만, 나는 리네한이 이 철학을 자신의 치료에도 적용하여 다음과 같은 '감옥 탈출' 카드로 썼다고 생각한다.

"너는 나를 있는 그대로 수용한다고 그랬잖아."
리네한: "맞아."
"그러면서 왜 나한테 뭘 더 하라고, 더 열심히 노력하라고, 변해야 한다고 그러는 건데?"
리네한: "그것도 맞는 말이야."
"무슨 개소리야."
리네한: "그게 바로 변증법이야."
리네한의 승리로 끝.

이 책의 기술들을 익히다 보면 알게 되겠지만, 진정한 이해는 여러 면에서 변증법의 실천에 가깝다. 상대방의 입장에서 일리 있는 점을 찾다 보면, 흑과 백으로만 나누던 단순한 시각에서 벗어나 현실을 더 온전히 볼 수 있게 된다. 특히 상대의 관점이 '잘못되었다'고 여겨질 때 더욱 유용하다. 자신의 비판적인 시각을 넘어서려면 더 많은 주의와 의식적인 노력이 필요하다. 누군가를 그저 '재수 없는 사람'으로 치부하지 말고, 그의 입장에서 이해할 만한 점을 찾아보라. 그러다 보면 처음의 판단이 흔들리기 마련이다.

비판은 빠르고 편하지만, 결국 더 고통스럽다. 옳고 그름에 집착할수록 실수에 대한 두려움, 분노, 자기혐오, 결핍감이 따라온다. 이 모든 것은 우리 뇌의 가장 원초적인 영역, 이른바 '도마뱀 뇌'가 지불하는 심리적 대가다. 다행히 다른 길이 있다. 극단 사이의 중도다. 중도는 본능적인 선택은 아니지만, 실천을 통해 습관이 될 수 있는 태도다.

DBT의 6단계 인정 기술

DBT의 인정 단계는 결과적으로 나의 타고난 예민함을 일종의 슈퍼파워로 바꾸는 데 도움이 되었다.[11] 리네한에 따르면 이 단계들은 효과의 순서에 따라 배열되어 있으며, 각 단계는 이전 단계를

기반으로 더욱 완성도가 높아진다.[12]

1단계 주의 기울이기: 경청하고 관찰하면서 관심 보이기

2단계 되짚어 주기: 상대방의 이야기를 판단 없이 다시 전하기

3단계 마음 읽어주기: 상대의 말을 바탕으로 그들이 겪었을 다른 감정이나 생각을 헤아리기

4단계 원인 이해하기: 상대의 반응을 일으켰을 과거 경험과 여러 요인 인정하기

5단계 타당성 인정하기: 현재 상황에서 상대의 행동, 감정, 생각이 이해될 만하다고 전하기

6단계 대등성 보여주기: 진정성 있게 행동하며 상대를 동등하게 대하기. 우월한 태도 보이지 않기

이 여섯 단계를 보면서 '뭐 새로울 것도 없네. 내가 늘 하는 것들인데'라고 생각할 수 있다. 새로운 요리법을 볼 때마다 나 역시 그렇다. "계란과 얼음을 넣고 휘젓는 방법 정도야 나도 알지." (이건 어디까지나 내 생각이고, 실상은 핀터레스트 레시피로 생일 케이크를 만들려고 두 시간을 낑낑대다 실패해 모아나 캐릭터 케이크라도 있는지 마트에 문의하게 될 수도 있다.) 중요한 건 '방법' 그 자체가 아니라, '언제, 어떻게, 얼마나 자주' 하느냐이다. 이건 인정의 기술도, 베이킹도 마찬가지이다.

2부는 임상훈련 프로그램 방식을 따라 기본 원칙, 실제 사례, 연

습을 결합해 이 기술을 빠르고 확실하게 습득할 수 있도록 구성했다. 앞으로 소개할 내용은 임상훈련에서 다루는 것이지만, 어렵거나 학술적이지는 않다. 실제 경험을 바탕으로 이 기술을 가르치며, 영화 장면, 인용구, 성공 사례와 더불어 실패담도 함께 나눌 것이다. 내 목표는 단순하다. 우리 모두가 알고는 있지만, 익숙하지 않아 자주 놓치는 언어들, 그 언어의 감각을 되살리는 것이다.

이 기술들은 DBT를 위해 개발되었지만, 나는 DBT 내담자들에게만 국한해서 사용하지 않는다. 내가 경험한 바로는, 상대방의 이야기에 진심으로 귀 기울이는 것만큼 효과적으로 고통을 덜어주는 방법은 없었다. 수년간 나는 이 기술들을 치료실 밖에서도 누구나 쉽게 활용할 수 있도록 다듬고 발전시켜왔다. 하지만 내 방식을 설명하기 전에, 앞서 약속했던 대로 당신의 고통에 대해 다시 이야기하고 싶다. 다시 한번 강조하지만, 진심 어린 관심과 이해만큼 상대의 아픔을 덜어주는 것은 없다.

당신의 고통은 선물이다, 그 선물을 낭비하지 마라

나는 그동안 적지 않은 고통을 겪어왔다. 어쩌면 당신이나 다른 이들보다는 덜할 수 있지만, 이제는 고통이 낯설지 않을 만큼은 겪었다. 고통은 당신에게도 마찬가지일 것이다. 당신이 누구든, 어디

출신이든, 무엇을 이루었든 간에 고통은 피할 수 없는 삶의 일부다. 나에게 병이 그러했듯, 당신에게도 이혼, 실직, 독립하지 못한 처지, 멀어진 가족, 무력감 같은 깊은 아픔이 있을 것이다.

틱낫한은 고통을 연꽃을 피워내는 진흙에 비유했다. 진흙 없이는 연꽃도 없다고 말이다.[13] 하지만 내 경험으로는 고통이 늘 보상으로 이어지지는 않는다. 오히려 더 큰 고통을 낳기도 한다.

임상의학자 빅터 프랭클은 3년간 여러 강제수용소를 전전하다 아우슈비츠에서 풀려난 뒤, 그곳에서 적어둔 메모를 바탕으로 『죽음의 수용소 Man's Search for Meaning』를 썼다. 그는 이 책에서 고통에 대한 대담한 통찰을 남겼다. 요약하자면, 고통이 우리에게 미치는 영향은 우리가 그것을 어떻게 다루느냐에 달려 있다. 고통에서 의미를 찾고 이를 통해 타인과 교감하는 것이 핵심이다. 그렇게 할 수 있다면 성장할 수 있지만, 그렇지 못하면 무너질 수 있다. 프랭클은 "절망은 의미 없는 고통"[14]이라고 했다. 아무리 좋은 진흙이라도 연꽃을 피워내지 못한다면 그저 진흙에 불과한 것처럼 말이다.

프랭클의 관점은 고통을 피하지 않고 직면해야 한다는 선불교 철학과 맥을 같이한다. 고통을 견디는 것이 아닌, 변화시키는 대상으로 보는 것이다. 틱낫한이 말했듯이 "우리의 고통을 인정하고 받아들이며 이해하게 되면 고통이 한결 가벼워진다. 우리는 고통을 자신과 타인을 위한 이해와 연민, 더 나아가 기쁨으로 바꿀 수도 있다."[15]

나는 내가 지닌 예민함과 젊은 시절의 우울증이, 오히려 더 깊은 인식과 이해 그리고 연민의 밑거름이 되었음을 깨달았다. 인정의 기술을 배우면서 이런 경험을 타인의 성장을 돕고 내 삶에 의미를 더하는 방식으로 승화시킬 수 있었다. 리네한을 만날 무렵에도 이런 깨달음이 희미하게나마 있었지만, 아직은 확신을 가지고 말할 만큼은 아니었다.

우울증이 그러했듯, 내 신체의 병 역시 타인을 더 깊이 이해하고 공감하게 되는 계기가 될 수 있다는 생각은 미처 하지 못했다. '고통'과 '괴로움'이란 말에서 나는 우울증으로 겪은 정신적 아픔만을 떠올렸다. 20대에 다발성 경화증 진단을 받았을 때, 내 또래 중에는 만성질환을 앓는 이가 없었다. 적어도 내가 아는 한은 그랬다. 상사들에게 처음 병에 대해 알렸을 때 그들은 내담자들에게 이 사실을 숨기라고 조언했다. "내담자들에게 돌봄이 필요한 사람처럼 보여선 안 되네", "신뢰를 얻으려면 유능하고 든든한 모습을 보여줘야 해" 같은 말들이었다.

병이 일상의 많은 부분을 차지하는데도 이를 숨겨야만 하자, 자연스레 '누구도 내 상황을 이해하지 못할 거야'라는 생각이 다시 고개를 들었다. 여기서 '내 병 때문에 다른 이들과 멀어질 거야'라는 또 다른 걱정이 자랐다. 나는 내 병을 자산이 아닌 부채로만 여겼다. 모르는 사이에 다발성 경화증을 '나쁜 것'으로만 규정하고, 그것이 '좋은 것'으로 쓰일 수 있다는 변증법적 시각을 놓치고 있었다.

리네한을 만난 후, 나는 DBT 치료사가 되겠다는 꿈을 포기하지 않기로 했다. 그 대신 변화가 필요하다는 것을 받아들였다. 풀타임으로 DBT 내담자들을 상담하는 것은 무리였다. 그래서 진료 시간과 상담 횟수, 퇴근 시간을 조절할 수 있도록 특별연구원 자리를 떠나 개업했다. 리네한의 배려로 캘리포니아로 이주한 뒤에는 그녀를 대신해 학생들을 지도하는 일도 시작했다.

하지만 가장 중요한 것은 따로 있었다. 수련회에서 나눈 대화를 통해, 내가 고통과 인정, 의미 사이에 희미하게 그어놓았던 선이 선명해졌다는 점이다. 고통이 완전히 해결되거나 과거의 일이 되어야만 그것을 건설적으로 활용할 수 있는 건 아니라는 사실을 알게 되었다. 오히려 그 반대이다. 고통을 타인과의 깊은 교감에 활용하는 것이야말로 진정한 의미의 건설적 활용이다. 타인에게 진심으로 귀 기울이기 위해서는 자신의 고통을 다루는 법을 배워야 할 때도 있다. 그러나 이렇게 타인을 향해 한 걸음 내딛는 것만으로도 우리는 치유되기 시작한다.

엄마의 뇌 수술 후 회복이 불확실했을 때, 어린 시절 엄마를 잃은 나의 내담자 엘라가 떠올랐다. 어린 나이에 그런 상황을 겪었다면 얼마나 더 충격적이고 막막했을지 깊이 느낄 수 있었다. 나는 고민에 빠졌다. 내가 더 깊이 이해하게 된 엘라의 경험을 어떻게 전달할 수 있을까? 내 이야기를 늘어놓거나, 성인이 되어 겪은 내 경험을 그녀의 어린 시절 상실과 비교하는 듯한 인상을 주지 않으면서 말이다. 이 미묘한 상황에서 어떤 인정의 기술을 써야 할까? 절망감과 엄마에 대한 걱정이 극에 달했을 때도 이 질문이 다시 떠올랐다. 그러면서 이 답이 누군가에게 위안이 될 수 있다는 믿음이 생겼고, 그 믿음으로 현실을 마주할 힘을 얻었다. 그 믿음이 없었다면 아마 회피했을 것이다. 엄마의 병으로 모든 것이 어둡게만 보이던 그때, 내 경험이 엘라의 아픔을 더 깊이 이해하는 통로가 될 수 있다는 깨달음은 얼마 없는 희망의 빛 중 하나였다.

하바나가 아파서 딸과 잠시 떨어져 있을 때 엄마로서 느낀 죄책감은, 비슷한 양육의 어려움을 나눴던 다른 부모들의 이야기를 떠올리게 했다. 그러자 피로를 이기심으로 오해하며 자책하는 다른 양육자들이 생각났고, 내 내면의 갈등을 나누는 것이 그들을 이해하는 데 도움이 될 수 있겠다는 생각이 들었다. 처음에는 내 이야기를 이 책에 싣지 않으려고 했다. '내 양육 고민이 뭐라고, 그게 누구에게 도움이 되겠어?'라는 생각 때문이었다. 하지만 곧 더 중요한 질문이 떠올랐다. '왜 도움이 안 될 거라고 단정 짓지?'

미국 공중위생국장 비벡 머시는 우리가 "외로움이라는 전염병"에 걸려 있다고 말했다.[16] 자신이 보이지도, 들리지도 않는 존재처럼 느껴질 때, 사람은 가장 비참해진다. 마음챙김, 이해, 공감은 고통이 맺은 열매이다. 이렇게 얻은 공감의 힘으로 우리는 외로움에 지친 이들의 마음을 어루만질 수 있다. 하지만 이는 깊은 상처가 있어야만 타인을 이해할 수 있다거나, 이 기술이 아픔을 나누는 데만 쓰인다는 뜻이 아니다. 오히려 이 과정에서 우리는 자신의 어려움이 지닌 의미와 가치를 새롭게 발견하게 된다.

DBT에 관한 연구들 속에서, 타인을 인정하는 일이 치료자의 정신건강이나 삶의 질에 어떤 영향을 미치는가를 다룬 논문은 아직 보지 못했다. 하지만 심리학의 역사와 그 바탕에 깔린 철학들을 살펴보면, 그 영향은 충분히 짐작할 수 있다. 사실, 이 철학적 관점에서 우리는 이번 장의 핵심을 정리할 수 있다.

1. 우리는 사람을 있는 그대로 받아들이면서도 성장을 도울 수 있다. 마치 퍼즐을 맞추듯, 행동주의 원칙과 인정의 기술이 함께 어우러져 이를 가능하게 한다.
2. 인간은 본능적으로 비판적이다. 이런 성향이 하루아침에 없어지진 않겠지만, 꾸준한 연습으로 이를 자각하고 새로운 시선을 가질 수 있다. 그 자각의 과정이 우리를 성장시킨다.
3. 고통을 피하려 하면서도 동시에 받아들일 수 있다. 고통과 맞서 싸우는 용기를 가지되, 그 속에서 깨닫게 되는 이해와 연민, 수용의 마음에 주목할 때 우리는 그 고통을 의미 있는 것으로 전환할 수 있다.

지금까지 인정의 기술이 무엇이고, 왜 중요하며, 어디서 비롯되었는지 살펴보았다. 이제 자연스럽게 다음 질문으로 넘어가보자. "어떻게 해야 우리는 다른 사람을 진정으로 이해하고 인정할 수 있을까?"

2부
관계를 바꾸는 8가지 인정의 기술

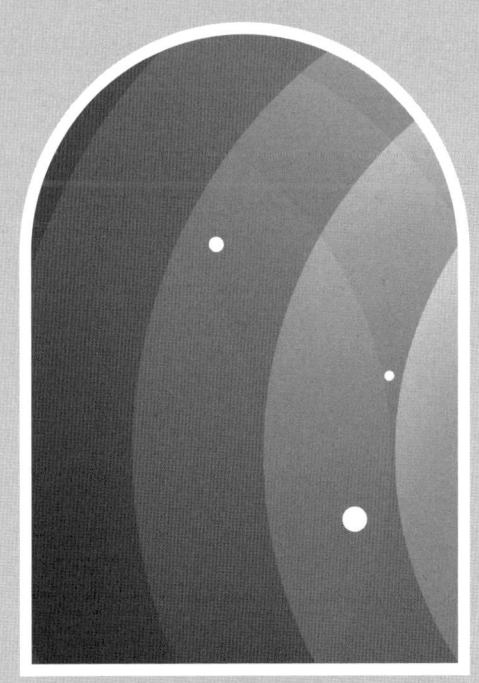

5장

인정의 사다리 –
진짜 소통을 위한 8단계

행동의 기술은 행동에서 나온다.
— 랠프 월도 에머슨, 월간 『디 애틀랜틱』

이번 장은 2부의 나머지 장들을 위한 안내자의 역할을 한다. 인정의 사다리를 설명하고, 상대방을 진정으로 이해하고 받아들이기 위한 여덟 가지 기술을 담은 내 모델을 소개하려 한다. 이어지는 장에서는 각 기술을 깊이 있게 살펴볼 것이다. 이 기술들을 효과적으로 활용하는 방법을 상세히 알려주겠지만, 때로는 사회규범, 정치환경, 문화, 권력관계 같은 외부 요인이 더 큰 영향을 미칠 수도 있다. 그럴 때는 이 책의 조언보다 당신의 직관을 믿기 바란다.

이 모델과 기술들을 이해하는 것은 중요하다. 하지만 변증법적 관점에서 덧붙이자면, 처음부터 완벽히 이해하지 못해도 괜찮다.

오프라 윈프리, 존 스튜어트, 테리 그로스 같은 이들은 이런 기술을 체계적으로 배우지 않았지만 공감의 대가가 되었다. 뒤에서 보겠지만, 이들도 이 책에서 다루는 기술들을 자주 활용한다. 이들은 위험 부담이 큰 분야에서 수백 시간의 경험을 쌓으며 자연스럽게 이런 기술을 터득했다. 이들 모두 뛰어난 감성 지능을 가졌지만, 그것만으로 지금의 자리에 오를 수는 없었다. 청중과 미디어의 반응을 통해 자신의 방식을 조정하고, 반응이 좋았던 순간을 강화하며 기술을 확장해온 것이다. "쇼는 계속되어야 한다"는 부담 때문에 실수하더라도 멈춰 설 수 없었고, 오히려 그 과정에서 더 성장할 수 있었다.

이런 이야기를 하는 이유는 당신이 곧 인정의 기술을 집중적으로 배우게 될 것이기 때문이다. 2부에서는 이런 대가들이 시행착오를 거치며 배운 모든 것을 전하려 한다. 하지만 처음으로 큰 상처를 받은 자녀나, 파혼한 여동생을 위로할 때는 머릿속 지식이 아닌 그 순간에 집중해야 한다. 나는 치료사들과 내담자들에게 이 책의 내용대로 가르치지만, 훈련이 끝날 때면 배운 것은 잠시 잊고 오직 상대방을 이해하는 데만 집중하라고 한다. 당신에게도 같은 조언을 하고 싶다. 의문이 들 때는 다음 원칙을 떠올린 뒤, 배운 기술로 돌아가면 된다.

이쯤에서 치료사로서 한 가지 더 덧붙이고 싶다. 2부는 타인을 이해하는 기술에 초점을 맞추고 있지만, 그 과정을 따라가다 보면

> 어떤 경우든 진정한 이해는 "당신이 곁에 있고, 마음을 알며, 관심을 두고 있음을 보여주는 것"이다.

의외의 감정들이 올라올 수 있다. 이를테면 '이 책이 더 필요한 사람은 따로 있는데……', '다른 사람도 나를 이렇게 이해해주면 얼마나 좋을까', '그런 바람을 갖는 내가 잘못된 건 아닐까?' 하는 등의 마음이 들기도 하고, 어떤 상황에서는 상대가 내가 기대한 만큼 변화했기를 바라는 마음도 생길 수 있다. 이 모든 것은 자연스러운 과정이니 너무 염려하지 말기 바란다. 다만, 중요한 것은 그 감정을 자각하되 거기에 머무르지 않는 것이다. 수용은 종종 변화를 이끄는 강력한 수단이 될 수 있다. 그러나 때로는 변화를 위한 수단이 아니라, 그 자체로 충분한 목적이 되기도 한다.

인정의 사다리

모형이 본래 추상적이라 지루할 수 있다는 점을 알고 있다. 따라서 최대한 간단히 설명하면서 실제 사례를 함께 보여주도록 하겠다.

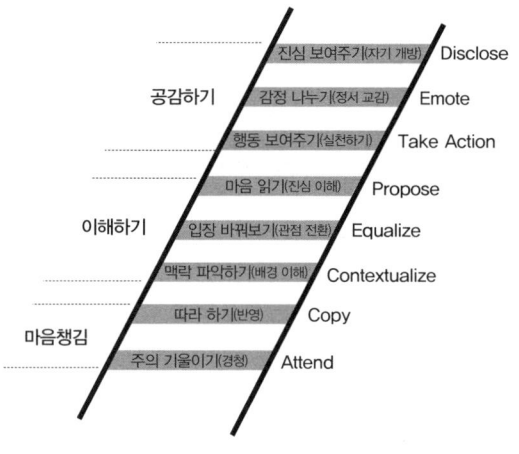

| 도표 1 | 인정의 사다리

세 가지 기술의 단계

　진정한 인정이란 마음챙김, 이해, 공감을 분명히 보여줌으로써 상대의 경험을 있는 그대로 받아들이고 있음을 전하는 것이다. 인정의 사다리는 이를 더 잘 전달하기 위해 만든 세 단계의 기술로 구성되어 있다. 가장 아래의 마음챙김 기술은 미묘하지만 쉽게 적용할 수 있고, 가장 위의 공감 기술은 가장 강력하지만 숙련이 필요하다. 중간의 이해 기술은 이 둘의 중간 정도에 해당한다. 일반적으로 공감 기술이 이해 기술보다, 이해 기술이 마음챙김 기술보다 더 큰 효과를 보인다. 물론 예외는 있지만,* 대체로 이런 경향을 보인다.

　각 단계는 이전 단계를 기반으로 발전한다. 이해 기술은 마음챙김과 이해를 바탕으로 하고, 공감 기술은 마음챙김, 이해, 공감을 모두 담아내기에 그만큼 강력하다. 상위 기술들이 더 깊은 이해를 전할 수 있지만, 진정성 없이는 불가능하다. 진심이 바로 성공의 핵심이다. 때로는 익숙한 영역을 벗어나야 할 수도 있지만, 진심이 아닌 말은 하지 말아야 한다.

이 모형에서 가장 주목할 점은 각 기술이 서로 연결되어 있다는 것이다. 마음챙김 기술은 단순히 주의를 기울이는 것을 넘어 이해와 공감을 키우는 토대가 되고, 이해 기술은 더 깊은 공감으로 이어진다. 이런 관계는 더 큰 그림을 보여준다. 판단 없는 관찰이 이해를 낳고, 이해는 감정적 교감을 키운다는 것이다.

여덟 가지 기술

인정의 사다리에 있는 기술들은 당신이 진심으로 받아들이고 있음을 표현하게 해주면서, 동시에 더 깊은 수용의 상태로 이끈다. 총 여덟 가지 기술은 마음챙김 기술 둘, 이해 기술 셋, 공감 기술 셋으로 구성된다(도표 1). 이 기술들의 영문 머리글자를 모으면 'ACCEPTED'가 되는데, 이는 이 기술들을 효과적으로 사용할 때 사람들이 느끼게 될 '받아들여짐'을 의미한다. 주목할 점은 각 단계

---

*6장에서는 특별한 사례 하나를 만나게 된다. 마술사 데릭 델가우디오는 가장 기본적인 마음챙김 기술만으로도 전체 관객과 깊은 교감을 나누는 데 성공했다. 그 비결을 자세히 살펴볼 것이다.

안의 기술들이 효과 순서대로 배열된 것은 아니라는 것이다. 전체적으로는 상위 단계가 더 강력하지만, 같은 단계 안의 기술들은 상황에 따라 서로 대체할 수 있다.

배움의 과학: 기술을 익히는 두 가지 원칙

모든 책이 학습 원칙을 따라야 하는 것은 아니지만, 독자가 내용을 기억하고 실제로 활용하길 바란다면, 그 원칙을 무시할 수는 없다. 이제 소개할 두 가지 학습 원칙은 인정의 기술을 익히는 데 특히 도움이 될 것이다.

첫 번째는 반복을 통한 학습이다. 지금까지 '인정'의 정의를 17번이나 언급했다는 점에서 짐작했을지 모르겠다. 의도적으로 같은 내용을 여러 번 반복하고 있는 것이다. 반복은 정보를 자연스럽게 흡수하는 가장 쉬운 방법이기 때문이다. 하지만 이를 실제 기술로 바꾸려면 직접 적용해봐야 한다. 신경과학이 보여주듯, 반복 연습은 뇌의 신경 연결을 강화한다. 이 연결이 강해질수록 활성화 속도가 빨라지고, 결국 그 기술은 자연스럽게 몸에 배게 된다.

나는 이 기술을 가르칠 때 한 번에 하나씩만 소개하고 1주일 동안 연습하게 한 뒤, 다음 단계로 넘어간다.* 8주가 지나면 단순히 "사람들의 마음을 이해하는 것을 잊지 마세요"라고만 말한다. 그게 전부이다. 각 기술을 하나씩 익힌 뒤 전체 목표로 시선을 옮기는 이 방식이 가장 효과적이었다. 당신도 2부를 읽으면서 이렇게 해보길 권한다. 각 장 끝에는 그 주의 기술을 연습하는 방법도 소개되어 있다. 개별 기술을 충분히 익힌 후에는 원리보다 목표, 즉 상대방을 진정으로 이해하는 데 집중하면 된다.

두 번째는 다른 사람에게서 배우는 것이다. 이런 방식을 '모델링'이라고 하는데, 새로운 행동을 습득하는 데 매우 효과적인 것으로 입증되었다. 특히 대인관계 기술을 배울 때 가장 큰 효과를 보인다. 직접적인 설명이나 예시보다 누군가가 실제 상황에서 그 기술을 쓰는 모습을 관찰하는 것이 훨씬 도움이 된다.

책으로 모델링을 보여주기는 쉽지 않지만, 몇 가지 방법이 있다. 첫째는 내 개인적인 경험과 상담 사례를 소개하는 것으로, 지금까지 읽어오면서 보았을 것이다. 둘째는 미디어 속 사례를 활용하는 것이고, 셋째는 일상에서 다른 사람이 이 기술을 사용하는 모습을 관찰하게 하는 것이다.

내가 소개한 사례나 미디어 속 예시가 와닿지 않더라도 괜찮다. 그저 그 안에서 기술이 어떻게 활용되는지만 주목하면 된다. 이런 기술들은 멀리 있지 않고, 주변 어디에나 있다. 가장 중요한 것

---

*특히 '주의 기울이기'와 '마음 읽어주기' 이 두 기술은 1주일간의 집중 연습으로 얻는 효과가 다른 기술들보다 더 크다. 각각의 장에서 구체적인 훈련 방법을 소개하겠다.

은 그 순간을 인식할 수 있는 감각을 기르는 것, 즉 누군가가 진심으로 귀 기울이고 이해하고 있는 바로 그 순간을 포착하는 능력이다. 혹시 훌륭한 공감의 순간을 발견하면 내 웹사이트를 통해 알려주길 바란다. 나는 예술품 수집가들이 명화를 모으듯 이런 순간들을 모으는 사람이니까.

실수와 성장: 공감을 배우는 과정

이 기술을 연습하다 보면 누구나 실수하게 된다. 일반적으로 더 깊은 이해를 전달할 수 있는 기술일수록, 실패했을 때 더 큰 좌절감을 느끼게 된다. 모든 사다리가 그렇듯, 높이 올라갈수록 떨어질 때 더 아프다. 하지만 깊은 공감을 시도하다 실패했더라도 이를 패배로 여기지 말자. 그 대신 기본으로 돌아가 현재에 집중하는 것이 좋다. 대개 상대의 말을 제대로 듣지 않은 것이 실패의 원인이기 때문이다.

주변의 뛰어난 조언자들을 보면, 그들도 항상 성공하는 것은 아니다. 다만 실패에 연연하지 않을 뿐이다.

대학원 시절, 「오프라 윈프리 쇼」를 보며 두 가지에 놀랐던 기억이 있다. 하나는 오프라가 한 명의 게스트와의 대화에서 얼마나 다양한 방식으로 공감을 시도하는지였고, 다른 하나는 그녀의 실패

횟수였다. 보통의 인터뷰에서 게스트가 힘들었던 순간을 이야기하면 오프라는 "정말 좌절스러웠겠어요"라고 말한다. 그러면 게스트가 "좌절감은 아니었어요, 두려웠죠"라고 정정한다. 오프라는 수많은 관객 앞에서 실수했음에도 자연스럽게 물러서서 "무엇이 두려우셨나요?"라고 묻는다. 그녀는 경청하고, 때로는 더 자세히 물어보며, 게스트의 말을 다시 한번 확인한다. 그리고 대화를 발전시켜 게스트가 직접 말하지 않은 통찰을 이끌어내고 이에 공감하는지 확인한다. 때로는 여러 번의 시도가 필요하지만 결국 성공한다. 게스트는 그녀의 깊은 공감에 눈물을 보이고, 오프라는 그의 손을 잡아준다. 카메라가 관객석을 비추면 모두가 촉촉한 눈빛을 보인다. 모두가 '오프라화'되는 순간이다. 결국 중요한 것은 그녀의 실패가 아닌, 성공이 만드는 감동이다.

여기서 한 가지 주의할 점이 있다. 오프라 같은 전문가의 끈기 있는 모습을 보더라도, 당신이 누군가를 이해하려 할 때 상대가 반응하지 않거나 불편해한다면 상처받을 수 있다. 이럴 때는 핵심이 당신이 아니라는 점을 기억하라(자기 자신을 이해하려 할 때는 예외이다). 중요한 것은 상대의 경험을 주의 깊게 인식하고 이해하며 공감해서 그들이 받아들여진다고 느끼게 하는 것이다. 자존심 때문에 이 목표를 놓치면 안 된다. 오히려 피드백을 받아들이고 방식을 조정하는 것 자체가 진정한 이해이다. <u>대부분의 사람은 진심으로 자신의 이야기를 들으려는 이에게 감사함을 느낀다.</u>

더 중요한 주의점이 하나 있다. 이 과정에서 당신 스스로가 상처받을 수 있다는 것이다. 단계가 올라갈수록 더욱 자신을 드러내야 하기 때문이다. 가장 기본적인 단계는 단순히 주의를 기울이는 것을 보여주는 정도라 크게 위험하지 않다. 하지만 이해의 단계로 올라가면 당신의 생각을 말해야 한다. 이때부터는 개인적인 영역이 된다. 당신이 보여준 생각이 거부될 수 있고, 그러면 상처받을 수 있다. 얼마 전 공원에서 만난 육아도우미와의 경험이 떠오른다. 그녀는 아픈 남편을 돌보며 두 집에서 풀타임으로 일한다고 했다. "늘 누군가를 돌보느라 힘드시겠어요"라고 말했더니, 그녀가 화난 목소리로 "전혀 아니에요!"라고 했다. 그때 나는 바보가 된 것 같았고 거부감도 들었다. 도망치고 싶었지만, 대신 다시 기본으로 돌아가 경청하기로 했다. 잠시 후, 그녀의 말이 오해에서 비롯된 것임을 알게 되었고, 덕분에 우리는 막혔던 대화를 다시 이어갈 수 있었다. 그래도 그녀의 첫 반응이 상처가 되지 않았다고 하면 거짓말일 것이다.

가장 깊은 공감의 단계에서는 더 큰 용기가 필요하다. 여기서는 생각뿐 아니라 당신의 지혜, 감정, 경험도 나누어야 한다. 이런 개인적인 특성이 바로 이 단계를 가장 효과적이면서도 가장 위험하게 만든다. 그 위험성과 대처 방식에 대해서는 앞으로 자세히 다루겠지만, 지금은 단 하나, '큰 위험에는 큰 보상이 따른다'는 사실만 기억하길 바란다. 더 높은 단계의 기술은 상대를 더 깊이 이해할 수 있게 할 뿐 아니라, 그에 대한 보답으로 당신도 더 깊이 이해받을 경험을 하게 될 것이다.

> **이것만은 기억하기**
>
>   인정의 사다리는 서로 다른 깊이의 이해를 전하는 세 가지 단계로 구성되어 있다. 이 세 단계에는 총 여덟 가지 구체적인 기술이 있다. 이를 빠르게 익히는 가장 좋은 방법은 연습하면서 동시에 이 기술을 잘 쓰는 사람들을 관찰하는 것이다. 높은 단계의 기술일수록 서툴게 하면 오해를 살 가능성이 크지만, 잘 활용하면 서로를 더 깊이 이해할 가능성도 크다. 이는 당신과 상대방 모두가 진정한 이해를 경험할 수 있다는 뜻이다.
>   이제 첫 번째 단계인 마법 같은 마음챙김 기술을 살펴보자.

6장

1 주의 기울이기 – '듣는 힘'이 만드는 기적

> 내가 지금껏 받아본 최고의 찬사는 누가 내 생각을 물어본 후
> 내 대답을 주의 깊게 들어주는 일이었다.
> — 헨리 데이비드 소로, 에세이 「원칙 없는 삶」

"잠시 휴대폰 전원을 끄고 방해되는 소리가 나지 않게 해주세요. 주의해 들어주셔서 감사합니다." 데릭 델가우디오의 영화 「인 앤 아웃 오브 잇셀프In and Of Itself」는 이 문구와 함께 시작된다. 3년간 500회 이상 공연된 그의 매직쇼를 이어 붙여 편집한 작품이다.

델가우디오는 전형적인 엔터테이너와는 거리가 멀어 보인다. 단조로운 목소리, 억제된 동작 그리고 한 관객의 표현대로 "슬픈 눈"을 가졌다. 쇼가 후반부에 접어들 무렵, 그는 관객들에게 공연의 결말을 예측해보라고 한다. 다양한 공연에서 관객들은 저마다의 상상을 펼친다. 누군가는 화려한 불꽃과 함께 그가 코끼리로 변할 것이

라 말하고, 또 다른 이는 더 깊은 통찰을 내놓는다. "모두가 사랑을 찾을 거예요. 비판 없이, '나는'이 '우리는'으로 변할 거예요." 처음에는 이 관객이 매직쇼를 처음 접한다고 생각했지만, 지금은 그가 특별한 통찰력을 지녔거나 재관람객임이 분명해 보인다. 그의 예측이 적중했기 때문이다. 델가우디오는 전통적인 마술의 화려함 대신, 깊은 이해와 공감이라는 더 강력한 마법을 선보인다. 그 효과는 실로 놀랍다. 혼자 잠옷 차림으로 영화를 보고 있었음에도, 나는 누군가가 나를 진정으로 이해하고 인정해주는 듯한 감동을 느꼈다.

영화는 공연장 로비에서 시작된다. 밝은 조명 아래 수백 개의 카드가 벽에 걸려 있다. 각 카드 상단에는 "I AM"이라는 동일한 문구가, 하단에는 "페미니스트다", "쾌락주의자다", "선생님이다" 같은 각기 다른 정체성을 나타내는 문구가 적혀 있다. 관객들은 입장 전 이 중 하나를 선택해 안내원에게 건네야 한다. 공연 막바지에 이르러서야 델가우디오는 이 카드들을 언급한다. 그는 카드를 직접 확인하지 않은 채, 자신의 진정한 모습이 담긴 카드를 골랐다고 생각하는 관객들에게 일어서달라고 한다. 거의 모든 관객이 자리에서 일어선다.

그가 이어서 말한다. "진정한 정체성은 자신의 가슴속에 있더라도 다른 누군가에게 보여져야 한다는 글을 읽은 적이 있습니다. 솔직히 요즘 이 벽 너머의 세상에서는 그런지 잘 모르겠습니다만, 이곳에서는……." 그는 첫 번째 줄의 관객과 눈을 맞추며 말을 잇는

| 도표 2 | 자신을 표현하려고 고른 말들

다. "제 눈에 한 바텐더가 보입니다." 그 남자가 믿을 수 없다는 듯 억지웃음을 짓는다. 델가우디오는 어떻게 그가 "나는 바텐더다"라는 카드를 골랐다는 것을 알았을까? 그의 시선이 바텐더 옆 여성에게로 향한다. "호기심이 많은 분이시군요." 또다시 정확하게 짚어낸 것에 놀란 표정이 이어진다. 그의 기계적이던 어조가 살짝 누그러지며, 안경 낀 노부인이 "밤에 몰래 담배를 피우는" 분이라고 말한다.

이후 15분간 이런 식으로 델가우디오는 관객들이 고른 카드를 하나하나 정확히 맞혀낸다. "사랑에 빠진 분, 연금술사, 진실을 말하는 분도 계시네요." 그의 시선이 관객들 사이를 빠르게 오간다. 맞출 때마다 더욱 생기가 돌고, 관객들의 감동도 커진다. 그는 계속해서 사람들이 자신을 표현하기 위해 고른 말들을 그대로 짚어낸다.

"선한 사마리아인이시군요." 안경 쓴 노신사를 향한 말에, 그 노신사가 손으로 입을 막은 채 떨리는 손으로 눈물을 참으려 한다. 이제 관객들은 서로를 바라보며 고개를 끄덕이고, 미소를 나누며, 통로 너머로 손을 뻗어 서로의 어깨를 다정히 어루만진다.

"비건, 쾌락주의자, 페미니스트이시고요." 잠시 말을 멈추고 고개를 끄덕이던 그가 한 여성과 눈을 맞추며 확신에 찬 목소리로 말한다. "큰 성취를 이루셨군요." 이쯤 되면 거기 모인 관객들이 모두 협조자가 아닐까 하는 의심이 들 법도 한데, 그때 그가 우연히 빌 게이츠를 발견한다. "리더시네요." 게이츠는 장난스러운 미소와 함께 자리에 앉는다.

공연이 절정에 달할 무렵, 델가우디오는 깊은 절망감이 묻어나는 한 남자를 바라본다. 그는 양손을 허리에 짚은 채 남자를 응시하다가, 영원처럼 느껴지는 몇 초가 지난 후 고개를 떨구고 눈을 감는다. 다시 고개를 들어 남자를 바라보자, 남자도 기대에 찬 눈빛으로 응시한다. 델가우디오는 말하려다 멈춘다. 마치 그 말을 꺼내기가 너무 힘든 듯하다. 마침내 그가 말한다. "아무것도 아닌 사람." 남자는 자신을 끌어안듯 팔짱을 낀 채 계속 마술사를 바라본다. 자리에 앉을 때쯤 그의 눈빛은 한결 부드러워져 있고, 눈가엔 촉촉한 기운이 맴돈다. 델가우디오의 눈에도 눈물이 어린다. 이상하게도 이 순간은 불편하거나 가식적이지 않다. 오히려 따뜻하고 진정성 있는, 심지어 애정 어린 순간으로 다가온다.

델가우디오는 이제 무대를 벗어나 통로로 나와, 관람석 사이를 돌며 관객들과 일대일로 마주한다. 각자가 고른 문구를 하나하나 짚어가며 말해준다.

자세히 보면 그의 공연에는 두 가지 마법이 담겨 있다. 하나는 관객들이 입장 전 고른 카드를 정확히 맞히는 놀라운 기술이다. 하지만 이 공연의 진정한 마법은 "서로를 바라보게 만드는" 효과에 있다. 이는 그가 온전히 경청과 공감(주의 기울이기, 마음 읽어주기)이라는 기술에 기대어 만들어내는 특별한 순간이다. 공연 초반에는 관객의 주의를 자신에게 모으다가, 후반에는 자신의 모든 관심을 관객에게 쏟아부음으로써 마지막 감동의 순간을 이끌어낸다.

여기서 '마법'이라고 표현한 이유는, 그의 방식에 어떤 속임수나 환상이 없기 때문이다. 진정한 이해와 공감은 진심에서 우러나와야만 효과가 있다. 이는 마술사라고 해도 예외가 아니다. 델가우디오는 『GQ』와의 인터뷰에서 이렇게 말했다.[1] "누군가가 진정으로 자신을 알아봐주는 것을 느끼는 그 순간이 바로 이 공연의 마법입니다. 한 사람이 다른 사람을 바라보며 '당신을 보고 있어요. 그곳에 있는 당신을. 당신이 어떤 사람인지 알겠어요. 당신을 온전히 이해합니다. 지금 이 순간, 당신의 모든 것을 보고 있어요'라고 전하는 그 순간을 위한 것이죠. 이는 우리가 일상에서 간절히 바라는 선물 같은 것입니다. 하지만 우리는 그 선물을 받으려 애쓰느라 정작 나누는 것을 잊고 삽니다."

델가우디오가 어떻게 경청과 공감의 기술로 낯선 관객들에게 '진정한 이해'라는 선물을 전하는지는 뒤에서 자세히 다루겠다. 이러한 마법 같은 순간을 직접 경험하기 위해 필요한 모든 것도 함께 설명하겠다. 우선 이번 장에서는 '주의 기울이기'의 의미를 살펴보고, 델가우디오처럼 말없이도 상대를 깊이 이해하고 인정하는 방법을 알아보자.

'주의 기울이기'의 기초

'주의 기울이기'란 관심과 이해의 자세로 비판 없이 경청하는 것을 의미한다.* 이는 당신이 신체적·정서적·정신적으로 "함께 있

---

*'주의 기울이기'는 '관심 갖기', '주의해 듣기', '들어주며 지켜봐주기' 등 여러 이름으로 불린다. 이 표현들은 모두 비슷한 의미를 담고 있으며, 상대방에게 진정한 관심을 보이고 이해하려 노력하는 태도를 가리킨다. Marsha M. Linehan, *DBT Skills Training Handouts and Worksheets*, 2nd ed., "Interpersonal Effectiveness Handout 18: A 'How To' Guide to Validation" [New York: Guilford Publications, 2014]; Kathryn R. Robertson, "Active Listening: More than Just Paying Attention," *PubMed* 34, no. 12 [December 1, 2005]: 1053~55, https://pubmed.ncbi.nlm.nih.gov/16333490; Julia Ziemer, "Deep Listening: To Understand a Different Perspective," *LSE* [blog], June 25, 2020, https://blogs.lse.ac.uk/socialbusinesshub/2020/06/25/deep-listening-to-understand-a-different-perspective; MasterClass, "Mindful Listening Benefits: 5 Ways to Practice Mindful Listening-2023-MasterClass," *MasterClass Articles*, August 19, 2021, https://www.masterclass.com/articles/mindful-listening-guide; Marsha M. Linehan, "Validation and Psychotherapy," in *Empathy Reconsidered: New Directions in Psychotherapy*, eds. A. C. Bohart and L. S. Greenberg [Washington, DC: American Psychological Association, 1997], 360, https://doi.org/10.1037/10226-016

다"는 느낌을 전달하며, 상대가 당신의 관심을 받을 가치가 있는 존재라는, 강력하면서도 섬세한 메시지를 담고 있다.

물리학에는 '관찰자 효과observer effect'라는 개념이 있다.[2] 이는 관찰하고 측정하는 행위 자체가 열에너지나 전자와 같은 대상의 행동 방식을 변화시킨다는 것이다(1927년, 물리학자 데이비슨과 거머는 1807년 토머스 영의 '빛의 이중슬릿 실험'을 개조해 전자총을 이용한 '전자의 이중슬릿 실험'을 진행했다. 이들은 전자가 입자임을 증명하고자 했지만, 실험 결과는 예상과 전혀 다른 놀라운 사실을 보여주었다. 관찰자가 존재할 때는 전자가 입자처럼 행동했고, 관찰하지 않을 때는 파동처럼 움직였던 것이다―옮긴이). 1924년부터 1932년까지 진행된 심리학 연구들은 인간관계에서도 유사한 현상이 일어남을 밝혀냈다. 연구진은 사람들이 관찰된다는 사실을 인지할 때 행동이 달라진다는 것을 발견했고, 이는 '호손 효과Hawthorne effect'로 명명되었다.[3]

이런 관찰의 영향력은 오늘날에도 여전히 놀라운 결과를 보여준다. 2010년, 남아프리카공화국의 영화감독 크레이그 포스터는 다시마 숲에 사는 암컷 문어를 1년간 매일 찾아갔다. 처음에는 두려워하며 숨던 문어가 점차 그를 찾아오더니, 마침내는 그의 가슴에 달라붙어 포옹하기에 이르렀다. 이들 사이에선 언어적 소통도, 먹이로 유인하는 일도 없었다. 순수한 관찰과 관심만으로 이런 특별한 관계가 형성된 것이다. 포스터는 "나는 그 녀석을 사랑하게 되었을 뿐 아니라, 녀석이 상징하는 놀라운 '야생'과 그것이 내게 가져온 변화에도 매료되었다"고 말했다.⁴ 이 경험을 담은 다큐멘터리 「나의 문어 선생님My Octopus Teacher」은 세계적 반향을 일으키며 아카데미상을 수상했다.⁵ '주의 기울이기'로 아카데미상을 받으리라고 기대하진 말자. 하지만 만약 그런 일이 일어난다면, 분명 역사적인 첫 사례가 될 것이다.

자리를 함께해주는 것은 친밀감을 전하는 강력한 언어다. 파티 초대에 정성껏 답하고, 아이의 게임 대회에서 응원하며, AA(알코올 의존자 갱생회) 모임에 처음 가는 친구와 동행하는 일……. 사소한 순간들을 판단 없이 지켜보는 일은, 그 사람의 존재를 인정하는 가장 확실한 표현이다. 때로는 이런 작은 순간들이 인간관계의 결정적인 전환점이 되기도 한다.

반면 무관심은 관계 성장에 필요한 영양분을 앗아간다. 이는 상대를 무시하는 가장 빠른 방법이자, 흔히 그런 목적으로 동원되는 수단이기도 하다. 정치인들의 토론을 보면 이를 잘 알 수 있다. 상대의 발언에 귀 기울이거나 메모하는 대신, 지루한 표정을 짓거나 다른 곳을 둘러보곤 한다. 카메라 밖의 사람들과 잡담을 나누거나 넥타이핀을 매만지느라 집중하지 않는다. 러시아 대통령 블라디미르 푸틴은 몸을 앞으로 기울이고 졸린 듯한 표정을 지어 보이길 즐긴다. 마치 제스처 게임에서 "무가치한 사람의 이야기를 듣는 모습"을 연기하는 것처럼 노골적이다.

하지만 주의를 기울이는 것이 항상 좋고, 무시하는 것이 무조건

나쁘다고 단순화할 수는 없다. 주의를 기울이는 것이 진정한 이해로 받아들여지려면 관심과 무비판적 태도가 함께해야 한다. 당신의 '마술쇼'에 누가 참석하든, 이런 진정성 있는 관심과 수용적 태도를 전달하려면 특별한 기술이 필요하다.

주의를 기울이는 방법

주의를 기울이는 것과 그것을 효과적으로 보여주는 것은 별개의 문제이다. 전자가 인지적 과정이라면, 후자는 대인관계 기술이다. 아무리 진심 어린 관심과 열린 태도를 가지고 있더라도, 그것이 상대에게 전달되지 않으면 진정한 이해의 단계까지 나아갈 수 없다. 따라서 '주의 기울이기'를 제대로 실천하려면 비언어적 표현, 경청 그리고 적절한 질문과 의견 제시가 필요하다.

비언어적 표현 쓰기

비언어적 표현, 흔히 보디랭귀지라고 불리는 것에는 고개 끄덕임과 눈 맞춤 같은 신체 '행위'뿐 아니라, 목소리의 크기, 어조, 속도, "그래", "우와", "음" 같은 짧은 감탄사도 포함된다. '음성적 요소'는 잠시 후에 다루기로 하고, 먼저 비언어적 행위를 살펴보자.

비언어적 행위를 효과적으로 활용하는 능력은 사람마다 차이가 있다. 다행히도 연구자들은 오랜 기간 이를 연구해 관심, 교감, 안전을 전달하는 가장 효과적인 비언어적 표현들을 밝혀냈다. 이런 행위들이 사람 간의 심리적·신체적 거리를 좁힌다는 점에서, 연구자들은 이를 '친근성 행동'이라고 명명했다.[6] 다음은 내가 정리한 친근성 행동의 핵심 네 가지이다.*

1. 눈 맞추기
2. 가까이 다가가기(옆으로 바짝 붙거나 몸을 기울이기)
3. 제스처 취하기
4. 고개 끄덕이기[7]

델가우디오는 공연에서 이 네 가지 요소를 능숙하게 활용한다. 그의 첫 번째 마술에서는 주로 '눈 맞춤'(#1)을 통해 대상을 지목한다. 말하기 전 몇 초간 응시하며 상대를 인정하는 시간을 가진

---

*비언어적 행위의 해석은 문화에 따라 달라질 수 있다. 특히 눈 맞춤의 경우, 서유럽에서는 중요한 소통 방식으로 여겨지지만 동아시아에서는 그 정도가 덜하며, 어떤 문화권에서는 오히려 무례하게 받아들여질 수 있다. 상대방의 문화적 배경이 확실하지 않다면, 그들의 비언어적 표현을 관찰하고 그에 맞춰 반응하는 것이 현명하다. David Matsumoto and Hyi Sung Hwang, "Cultural Influences on Nonverbal Behavior," in *Nonverbal Communication: Science and Applications*, eds., Mark G. Frank and Hyi Sung Hwang [Thousand Oaks, SAGE Publications, 2013], 97~120; Shota Uono and Jari K. Hietanen, "Eye Contact Perception in the West and East: A Cross-Cultural Study," *PLOS One* 10, no. 2 [February 25, 2015]: e0118094, https://doi.org/10.1371/journal.pone.0118094

다. 관객에게 '점진적으로 다가가며'(#2) 안전하고 자연스러운 친밀감을 형성하고, '제스처'(#3)와 '끄덕임'(#4)으로 관객의 반응을 이끌어낸다. 그가 팔짱을 끼면 관객은 눈썹을 올리고, 그가 끄덕이면 (#4) 관객도 따라 끄덕인다. 이처럼 그의 관심이 깊어질수록 관객들의 반응도 커진다. 말이 아닌, 이런 기본적인 친근성 행동으로 거리감을 좁히는 것이다.

이 네 가지 요소를 적절히 활용하면 누구나 비슷한 효과를 얻을 수 있다. 텔가우디오처럼 균형 있게 사용하면, 상대의 관심을 끌고 마음을 여는 강력한 이해의 신호를 보낼 수 있다. 단, 과장된 행동은 불필요하다. 대화에 집중하고 있음을 보여주기 위해 휴대폰에서 고개를 드는 정도면 충분하다. <u>자연스러움의 핵심은 의도를 담되, 그것을 지나치게 의식하지 않는 데 있다.</u>

들어주기

들어주기는 단순히 침묵하며 상대에게 말할 기회를 주는 것이 아니다. 다음 발언을 고민하거나 개인적인 생각에 빠져 있다면, 그것은 진정한 경청이 아니라 단순한 침묵일 뿐이다. 진정한 경청은 온전한 관심과 집중을 필요로 한다. 더욱이 '주의 기울이기'를 통한 이해는 한층 더 깊은 몰입을 요구한다. 단순히 말의 내용을 파악하는 것을 넘어, 그 사이의 빈틈까지 채워야 한다. 즉석에서 생각을 정리해 말하는 사람에게는 여러 제약(작업 기억의 한계, 불안, 신체적 불편함 등)이 따르기 마련이다. '주의 기울이기'는 상대의 생각을 더 선명하게 만드는 일이다. 그들의 이야기를 당신이 가진 다양한 맥락과 연결 지어 이해함으로써, 그들 스스로 구성할 수 있는 것보다 더 풍부하고 명확한 의미를 찾아주는 것이다.

관심 있는 주제라면 이런 몰입이 자연스럽게 이루어지지만, 그렇지 않을 때는 상당히 어려울 수 있다. 나는 다양한 연령대의 내담자들을 만나며 종종 개인적으로는 흥미롭지 않은 대화를 나눈다. 때로는 그들의 이야기를 이해하기조차 쉽지 않다. '디스코드에서 신상털기를 당했다는 제나의 말을 어떻게 받아들여야 할까?', '에릭이 말하는 레벨 5 승급이 정말 가능한 일일까?' 이런 의문들이 꼬리를 문다.

젊은 시절에는 이런 상황에서 불안하거나 지루함을 참지 못해 손톱을 자주 물어뜯었다. 하지만 다행히도 해결책을 찾았다. 정확히 말하자면, 이미 숙련된 경청자들이 실천해온 'A 게임'*이라는 방법을 알게 된 것이다. 방법은 매우 단순하다. 두 가지 질문에 스스로 답하는 것이 전부이다.

첫째, 저 사람의 주장을 더 잘 표현할 방법은 무엇일까?

---

*이 게임을 'A 게임'이라고 명명한 데는 두 가지 이유가 있다. 하나는 'Attending'(주의 기울이기)의 'A'에서 따온 것이고, 다른 하나는 이 게임이 당신의 관계를 'A급'으로 만들어주는 방법이기 때문이다. 이런 설명이 억지스럽게 들린다면, 어쩌면 당신에게 진정한 무비판적 태도를 연습할 기회를 주고 싶었던 것일 수도 있다.

저 사람의 주장을 더 잘 표현할 방법은 무엇일까?   이 주장이 저 사람에게 중요한 이유는 무엇일까?

규칙

- 당신의 답을 상대에게 직접 말하지 않는다.
- 질문이나 의견을 낼 때는 당신이 진심으로 관심을 가지고 있고, 이해하려는 노력을 하고 있다는 점이 분명히 드러나야 한다.

| 도표 3 | A 게임을 위한 두 개의 질문

둘째, 이 주장이 저 사람에게 중요한 이유는 무엇일까? 그리고 여기에는 두 가지 중요한 규칙이 있다.

- 당신의 답을 상대에게 알려주면 안 된다. 적어도 주의를 기울이는 목적을 위한 경우일 때는 말이다. A 게임은 스도쿠처럼 혼자 하는 게임이다. 사실상 말을 안 하면서도 이길 수 있다.
- 상대에게 질문이나 의견을 말할 때는 당신이 진심으로 관심을

가지고 있으며, 더 잘 '이해하려' 애쓰고 있다는 점이 분명히 드러나야 한다('질문 던지기와 의견 말하기' 참조).

A 게임의 핵심은 완벽한 순간을 기다리는 데 있지 않다. 상대가 모든 것을 친절히 설명해주길 바라는 것이 아니라, 그 메시지를 스스로 파악하고, 그것이 상대에게 왜 중요한지를 이해하려고 노력하는 데 초점이 있다. 핵심은 그들의 주장을 더 효과적으로 구조화하는 방법을 찾는 것이다. 이는 단순한 자기만족을 넘어 부정적 선입견을 극복하는 데 결정적이다. 우리의 뇌는 흔히 '다 안다', '말도 안 된다', '관심 없다'처럼 즉각적 판단을 내리고 다른 생각으로 빠져나가려 한다. 하지만 상대방의 이야기를 더 의미 있게 발전시키는 것이 쉽지 않은 도전이란 걸 인정하면, 수동적으로 판단하는 대신 적극적으로 이해하고 발전시키는 사람이 될 수 있다.

이는 상대의 관점에 동의하거나 좋아해야 한다는 뜻이 아니다. 마치 즉흥 토론처럼, 주제가 개인적으로 중요하지 않더라도 그 안에서 참여할 방법을 찾는 것이다. <u>진정한 경청의 달인들은 정보를 수동적으로 받아들이는 대신, 적극적으로 의미를 재구성하며 듣는다.</u>

질문 던지기와 의견 말하기

A 게임을 하면서 상대와 대화하는 것은 가능하지만, 그들의 경험

을 묻거나 의견을 나누는 정도로 제한해야 한다. 당신의 질문과 의견이 진정한 '주의 기울이기'로 받아들여질지, 아니면 불편한 간섭으로 여겨질지는 '무엇을', '어떻게' 말하느냐에 달려 있다.

'주의 기울이기'가 되려면 질문과 의견에서 관심과 더 깊은 이해를 향한 노력이 분명히 드러나야 한다. "그 사람이 그런 말을 한 의도가 뭔 것 같아?", "그때 놀랐겠다!", "와우" 같은 표현으로 관심을 보이고, "자세히 말해줄래?", "한 번 더 설명해줘" 같은 말로 이해하려는 의지를 전달하면 된다.

가장 효과적인 질문과 의견은 관심과 이해하려는 열의가 동시에 담긴 것이다. 델가우디오의 카드 선택은 사실 "당신은 자신을 어떤 사람이라고 생각하나요?"라는 은근한 질문이었다. 이는 관심과 이해의 노력을 모두 명확히 보여주는 예시다.

말하는 방식도 내용만큼 중요하다. "너는 네가 좋은 아버지라고 생각해?"라는 질문을 최대한 비판적으로 해보고, 다시 같은 말을 부드럽고 지지하는 투로 해보자. 차이가 느껴지지 않는가? 부드러운 어조로 천천히 말하며 '아버지'를 살짝 강조하면 진정한 관심이 담긴 질문이 되지만, 날카롭게 '너는'을 강조하면 같은 말도 비난처럼 들린다.

의도치 않게 상대방의 원망을 샀던 경험이 있다면, 그것은 당신의 말투나 억양이 의도와 다르게 전달되었기 때문일 수 있다. 나는 원래 말이 빠른 편인데, 시간이 지나며 이것이 때로는 짜증이나 조급함으로 받아들여진다는 것을 깨달았다. 자기 말투의 특징을 인식하는 것이 이런 문제를 해결하는 첫걸음이다. 말투를 완전히 바꿀 필요는 없지만, 상대방이 불편해할 때는 어조, 속도, 톤을 조절할 줄 알아야 한다.

자신의 평소 말투를 이해하고 있으면 상황에 맞게 의도적으로 조절할 수 있다. 나처럼 빠르고 활기찬 말투를 가진 사람이 속도를 늦추면, 그것은 상대방에 대한 특별한 배려의 신호가 된다. 반면 델 가우디오처럼 차분한 말투의 사람은 때로 생기를 불어넣어 변화를 주기도 한다. "한밤중의 은밀한 흡연자"를 언급할 때 유머러스한 어조로 바꾸는 식이다. 이런 미묘한 변화는 매우 효과적이다. <u>평소와 다른 말투로 반응하는 것은 상대방의 이야기에 영향을 받고 있다는 것, 즉 진정으로 주의를 기울이고 있다는 것의 증거가 되기 때문이다.</u>

주의를 기울여야 할 때

'주의 기울이기'는 비언어적 행위의 4대 요소를 활용하고, A 게임을 실천하며, 의도적으로 경청하고, 적절한 질문과 의견을 제시하는 것이다. 상대방을 진정으로 이해하고 공감하기 위해서는 어느 정도의 주의가 필수적이다. 관건은 '주의 기울이기' 기술만을 써야 할 때를 정확히 파악하는 것이다.

특히 상대의 입장에 쉽게 공감되지 않을 때 이 기술이 유용하다. 추수감사절에 불편한 정치 견해를 늘어놓는 삼촌과 대화해야 할 때, '주의 기울이기'가 유일한 대응 방법일 수 있다. 또한 회의, 장례식, 학부모 상담처럼 말을 삼가야 하는 상황에서도 이는 최적의 도구가 된다.

듣고 싶다면 기다릴 줄도 알아야 한다

비언어적 표현, 들어주기, 질문과 의견 말하기가 확실한 방법 같겠지만, 이 기본적인 방법들도 실패할 수 있다. 주로 강도와 타이밍이 문제가 된다.

강도

눈 맞춤은 주의와 교감을 전달하는 강력한 도구지만, 때로는 역효과를 낼 수 있다. 부끄러움, 죄책감, 수치심, 때로는 슬픔을 느낄 때 사람들은 눈 맞춤을 피하는 경향이 있다. 이런 상황에서 질문은 간섭으로 여겨져 대화를 더 어렵게 만들 수 있다. 민감한 순간에는 지나친 적극성이 해가 될 수 있다. 분위기를 읽고 강도를 조절하는 것이 중요하다. 상대가 불편해하면 질문을 줄이고, 눈 맞춤을 강요하지 않으며, 어조를 낮추고 적절한 거리를 유지해야 한다.

타이밍

사람들은 자신이 준비된 때에 이야기하고 싶어 한다. 등굣길에 아이에게 "오늘 하루 어땠어?"라고 묻는 상황을 떠올려보자. 당신이 대화할 준비가 되어 있다고 해서, 상대방도 마음을 열 준비가 되어 있으리라 기대하면 안 된다. 선의의 의도라고 해도, 때로는 상대의 필요보다 자신의 욕구에 따르는 것일 수 있다. 불편한 침묵을 메우거나, 호기심을 해소하거나, 좋은 부모/친구/배우자임을 증명하고 싶은 마음일 수 있다. 이런 태도는 진정한 이해와 공감과는 거리가 멀다. 상대방이 편안하게 자신의 경험을 나눌 수 있도록 기다리며 깊이 있게 듣는 것이 핵심이다. <u>준비되지 않은 사람에게 관심을 강요하는 것은 오히려 그들의 경계를 무시하는 행동이며, 지지가 아닌 부담으로 다가갈 뿐이다.</u>

일상적인 관심("오늘 회사는 어땠어?", "학교에서 무슨 일 있었니?")을 표현하는 것은 자연스럽지만, 한계를 지켜야 한다. 과도한 기대나 연이은 질문("오늘 학교에서 어땠어?", "괜찮았다고?", "좀 자세히 얘기해봐!", "무슨 일 없었어?", "어쩌다 그랬는데?")으로 사생활을 파고들지 않는 것이 좋다. 그 대신에, 상대가 자발적으로 꺼내는 이야기에 관심과 호기심을 보이는 것이 좋다. 자발적으로 나누는 이야기는 마치 살짝 열린 문처럼, 상대가 당신을 받아들일 준비가 되어 있다는 신호다. 사람들은 '내 이야기 좀 들어줄래?'라고 노골적으로 부탁하지 않는다. 그 대신 "직장동료 알렉스 때문에 너무 힘들어"라고 말하곤 한다. 그것도 당신이 "오늘 어땠어?"라고 물을 때가 아닌, 잠자리에 들 무렵에 말이다. 물론 모든 순간을 놓치지 말아야 한다는 뜻은 아니다. 다만 상대가 자발적으로 꺼내는 이야기에 귀 기울이는 것이, 대화를 이끌어내려 애쓰는 것보다 관계 발전에 더 도움이 된다는 점을 기억하자.

누군가가 좀처럼 마음을 열지 않거나 소원해진 관계를 회복하고 싶다면, 깊은 대화에 적합한 시간을 의도적으로 찾아보라. 저녁 식사 후, 커피 타임, 산책, 늦은 밤의 메시지, 함께하는 차량 이동 시간 등이 이상적이다. 반면 출퇴근 시간이나 등하교 시간, 혹은 어려운 일과의 전후는 피하는 것이 좋다. 이런 때는 대개 다른 일에 정신이 팔려 있기 때문이다. 대화의 불씨가 일어났다면 너무 세게 부채질하지 말자. 침묵도 필요하다. 특히 대화가 끊길까 봐 불안할 때일수록 더욱 신중해야 한다. 상대가 화제를 바꾸면 한 번 정도만 원래 주제로 돌아가보고, 응하지 않으면 그대로 두자. 강요는 오히려 상대방의 마음을 닫게 하고, 앞으로의 대화마저 어렵게 만들 수 있다.

이것만은 기억하기

'주의 기울이기'란 관심을 보이고 더 깊이 이해하려는 자세로 판단 없이 경청하는 것이다. 이를 실천하기 위한 구체적인 방법은 다음과 같다.

첫째, 비언어적 행위의 4대 요소를 활용한다. 눈 맞추기, 가까이 다가가기, 제스처 취하기, 고개 끄덕이기가 여기에 해당한다.

둘째, A 게임을 통해 의도적으로 경청한다. 이때 두 가지 질문을 던진다. "상대의 생각을 더 잘 표현할 방법은 무엇일까?", "이 이야기가 상대에게 왜 중요할까?"

셋째, 질문과 의견을 적절히 나눈다. 단, 이는 진정한 관심을 보여주고 이해하려 노력하는 모습이 자연스럽게 드러나는 선에서 해야 한다.

상대의 관점을 이해하기 어렵거나 말하기가 적절하지 않은 상황에서는 이 '주의 기울이기' 기술에 전적으로 의존해야 한다. 이 과정에서 지나치게 적극적으로 나서거나, 대화의 기회를 억지로 만들려는 실수를 범할 수 있다. 이를 피하기 위해서는

> 상황에 맞게 강도를 조절하고, 자연스러운 대화의 기회를 기다려야 한다. 상대가 마음을 열었을 때도 부담을 주지 않도록 주의한다.

실천 가이드

1. 비언어적 표현 연습하기

비언어적 표현의 4대 요소를 자연스럽게 활용하려면 의식적인 준비가 필요하다. 휴대폰이나 냉장고에 알림이나 메모를 붙여두어 1주일 동안 이를 상기하되, 각각의 순간에 지나치게 의식하지는 않도록 한다.

2. A 게임 실천하기

A 게임은 자연스럽게 체득하기까지 연습이 필요한 기술이다. 약 25번 정도 반복하면 자연스러운 습관이 된다. 다음과 같은 상황에서 연습해보자.

- 공통 관심사로 시작하기(사례: 함께 듣는 팟캐스트에 대해 이야기하기)
- 덜 흥미로운 주제로 도전하기(사례: 상대가 좋아하는 '카탄' 게임 이야기 듣기)
- 의견 차이가 있는 주제로 발전하기(사례: 서로 다른 취향의 콘텐츠

에 대해 대화하기)

실천할 때 주의할 점
- 진정성 있는 관심을 보여주는 질문과 의견을 활용하기
- 가능한 한 직접 대면하여 대화하기
- 온라인 소통이라도 진정한 대화의 기회로 활용하기

7장

② 따라 하기 –
관계를 이어주는 모방의 기술

> 나는 상대의 얼굴 표정 속에 살고,
> 그 사람 역시 내 얼굴 표정 속에 살고 있음을 느낀다.
> — 모리스 메를로-퐁티, 『인식의 으뜸』

이번 장이 특별히 마음에 드는 이유가 있다. 하나는 내 남편이 들려준 세스 로건의 마법 버섯 이야기를 나눌 수 있어서이고, 또 하나는 세계 평화를 향한 나의 작은 발걸음을 소개할 수 있어서이다. 중요한 이야기가 많으니 바로 시작하겠다.

'따라 하기'는 마음챙김의 두 번째 기술로, 놀랍도록 단순하다. 상대방의 말이나 행동을 그대로 반영해주는 것이다.* 이는 '주의 기울이기'에서 배운 질문과 의견 표현과 함께 쓸 때 가장 효과적이다. 예를 들어보자. 누군가 미소 지으며 "저 식당은 최근 몇 년 동안 갔던 곳 중 최고였어"라고 말한다. 당신도 미소 지으며('따라 하기') "최근 몇 년 동안 최고라고?"라고 되묻고, 이어서 "뭘 시켜 먹었는데?" 라고 물어본다('주의 기울이기'). 상대의 말을 요약하거나 다른 표현으로 바꿔도 되지만, '따라 하기'의 효과를 극대화하려면 가능한 한 그대로의 표현을 사용하는 것이 좋다.

이처럼 단순한 모방으로 진정한 이해가 가능할까 싶겠지만, '따라 하기'의 핵심은 당신이 편견 없이 상대에게 집중하고 있음을 보여주는 데 있다. 이는 작은 행동처럼 보일 수 있으나, 앞 장에서 보았듯, 누군가를 있는 그대로 인정해주는 것 자체는 강력한 효과를 미친다. 델가우디오가 "비판 없이 '내'가 '우리'가 되는" 경험을 만들

---

* 반사Reflect Back, 정확한 반영Accurate Reflection, 흉내 내기Mimicking, 미러링Mirroring, 화자/청자 기법Speaker/Listener Technique, 바꿔 말하기Paraphrasing, 숙고적 경청 Reflective Listening 등으로 불리는 이 기술들은 이름은 다르지만 모두 같은 원리를 서로 다른 방식으로 설명한 것이다. Linehan, *DBT Skills Training*, "Handout 18"; Linehan, "Validation and Psychotherapy," 362; Mariëlle Stel and Roos Vonk, "Mimicry in Social Interaction: Benefits for Mimickers, Mimickees, and Their Interaction," *British Journal of Psychology* 101, no. 2 [May 1, 2010]: 31~.23, https://doi.org/10.1348/000712609x465424; Tom Bunn, "Megaphone Parenting Can't Meet a Child's Need for Mirroring," *Psychology Today*, September 16, 2019, https://www.psychologytoday.com/us/blog/conquer-fear-flying/201909/megaphone-parenting-cant-meet-childs-need-mirroring; Scott D. Stanley, Howard J. Markman, and Susan L. Blumberg, "The Speaker/Listener Technique," *The Family Journal* 5, no. 1 [January 1, 1997]: 82~83, https://doi.org/10.1177/1066480797051013; Kerry Patterson et al., *Crucial Conversations Tools for Talking When Stakes Are High*, 2nd ed. [New York: McGraw Hill Professional, 2011], 164; Alain Braillon and Françoise Taiebi, "Practicing 'Reflective Listening' Is a Mandatory Prerequisite for Empathy," *Patient Education and Counseling* 103, no. 9 [September 1, 2020]: 1866~67, https://doi.org/10.1016/j.pec.2020.03.024

연구를 통해 입증된 바에 따르면, '따라 하기'는 상대방뿐만 아니라 이를 실천하는 당신도 큰 교감과 더 강한 정서적 유대를 느끼게 된다.

어낼 수 있었던 것도 이 '따라 하기' 기술 덕분이었다. 그는 각자가 선택한 단어를 그대로 되풀이했을 뿐, 어떤 해석이나 부연 설명도 더하지 않았다.

다행히도 이 기술은 전문가만의 것이 아니다. 연구에 따르면 단순히 상대를 따라 하는 것만으로도 서로에 대한 호감이 높아진다.[1] 예상하겠지만, 서로를 향한 감정은 행동에도 영향을 미친다. 가장 유명한 연구는 릭 B. 반 바렌과 동료들이 웨이터들에게 고객의 주문을 그대로 따라 말하게 한 실험이다.[2] 결과는 놀라웠다. 주문을 그대로 반복한 웨이터가 더 많은 팁을 받은 것이다. 이어진 연구에서도 비슷한 결과가 나왔다.[3] 1대1 대화에서 상대방의 자세를 은근히 따라 했더니, 우연히 떨어뜨린 펜을 주워주는 비율이 크게 달랐다(따라 한 경우 100퍼센트, 그렇지 않은 경우 33퍼센트).

이제 '따라 하기'가 가져다줄 혜택에 대해 이야기하기 전에, 중요한 사실 하나를 강조하고 싶다. '따라 하기'는 상대방뿐 아니라 이를 실천하는 당신에게도 똑같이 강력한 영향을 미친다.[4] 이 점이 특별히 중요한 이유는, 누군가의 말과 행동을 따라 하면서 생기는 교감이 그 사람을 더 이해하게 만들고, 결과적으로 편견이나 차별적 태도를 줄여주기 때문이다. 이는 단순한 가설이 아니라 여러 연구를 통해 입증된 사실이다.

2012년의 한 연구에서는 비흑인계 참가자들을 세 그룹으로 나누었다. 첫 번째 그룹은 흑인 배우의 물 마시는 동작을 따라 했고, 두 번째 그룹은 같은 영상을 보기만 했으며, 세 번째 그룹은 비흑인 배우의 동작을 따라 했다. 이후 내재적 인종차별implicit racism(무의식적 편견으로 인한 차별적 행동)[5] 정도를 측정했더니, 흑인 배우를 따라 한 그룹만이 편견을 보이지 않았다. 연구진이 지적했듯, 따라 하기를 통한 교감은 '그들'을 '우리'에 더 가깝게 느끼도록 만든다.[6]

혹시 이 결과가 우연의 산물이라고 의심된다면, 사전-사후 검사 방식의 실험을 살펴보자. 미시간 대학의 론 탐보리니와 동료 연구진은 X박스 게임「댄스 센트럴 3」을 창의적으로 활용했다. 백인 참가자들이 흑인 가상 댄서의 동작을 세 곡이 흐르는 동안 따라 한 후, 흑인들에 대한 신뢰도가 크게 상승한 것이다.[7] 특히 댄서의 동작을 더 정확히 따라 할수록 이런 효과가 더 커졌다.

이는 '따라 하기'의 영향력을 보여주는 작은 예시에 불과하다. 여러 연구는, 이 기술이 사건의 책임을 피해자에게 돌리려는 경향을 감소시키고,[8] 더 너그러운 태도를 키우며,[9] 적대국 국민들에 대한 이해를 높이고,[10] 심지어 데이트에서의 매력도도 높인다는[11] 것을 보여준다. 이 기술을 발전시키는 유일한 방법은 더 자주 사용하는 것이다. 농담이 아니라, 정말로 갓난아기도 할 수 있을 만큼 쉽다.

듣고 따라 하기

타인을 이해하기 위해 이 기술을 쓸 때는 크게 두 가지 방법이 있다. 상대방의 '말' 자체를 따라 하거나, '말버릇'을 따라 하는 것이다.

말 따라 하기

대화 중에 상대의 말을 자연스럽게 따라 하는 예시를 보여주고 싶어서, 나는 살짝 비밀 조사를 했다. 어느 저녁 식사 때, 남편 매트에게 그가 읽고 있는 책에 대해 물었다. 그에게 미리 알리지 않고 대화를 따라 하면서 휴대폰으로 녹음했다. 나중에 이 계획을 털어놓자 매트는 흔쾌히 책에 실어도 좋다고 했다.

매트가 읽던 책은 세스 로건의 자서전 『이어북Yearbook』이었다. 그래서 지금부터 매트가 들려준 로건의 마법 버섯 이야기를 소개하려 한다. 미리 사과드리지만, 내용 중 불법 약물 이야기도 포함되어 있다.

매트: 두 사람이 그걸 먹고 마트에 들른 뒤 피크닉을 가기로 했대. 공원에 도착할 때쯤 효과가 나타날 거라고 생각했는데, 웬걸, 마트에 가자마자 시작됐지 뭐야.

나: 장을 보기도 전에? [관심을 보이는 질문]

매트: 응. [웃음] 세스가 어떻게든 계산까지 다 마치고 음식을 사서 나

왔대. 둘이 겨우 암스테르담의 경치가 끝내주는 공원에 도착했는데, 세스가 급하게 화장실이 가고 싶어져서 친구한테 "금방 갔다 올게, 화장실 찾아야 해"라고 했더니, 친구가 울먹이면서 "제발 뭘 하든 나 혼자 두고 가지 마!"라고 했대.

나: "울먹였다고?" [질문하며 따라 하기]

매트: 약 기운 때문에 그랬나 봐. 근데 세스는 너무 급해서 "지금 가야 돼, 안 그러면 큰일 난다고"라고 했대.

[둘 다 웃음]

나: 기껏 경치 좋은 공원에 갔는데 세스가 화장실에 쫓기다니. [따라 하기]

[다시 웃음]

매트: 그래서 세스가 화장실 다녀와서 보니까 친구가 엎드려서 팔을 양옆으로 붙이고 있더래. 세스가 깜짝 놀라서 "왜 그러는 거야?" 하니까 친구가 "숨어 있는 거야"라고 했대.

나: "숨어 있다고?" [따라 하기]

[배꼽 잡고 웃음]

매트: 그러니까! 친구가 "아무도 못 보게 가만히 있는 거야"라고 하니까 세스가 "무슨 소리야, 널 보는 사람이 아무도 없는데"라고 했대. 그랬더니 친구가 "그럼 잘되고 있는 거네"라고 했대.

나: "그럼 잘되고 있는 거라고." [따라 하기] 웃긴다 정말.*

사실 이 기술은 자연스럽게 섞여들 때 가장 효과적이다. 로봇처럼 기계적으로 따라 하지 않으려면, 앞서 내가 "장을 보기도 전에?"라고 물어본 것처럼 관심을 보이는 질문과 의견을 함께 활용하는 것이 좋다.

특히 상대가 쓴 형용사나 정확한 묘사를 그대로 사용하면 더욱 효과적이다. "경치가 끝내주는 공원"과 같은 표현을 따라 하는 것은 상대의 관점을 이해하고, 그들이 중요하게 여기는 부분을 알아차렸다는 신호가 된다. 이메일이나 문자에서도 상대의 말투와 문체, 감탄사나 이모티콘 사용을 살펴보면 좋다. 이런 요소들은 그 사람이 편안하게 느끼는 소통 방식을 보여주기 때문이다.

상대의 주장을 요약하거나 반복할 때는 그들의 말을 그대로 사용해야 한다. 당신의 '해석'을 덧붙이면 오히려 그들의 관점이 흐려질 수 있다. 물론 이것이 상대의 의견에 '동의한다'는 뜻은 아니다. 델 가우디오도 자신을 "아무것도 아닌 사람"이라고 본 관객의 생각에 동의하지는 않았을 것이다. 다만 그것이 그 사람의 자기 인식이라는 점을 인정한 것뿐이다.

이렇게 설명하니 복잡해 보이지만, 실제로 '따라 하기'를 할 때는 이 모든 것을 의식할 필요는 없다. 매트와 대화할 때 나는 두 가

---

*그때를 떠올려보면 마치 우리도 약이라도 한 것처럼 웃음이 멈추지 않았다. 일종의 간접 도취 상태였던 것 같다. 실제로 다시 읽어보니 그렇게까지 웃긴 이야기는 아니다. 로건이 직접 들려주는 오디오북도 재미있지만, 매트가 들려주었을 때만큼은 아니었다.

지만 신경 썼다. '따라 하기'와 하바나가 우리의 대화를 엿듣지 않도록 하는 것이었다. 이제 당신도 이 기술을 연습하다 보면 자연스럽게 익숙해질 것이다. 다른 사람들의 '따라 하기'를 관찰하고 직접 시도해보면서 실력이 늘 것이다. 그러다 나중에는 남편과 세스 로건에 대한 대화를 나누며 몰래 녹음해보기로 결심한 것처럼 세상 사람들과 공유할 '따라 하기'의 모범 사례를 갖게 될지도 모른다. 물론, 남편이 공유를 허락해줘야겠지만.

말버릇 따라 하기

나는 어렸을 때부터 남모를 고민이 있었다. '먼저 심호흡부터 하고······' 고백하자면 나에겐 자연스레 사람들의 억양을 따라 하는 버릇이 있다. 일부러 그러는 게 아니다. 정말이다. 하지만 의식하지 않으면 어느새 대화 상대의 억양을 그대로 흉내 내고 있다. 때로는 우스울 정도로 똑같아진다. 특히 와인 한 잔이라도 마시면 아예 그 사람의 고향 사람이 된 것처럼 말하기도 한다.

다행히도 이런 억양 모방은 꽤 흔한 현상이며, 이는 무의식적인 공감의 표현이라는 것을 알게 되었다. 심리학에서는 이를 '카멜레온 효과chamelean effect'라고 부르는데, 연구에 따르면 우리는 자연스럽게 상대방의 억양, 발음, 행동, 표정을 따라 한다.[12] 실제로 인간은 태어날 때부터 타인의 말과 행동을 모방하도록 프로그래밍되어 있다. 수많은 연구에서 갓난아기들도 얼굴 표정과 감정 표현을 본능

적으로 흉내 내는 경향이 있다는 사실이 입증되었다.[13]

인류가 이처럼 서로를 무의식적으로 모방하는 것은 진화적으로 깊은 의미가 있다. 생존을 위해서는 공동체가 필요하고, 공동체를 이루기 위해서는 서로를 이해하고 공감하는 능력이 필수적이다. 연구 결과는 '따라 하기'가 바로 이러한 이해와 공감을 촉진하는 핵심 메커니즘이라는 것을 보여준다.[14]

우리의 뇌는 특정 얼굴 표정과 근육의 움직임을 각각의 감정과 연결 짓는다. 예컨대 눈썹을 안쪽과 아래로 당기면 자연스럽게 분노를 떠올리게 된다. 화난 표정을 지으면서 이렇게 눈썹 근육을 움직이면 실제로 화가 날 수 있다. 감정과 관련된 표정을 따라 하면 운동피질뿐 아니라 감정을 처리하는 뇌 영역도 함께 활성화되는 것이다. 이런 정교한 피드백 시스템을 통해 타인을 모방하는 것이 그들을 더 깊이 이해하고 공감하는 데 기여한다.[15] '따라 하기'의 영향력은 '양방향'으로 작용한다. 이는 서로가 더 깊은 교감을 느끼고 감정을 공유하게 할 뿐만 아니라, 더 적극적이고 진정성 있는 관계로 발전하게 한다.[16] '따라 하기'는 마치 자연이 우리에게 선물한 최적의 공감 도구처럼 보인다. 이러한 타고난 메커니즘을 받아들이고 그 놀라운 효과를 경험해보자.

당신은 이미 무의식적으로 타인의 말과 행동을 따라 하며 공동체의 구성원으로 살아가고 있다. 이제는 이 방법을 더 의식적이고 적극적으로 활용하길 권한다(물론 억양 따라 하기가 지나칠 때는 예외다).

따라 하기 - 관계를 이어주는 모방의 기술

우리는 보통 매력을 느끼는 사람들[17]이나 영향력 있는 사람들[18]의 행동을 더 자주 모방하는 경향이 있다. 우리가 모든 사람에게 자연스러운 관심을 갖기는 어렵지만, 의식적으로 '따라 하기'를 해도 같은 효과를 얻을 수 있다.[19] 두 방식 모두 깊은 이해와 진정한 교감이라는 동일한 열매를 맺게 한다.

우리는 본능적으로 서로를 따라 하도록 타고났기에, 대부분은 이를 의식하는 것만으로도 충분하다.* 공원에서 만난 육아도우미의 힘든 처지를 듣고 공감하려다 실패했을 때, 나는 마음챙김으로 다시 시작해야 한다는 것을 깨달았다. '저 사람처럼 팔짱을 끼어야지' 또는 '저렇게 눈썹을 올려야지'라는 식의 기계적인 모방은 하지 않았다. 그 대신 그녀의 감정에 자연스럽게 공감하려 노력했다. 보통은 이렇게 의식하는 것만으로도 우리의 자연스러운 모방 본능이

---

*타인을 따라 하는 것을 의식하기만 해도 충분하다고 강조하는 데에는 특별한 이유가 있다. 바로 이러한 자연스러운 능력이 모든 사람에게 동일하게 나타나지는 않기 때문이다. 예를 들어 자폐 스펙트럼 상태ASC를 가진 사람들은 일반적인 공감 성향이 다소 낮고, 자발적인 모방 경향도 덜 나타난다. 하지만 연구에 따르면, 의식적으로 타인의 표정을 따라 하는 연습이 이들의 감정 인식과 이해 능력 향상에 도움이 될 수 있다는 점이 밝혀졌다. Chun-Ting Hsu, Thomas B. Sims, and Bhismadev Chakrabarti, "How Mimicry Influences the Neural Correlates of Reward: An FMRI Study," *Neuropsychologia* 116 [August 18, 2017]: 61-67, https://doi.org/10.1016/j.neuropsychologia.2017.08.018; Michael Lewis and Emily Dunn, "Instructions to Mimic Improve Facial Emotion Recognition in People with Sub-Clinical Autism Traits," *Quarterly Journal of Experimental Psychology* 70, no. 11 [November 1, 2017]: 2357-70, https://doi.org/10.1080/17470218.2016.1238950

깨어난다.

'따라 하기'를 통한 공감에는 또 다른 방법이 있다. 바로 상대의 행동을 말로 표현해주는 것이다. 예를 들어 내가 집 대청소를 마쳤을 때, 매트가 "집이 깔끔해져서 보기 좋네"라고만 했다면 칭찬은 될 수 있어도 진정한 이해를 느끼진 못했을 것이다. 하지만 "창문도 닦았구나! 유리가 반짝반짝하네! 팬트리 정리까지 하고……. 저건 몇 시간이나 걸렸겠어!"라고 했다면, 내가 들인 노력을 세세히 알아봐준다는 느낌이 들었을 것이다. 이렇게 상대의 경험을 구체적으로 언급하는 것은 강력한 공감의 표현이지만, 의외로 자주 간과된다.

따라 하기: 갈등을 녹이는 열쇠

'따라 하기'는 상대방의 말에 귀 기울여야 하는 순간에 가장 큰 힘을 발휘한다. 이는 신뢰와 이해를 쌓는 데 효과적인, 자연스럽고 실용적인 방법이다.

존 가트맨과 그의 아내 줄리 가트맨은 수천 시간의 관계 연구를 바탕으로 혁신적인 '부부 치료법'을 개발했다. 이는 관계 개선을 원하는 부부들을 위한 몇 안 되는 검증된 치료법 중 하나다. 이 방법을 처음 접했을 때 나의 내담자들에게도 적용해보고 싶다는 기대감이 들었다. 존 가트맨은, 놀랍게도 90퍼센트 이상의 정확도로 부부의 이혼을 예측하는 것으로 유명하다.20 무작위 실험 연구 결과, 그의 저서 『행복한 결혼을 위한 7원칙』을 읽은 부부들은 1년이 지난 후에도 더욱 행복한 관계를 유지했다.21 이 정도의 결과라면 어떤 치료사라도 관심을 갖지 않을 수 없다. 나 역시 가트맨-라포트 개입법Gottman-Rapoport Intervention(줄여서 '라포포트')을 발견했을 때 큰 기대를 품었다.22

처음에는 라포포트에 약간의 거부감이 들었다. 치료사가 중재에 나서서 한쪽의 주장을 유도하거나 상대방의 입장을 억지로 받아들이게 하는 방식은, 너무 인위적이고 강제적으로 느껴졌기 때문이다. 나는 그보다는 양측이 서로의 관점을 자연스럽게 이해하고 받아들이게 하고 싶었다. 한쪽이 억지로 상대방의 입장을 옹호하며 계속 지적받는 방식으로는 진정한 화해가 어렵다는 생각이었다. 게다가 경청자에게 화자의 말을 메모하게 하는 것('따라 하기')은 마치 싸우는 부부에게 숙제를 내주는 것 같았다. 이런 방식으로는 상담이 오히려 역효과를 낼 수도 있다고 우려했다. "다 잘 되어가는 중이었는데, 그녀가 나와 아내에게 정말로 하기 거북한 일을 억지로 시켰다. 그 일로 우리 관계는 돌이킬 수 없게 되었고, 이제는 이혼 말고는 선택지가 없다……."

그러던 중 방 탈출 게임에서 '부기 보드'라는 전자 노트를 접하게 되었다. 이는 쓴 내용을 쉽게 지울 수 있는 도구였는데, 이를 라포포트 기법에 활용하면 좋겠다는 영감을 얻었다. 새로운 도구를 구입할 핑계가 생긴 것이다. 사무용품 애호가로서 나는 이런 기회를 놓칠 수 없었다. 부기 보드 두 개를 구입해 커플 상담에 실험적으로 도입했더니, 놀랍게도 마술 같은 효과가 나타났다. 즉 라포포트는 델 가우디오가 했던 '마술'과 근본적으로 똑같았다.

라포포트의 효과는 즉각적이었다. 경청자에게 나중에 자신의 입장도 이야기할 기회가 있다고 알려주자, 대부분 거부감이 사라졌다. 오히려 많은 사람이 '글쓰기 숙제'를 꺼리기보다 자신이 얼마나 잘 듣고 있는지 증명하려 노력했다. 자신의 경청 능력을 확인하는 정도였지만, 그것만으로도 충분한 동기가 되었다.

'따라 하기'가 갈등 해결에 효과적인 이유는 간단하다. 상대의 논점을 정확히 이해하고 표현하려면 속도를 늦추고 주의를 기울여야 하기 때문이다. <u>반박하려고 준비하느라 긴장했던 마음이 차분해지면서, 미처 보지 못했던 것들이 보이기 시작한다.</u> 마치 고속도로 대신 동네 골목을 천천히 운전할 때처럼, 주변을 더 자세히 살필 수 있게 되는 것이다. 이렇게 '따라 하기'를 통해 세세한 부분까지 이해하다 보면, 자연스럽게 '나'의 관점에서 '우리'의 관점으로 시야가 넓어진다.

가트맨이 참고했다는 아나톨 라포포트의 『싸움, 게임, 토론Fights, Games, and Debates』은 원래 국제분쟁 해결 전략을 제시한 책이다. 실제로 이 방법의 효과를 경험한 나로서는, 세계 지도자들이 부기 보드를 들고 서로의 입장을 이해하려 노력하는 모습을 상상해본다.

당장 세계 평화가 오지는 않겠지만, 적어도 팽팽한 긴장감을 조금은 풀어줄 수 있지 않을까? 처음에는 어색할 수 있지만, 상대의 이야기를 진지하게 받아적다 보면 누구나 그 가치를 이해하게 될 것이다.

'따라 하기'에서의 실수

'따라 하기'는 자연스러운 기술이라 큰 실수의 여지는 적다. 다만 주의 깊게 듣지 않거나, 공감하려는 노력이 상대에게 전달되지 않을 때 오히려 역효과를 낼 수 있다. 일부 치료사들은 "그러니까 당신의 말은……"처럼 정형화된 표현을 권하지만, 이는 오히려 진정성이 부족해 보이거나 비판적으로 들릴 수 있다. 차라리 자연스럽게 '따라 하기'에 집중하는 것이 효과적이다. 논쟁 중에 메모하라고 권하는 사람이 "과장하지 말라"며 조언을 하는 것은 모순처럼 들릴 수도 있다. 메모를 하더라도 그 목적은 더 나은 이해를 위해서이지, 당신에게 주의를 끌려는 게 아니다.

'따라 하기'는 의식적으로 점검하기보다 자연스럽게 상기하는 것이 좋다. 그래야 억지스럽지 않고 진정성 있게 전달된다. 또한 상황에 따른 적절한 선택도 중요하다. 공격적이거나 무례한 행동은 절대 따라 해서는 안 되며, 슬픔이나 고통의 표현(고개 떨구기, 눈물 흘리기 등)을 따라 할 때는 상대방이 불편해하지 않는 선에서 해야 한다. 특히 상황이 통제 불능으로 치닫는 순간, 예를 들어 패닉이나 심한 흐느낌이 나타날 때는 따라 하기를 멈추고 진정시키는 데 집중해야 한다.

아이들과의 '따라 하기'는 위로와 혼란 사이의 미묘한 균형을 잘 보여준다. 아이들은 자신의 감정이 어른에게 투영되는 것을 통해 큰 위안을 얻음으로써 자신의 감정이 진짜이고, 그 상황에서 적절하며, 믿을 수 있음을 알게 된다. 하지만 아이들은 감정 조절 능력이 매우 미숙하기 때문에, 아이들의 부정적 감정을 '따라 하기'는 외줄타기를 하는 것처럼 어렵다. 최근 내 딸 하바나와 있었던 일이 좋은 예다. 잠자리에 들 무렵, 아이는 악몽이 걱정된다며 나를 다시 불렀다. "너무 무서워요, 그냥 안 잘래요!"라고 동그란 눈으로 말하자, 나는 아이의 말을 따라 하며 "그래, 정말로 무서운 악몽도 있지"라고 눈을 크게 뜨고 대답했다. 그런데 이게 실수였다! 딸은 갑자기 울음을 터뜨렸다. 내 반응이 아이의 불안을 더 실감 나게 만들었던 것이다. 나는 재빨리 전략을 바꿔 아이를 안아주며 "좋아하는 걸 생각하면 악몽을 쫓아낼 수 있어!"라고 말했다. 이런 조언에 과학적 근거는 부족할지 모르지만, 때로는 아이를 안심시키는 것이 더 중요하다. 공감에서 진정으로 넘어가야 할 때가 있다. 그때는 완벽한 진실보다 마음을 다독이는 위로의 말이 더 큰 힘을 발휘한다.

이것만은 기억하기

- '따라 하기'는 상대방의 말을 반영하고, 몸짓과 표정을 자연스럽게 따라 하며, 그들의 관점을 인정하는 것이다.
- '따라 하기'는 특히 경청이 필요한 순간과 갈등 상황에서 효과적이다.
- 실수를 피하려면 두 가지를 기억하자.
  첫째, 너무 의식적으로 하지 않는다. 경청과 공감의 자연스러운 흐름을 유지하는 것이 중요하다.
  둘째, 모든 것을 따라 하려 들지 않는다. 공격적인 행동은 절대 따라 하지 말고, 부정적 감정 표현을 따라 할 때는 상황이 악화되지 않도록 주의한다.

실천 가이드

1. "오늘 따라 할 일Remember to Copy"이라는 문구로 매일 자신을 일깨워보자. 컴퓨터의 메모 앱이나 거울에 붙인 포스트잇으로 상기하면 좋다.
2. 갈등이 생겼을 때는 라포포트 방식을 시도해보자. 상대의 말을

직접 메모하거나 머릿속으로 정리하며 듣는다. 가까운 사이라면 이 방법을 공유해서 서로의 이야기를 차분히 들어보는 시간을 가져보자.

8장

③ 맥락 파악하기 – 보이는 행동 너머를 읽는 법

무언가를 더 깊이 알게 되면, 그만큼 두려움도 줄어든다.
— 조앤 디디온, 「조앤 디디온의 초상」(넷플릭스 다큐멘터리)

내 친구 김의 아들 제프는 1학년에 입학하면서 완전히 달라졌다. 한때는 비 맞는 개미들을 걱정하던 다정한 아이가 사라지고, 대신 무엇이든 망가뜨리려 드는 아이가 되었다. 9월, 김은 처음으로 학교에 불려갔다. 제프가 몰래 가져간 마커로 책상에 낙서를 한 일 때문이었다. 그 후로 학교에서 걸려오는 전화는 일상이 되었고, 시간이 갈수록 담임교사의 인내심은 바닥났다. 어느 날 제프는 선생님이 자신을 '등신'이라 불렀다고 했고, 김이 항의하자 교사는 "등신같이 '군다'고 했지, 등신이라고 부르지는 않았다"며 선을 그었다. 김은 분노했다.

1월, 그 교사가 학교를 그만두었다. 김은 새 교사가 오면 상황이 나아질 거라 기대했고, 실제로 하루는 좋았다. 하지만 그다음 날부터 문제는 다시 시작되었다. 그러나 새로 온 교사의 접근법은 달랐다. 그녀는 제프를 비난하는 대신 이해하려 했다. "유치원 때는 어땠나요? 친구들과 문제는 없었나요?" 제프가 읽기 연습을 거부하고 숙제할 때마다 짜증을 낸다고 김이 말하자, 교사는 깊이 생각에 잠겼다.

몇 주 후, 교사는 제프를 학습 전문가에게 소개했고, 그는 며칠 동안 테스트를 했다. 그 이후 학습 전문가의 검사 결과가 나왔다. "제프에게 난독증이 있대요." 김은 울먹이며 말했다. 그렇다. 제프는 '문제아'가 아니었다. 그저 어려움을 겪고 있었을 뿐이다. 새 교사는 즉시 방식을 바꿨다. 미완성 과제를 집으로 보내는 대신 방과 후에 직접 도와주었고, 아이가 잘 따라올 때마다 아낌없이 칭찬했다. 그러자 어느새 제프는 우리가 알던 그 다정한 아이로 돌아왔다.

처음에는 누구도 제프의 행동을 이해할 수 없었다. 규칙을 어기고 수업을 방해하는 모습은 분명 문제 행동이었다. 하지만 난독증이라는 사실을 알게 된 후, 모든 것이 달리 보였다. 이것이 바로 맥락화의 힘이다.

제프의 반응은 '정상'은 아니었지만, 학습장애로 인한 어려움이라는 맥락에서 보면 이해할 수 있는 것이었다. '맥락화'란 누군가의 반응을 그들이 처한 상황(생리적, 개인적 배경 등)에서 이해하는 것이다.* 비록 그 행동 자체는 문제가 있더라도, 모든 결과에는 원인이 있다는 걸 인정하는 것이다.

'맥락화'를 실천하려면 먼저 그 사람의 반응을 이끈 원인을 찾고, 이를 전달해야 한다. 이때 모든 원인을 완벽히 설명할 필요는 없다. 다음은 여러분의 이해를 돕기 위해 내가 지난주에 모은 몇 가지 사례다.

제가 같이 있어 드릴게요. 저기에 뱀은 없어요. 어렸을 때 일 때문에 뱀이 있을까 봐 무서워하시는 거 알아요.
— 하바나가 할머니의 공포를 이해한 순간. 어린 시절 남자아이들이 정원에 뱀을 풀어놓은 사건 이후 생긴 공포증을 이해하고 받아들임

내 강연 주제가 우울증인데, 마침 나도 지금 우울증이야. 이런 상황을 겪어봤다면 알겠지만, 머릿속이 안개 낀 것처럼 아무 생각도 나지 않을 때가 있어. 그래서 메모를 준비해왔어. 싫지만 어쩔 수 없어. 우울증이란 게 이런 거니까, 더 이상 뭐라 하지 마.
— 제니 로슨이 TEDx 강연[1]에서 자신의 브레인 포그 상태와 메모 사용을 설명하며 자기 자신을 이해하는 모습

---

*맥락화란 세 가지 관점으로 볼 수 있다. 원인을 이해하고 전달하는 것, 개인의 역사 속에서 바라보는 것, 그리고 행동의 타당성이 아닌 이해 가능성에 초점을 맞추는 것이다. Linehan, *DBT Skills Training*, "Handout 18"; Linehan, "Validation and Psychotherapy," 367.

> 전적으로 이해합니다. 다발성 경화증이 있으시니 건강 관리에 특별히 신경 쓰시는 게 당연합니다.
>
> – 코로나 이후 대면 수업 복귀 상황에서, 원격 강의에 대한 나의 요청에 관리자가 보여준 태도

맥락화의 핵심은 말하는 방식이 아니라 이해하는 방식에 있다. 위 사례들이 보여주듯, "x라는 상황에서 y라는 반응은 이해할 만하다"는 기본 틀을 상황에 맞게 적용하면 된다. 중요한 것은 원인과 결과 사이의 연결점을 찾는 것이다. 다른 이해의 기술들처럼 맥락화도 논리적 사고를 기반으로 한다. 먼저 이해하고, 그다음 전달하는 것이다. 상황을 비판하려 하지 않고 해결책을 찾으려 노력할 때, 비로소 진정한 이해가 시작된다. 맥락화는 우리의 이해를 더 깊게 만들며, 우리가 가진 과도한 기대나 두려움이라는 장애물을 허물어 준다.

기대의 무게를 내려놓는 연습

"스스로에 대한 기대치를 낮춰라." 익숙한 조언 아닌가? 그렇지 않다면 큰 소리로 읽어보라(단, 근처에 아이들이 없을 때). 우리는 흔히 비현실적인 기대에 스스로를 옭아매고, 그에 미치지 못하면 자책하

며 괴로워한다. 하지만 자신뿐 아니라 타인에게서도 이런 비판의 짐을 덜어줘야 한다. 누군가가 '마땅히 해야 할 것'에 사로잡혀 있을수록, 그 사람을 있는 그대로 받아들이기 어려워진다.

맥락화는 이런 과도한 기대를 내려놓는 방법이다. "우리 아이는 열두 살이에요. 이제는 제가 일일이 말하지 않아도 숙제를 스스로 해야 하는 나이죠!" 아니, 그렇지 않다. 지금까지 계속 숙제하라고 일러주었다. 그러다 보니 아이는 스스로 할 수 있는 능력을 기르지 못했고, 숙제를 하지 않았을 때의 자연스러운 결과도 경험하지 못한 것이다.

"몇 년 전부터 그만둬야 했는데요." 아니, 그렇게 자책할 필요가 없다. 방금 전까지는 이게 문제가 될 줄 몰랐다. 이론적으로는 다르게 할 수도 있었겠지만, 당신은 그때 아는 선에서 최선을 다했다. 그런 상황에서 당신의 선택은 충분히 이해된다. <u>지금 상황은 당신이 부족해서가 아니라, 나름의 이유가 있었기 때문이다.</u>

누군가를 이해한다는 것이 그의 행동을 승인한다는 뜻은 아니다. 이것이 맥락화의 핵심이다. 맥락화는 행동을 용서하거나, 현재를 받아들이면서 변화 가능성을 포기하라는 게 아니다. 이해하려는 노력은 변명과는 다르다. 예를 들어 아이의 문제 행동의 원인을 이해하려는 교사가, 그저 문제아로 낙인찍는 교사보다 그 행동을 실제로 바꿀 가능성이 더 높다.

낙인 말고 맥락

우리를 위협하는 사람에게 공감하기는 매우 어렵다. 교실의 평화를 깨는 1학년 학생은 점차 '문제아'로만 보이기 시작한다. 2장에서 다룬 것처럼, 두려움과 그의 사촌인 분노는 우리에게 투쟁/도피/얼어붙기 반응을 일으켜 논리적 사고를 방해한다. 교감신경이 극도로 흥분하지 않더라도 감정은 우리의 객관성을 흐릴 수 있다. 제프의 첫 담임교사처럼, 좌절감이 쌓일수록 비판적 시각은 더 날카로워진다.

하지만 우리는 이런 부정적 감정의 거울 미로에 갇혀 있을 필요가 없다. <u>감정이 판단에 영향을 주듯, 판단 역시 감정에 영향을 준다.</u> 상대의 반응을 편견 없이 평가하면 이해가 생기고, 이 이해가 공감과 연민을 불러일으킨다. 이해는 공감으로 가는 필수 과정이다. 머리로 이해할 때 비로소 마음으로 공감할 수 있다.

맥락화는 공감과 연민을 키울 뿐 아니라, 우리를 고립시키고 현실을 왜곡하는 감정의 불길을 잦아들게 한다. 조앤 디디온이 말했듯 "이해하게 되면 두렵지 않다."² 자신을 방어할 필요가 없다고 느끼면 관계 맺기가 한결 쉬워진다. 맥락화와 다른 <u>이해의 기술들은</u> 우리가 두려워하는 괴물 같은 그림자가 사실은 손전등에 비친 작은 손일 뿐임을 깨닫게 해준다.

"하지만 정말 괴물 같은 사람들은 어떻게 하나요?" 이런 질문을 받을 때마다 나는 맥락화의 중요성을 강조한다. "비도덕적인 사람이나 범죄자의 마음도 이해해야 할까요? 그들의 행동에도 이유가 있을까요?"라는 진지한 질문도 자주 받는다.

타당한 질문이다. 이해하는 것이 위협적으로 느껴질 때만큼 '맥락화'를 파악하기 어려운 순간도 없기 때문이다. 그 '괴물'이 당신이나 당신이 돌보는 사람에게 신체적 · 정서적 · 경제적 · 성적으로 학대할 수 있는 사람이라면 두려움은 정당하며 본능적으로 보호를 구하려고 행동할 것이다. 피해자는 가해자의 행동을 바꿀 수 없다. 그런 관계에서는 이해보다 자기 보호가 우선이다. 그럴 때 피해자가 할 수 있는 가장 중요한 인정은 '그 상황에서 벗어나는 것'이다.

하지만 상대방이 실제로 우리를 위협하는 존재가 '아니라면' 우리의 두려움은 과장되었을 수 있다. 두려움은 시야를 좁힌다. 우리는 다른 모든 면은 보지 못한 채 잘못된 행동만 주목하게 되어, '범죄자'를 그의 잘못으로만 정의하게 된다. '잘못을 저질렀으니 나쁜 사람이고, 벌을 받아야 한다. 부끄러움을 느끼고 비난받지 않으면 계속 그런 행동을 할 것이다.' 두려움은 이렇게 속삭인다.

그러나 두려움은 거짓말쟁이다. 수치심과 비난은 오히려 역효과를 낸다. 대부분의 사람은 잘못된 행동을 하고 나면 후회한다. 운이 좋다면 이는 죄책감으로 끝난다('내가 나쁜 행동을 했어'). 하지만 타인의 부정적 반응으로 상처가 깊어지거나 내면화되면, 이는 수치심으로 변한다('나는 나쁜 사람이야'). 바로 여기서 문제가 시작된다.

자신이 잘못했다고 생각하는 사람은 사과하고 변화하려 노력할 수 있다. 하지만 자신이 나쁜 사람이라고 믿는 이에게는 그런 선택지가 없다.

두려움은 잘못을 계속 지적해야 변화를 이끌어낼 수 있다고 말하지만, 이는 상황을 더 악화시킬 뿐이다. 수치심은 사람을 진정시키지 못하고 오히려 공격적으로 만든다. 수치심은 자해, 섭식장애, 자살 충동 같은 자기파괴적 행동과 깊은 관련이 있으며,[3] 가정폭력, 비행, 괴롭힘 같은 외부적 폭력으로도 이어진다.[4] 심지어 자아도취나 정신병적 성향을 일으키는 원인이 될 수도 있다.[5] 카를 마르크스의 말처럼 "수치심은 내면화된 분노와 같다. 한 민족이 수치심을 느끼면 웅크린 사자처럼 도약할 준비를 하게 된다".[6]

누군가를 나쁜 사람이라고 낙인찍어서는 그를 더 나은 사람으로 만들 수 없다. 그는 기본적으로 괜찮은 사람이며, 다만 실수를 저질렀을 뿐이라는 믿음을 회복시켜야 한다. 때로는 결과를 책임져야 할 수도 있지만, 이는 이해를 대신하는 것이 아니라 이해와 함께 이루어져야 한다. 문제 행동의 맥락을 알면, 그 행동만이 아니라 미래를 바꾸는 방법까지도 함께 보이기 때문이다. 수치심은 우리로 하여금 길을 잃게 하지만, '맥락화'는 우리가 있는 곳을 이해하고 나아갈 방향을 알려준다.

행동의 맥락을 찾아서: 이해할 수 없는 행동의 이면

행동은 이유 없이 일어나지 않는다. 모든 행동에는 그만한 맥락이 있다. 그래서 이해하기 어려운 행동을 받아들이려면 먼저 그 행동이 일어난 맥락을 살펴봐야 한다. 마샤 리네한은 1997년 정신요법에 관한 책을 쓰면서 문제 행동을 이해할 수 있는 세 가지 맥락을 짚어냈다. '과거', '잘못된 정보', '장애'가 그것이다.[7] 이 내용은 원래 치료사들을 위해 쓰였지만, 모든 이에게 도움이 될 만하다. 왜냐하면 죽음, 세금, 그리고 와이파이 신호 불량처럼 문제 행동 역시 피할 수 없기 때문이다. 리네한이 제시한 맥락들이 문제 행동이 정당화할 수 있는 유일한 경우는 아니지만, 가장 흔히 마주치는 것들이다.

과거의 흔적

행동 과학자들은 과거 경험이 현재 행동에 영향을 미치는 현상을 '조건화conditioning'라고 부른다. 여기서 주목할 점은 이러한 연상 작용이 주로 아동기에 형성되며, 특히 트라우마는 환경이 바뀌어도 오랫동안 지속된다는 사실이다. 예를 들어 폭력적인 가정에서 자란 남성은 배우자가 언성을 높일 때 고통을 느껴 침묵해버릴 수 있다. 반면 격한 토론이 익숙한 환경에서 자란 배우자라면, 상대방의 침묵에 답답함을 느끼고 계속 대화를 요구할 수 있다. 이런 반응들은 현재 상황에는 적절하지 않을지 모르나, '조건화' 관점에서는 충분히 이해할 만한 것이다.

특히 강한 쾌감이나 고통과 연결된 기억은 더욱 깊은 영향을 남긴다. 중독으로 고통받는 이들 중 상당수는 마약 관련 도구들을 우연히 마주쳤을 때, 수년간 금욕 상태를 유지했더라도 도파민이 급증하면서 강한 갈망을 느낀다.[8] 또 다른 예로, 가스레인지 사고로 3도 화상을 입은 매트는 전원이 꺼진 전기레인지 앞에서도 극단적인 회피 반응을 보였다.

그러나 이와 같은 이해가 상대의 과거를 함부로 추측하거나, 현재의 문제를 '부모 탓'이나 '과거 탓'으로 단순화하는 것으로 이어져선 안 된다. 그건 공감이 아니라 해석의 월권이다.

다만 현재 상황과 당신이 아는 그 사람의 과거 사이에 분명한 연결고리가 있다면, 그 영향을 인정하는 것이 좋다. "당신이 겪어온 경험을 이해합니다. 그리고 그것 때문에 당신을 비난하지 않아요"라는 메시지를 전하는 것이다.

잘못된 정보의 힘

누군가의 과거에서 현재 반응의 원인을 설명해줄 만한 뭔가가 감지된다면 어느 정도 '맥락화'할 수 있다. 3장에서 다룬 것처럼, 어떤 사람의 반응은 잘못된 생각에서 비롯된 자연스러운 결과일 수 있다. 그렇다면 이런 잘못된 생각은 어디에서 올까? 바로 잘못된 정보에서다.

 예를 들어 예약 카드에 '목요일'이라고 적혀 있었기 때문에 '화요일' 진료에 나타나지 않았다면, 당신은 제대로 행동한 셈이다. 단지 정보가 잘못되었을 뿐, 그에 따른 판단과 행동은 충분히 이해된다. 물론 잘못된 정보로 인한 결과는 놓친 치과 예약보다 더 심각할 수 있다. 그리고 그 결과가 심각할수록, 상대방의 행동을 맥락 속에서 이해하기가 더 어려워진다. 우리는 종종 상대방이 거짓말이나 선전에 속았다는 것이 분명할 때조차 바로 비난부터 한다. "너무 쉽게 믿는다", "멍청하다", "무지하다"는 식의 말들이다. 이런 비판이 우리를 갈라놓고 망가뜨리고 있다. 이런 비판은 건설적인 대화에 필요한 존중을 해치고, 그 결과 우리는 더욱 단절되어 서로를 미워하게 된다.

 마틴 루서 킹 주니어는 이렇게 말했다. "증오는 치료받지 못한 암처럼 인격을 갉아먹고 무너뜨린다. 인간의 가치관과 객관성을 파괴한다."[9] 비판은 증오를 키운다. 다른 이들을 더 낮은 존재로 보게 만든다. 지능과 도덕성이 떨어지는, 인간 이하의 존재로 여기게 한다. 비판을 멈추면 객관성이 살아나고, 그때야 진정 증오도 사라질 수 있다. 그래서 <u>잘못된 정보로 인한 행동을 이해할 때는, 단순히 정보와 행동 사이의 논리적 연결고리를 찾는 것만으로는 부족하다. 속은 사람을 비난하지 않으려는 노력도 필요하다.</u>

건강과 행동의 관계

문제 행동은 과거나 잘못된 정보 외에, 그런 행동을 이끈 생리적 기능장애 관점에서도 이해될 수 있다. 예를 들어 뇌에 세로토닌이 부족하면 우울한 감정과 행동이 나타나고, 도파민이 과다하면 수면에 어려움을 겪는다.[10] 누군가의 행동이 당신의 기대와 다르더라도, 신체적 또는 정신적 건강 문제라는 맥락에서 보면 이해할 만한 일이다.

우리는 건강 문제가 한 사람의 삶에 얼마나 복잡하게 영향을 미치는지 제대로 이해하지 못한다. 이런 상황에서 사람들이 가장 자주 하는 걱정은, "그 행동을 이해해주면 오히려 더 노력하지 않게 될까 봐 걱정돼요" 같은 이야기다. "엄마가 관절염 때문에 운동하기 힘드신 건 알지만, 그 어려움을 알아주면 더 노력을 안 하실 것 같아요"라는 식이다.

이런 걱정이 들 때는 진정으로 '이해할 만한 것만 받아들이면' 된다. 관절염으로 고통받는 사람이 운동을 꺼리는 이유는 이렇게 이해할 수 있다. "지금 몸이 더 이상 무리하지 말라고 신호를 보내는 거군요", "다친 발목을 무시하고 계속 달리는 것은 우리 몸의 본능에 맞지 않죠." 운동을 꺼리는 마음은 몸이 보내는 자연스러운 신호임을 인정하되, 통증을 줄이고 건강을 지키고 싶은 그 사람의 바람에 맞춰 함께 방법을 찾아볼 수 있다. 건강 문제 때문에 운동을 피하는 것은 이해할 만하지만, 결국 더 나아지기 위해서는 적절한 변화가 필요하다.

나는 상담할 때 내담자의 건강 상태를 고려하면서도, 목표를 향한 변화 동기를 끌어내려 노력한다. 우울증이 있는 사람이 주말 내내 침대에 누워 친구들의 연락도 무시하고 화장실에 갈 때만 일어나는 것은 충분히 이해할 수 있다. 그건 그 상황에선 너무나 자연스러운 반응이다. 나는 그 반응을 이해하고 수용한다. 그러면서 동시에 이렇게 말한다. "이 상태가 계속되면 더 힘들어질 수 있어요. 조금씩이라도 다른 선택을 해보는 게 어때요?" 변화를 위해서라도 먼저 이해가 필요하다. 이해는 변화를 부정하지 않는다. 오히려 변화의 문을 여는 출발점이다.

하지만 과거를 섣불리 판단하지 말아야 하듯, 누군가의 이해할 수 없는 행동을 보고 건강 문제를 추측해서도 안 된다. 나와 다르게 행동한다고 해서 그것을 정신적 문제로 단정 짓는 것은 공감을 완전히 놓치는 일이다. 차이가 곧 장애는 아니다.*

---

*장애는 실제로 한 사람의 일상과 기능에 영향을 미친다. 만약 누군가가 과도한 수면이나 대인 공포 같은 문제로 일상생활에 어려움을 겪고 있다면, 전문의와 상담해보는 것이 도움이 될 수 있다.

이것만은 기억하기

- '맥락화'는 어떤 사람의 반응이 다른 상황에서는 부적절하거나 비효율적일지라도, 특정 맥락에서는 이해할 만하다고 인정하는 것이다.
- 이는 논리적 사고를 바탕으로 한다. "x(상황)를 고려하면 y(반응)를 이해할 수 있다"는 방식으로 접근하면 된다. 관건은 x를 제대로 파악하는 것이다.
- 맥락에 대한 이해는 과도한 기대나 두려움을 누그러뜨리고, 서로에 대한 이해를 더 깊게 만든다. 특히 수치심은 방어적인 반응을 불러오기 쉬운 감정이다. 변화를 이끌어내려면 충분한 이해가 더 효과적일 수 있다.
- 문제 행동에서 이해할 만한 점을 찾기 어렵다면 다음 세 가지 관점에서 살펴본다.
  1. 과거의 영향
     현재의 문제 행동이 과거에는 필요했던 반응일 수 있다.
     주의할 점: 가벼운 추측 수준에 그칠 것.
  2. 잘못된 정보의 영향
     잘못된 정보에 기반한 행동이라면 당시의 맥락에서는 이해할 만하다.

주의할 점: 잘못된 정보를 믿었다고 비난하지 말 것.
3. 건강 문제의 영향
   신체적이든 정신적이든 건강상의 문제는 행동에 직접적인 영향을 줄 수 있다. 그 행동이 본인의 의지나 바람과 다를지라도, 그 맥락에서는 충분히 이해될 수 있다.
   주의할 점: 다름이 곧 장애는 아니다.

실천 가이드

1. 우리는 흔히 문제 행동을 마주하면 기대나 비판부터 하려 든다. 이번 주는 그런 순간을 맥락을 찾아볼 기회로 삼아보자. 주변에서 불편한 행동을 접하기 어렵다면, 뉴스나 미디어에서 본 사례로 연습해보자. "x 상황에서 y 반응은 이해된다"는 논리를 어떻게 표현할지 생각하되, 중간에 비판적인 생각('내가 왜 저 사람을 두둔하지?', '저 사람은 이해할 가치도 없어')이 끼어들지 않도록 유의한다.

2. 누군가의 행동이 도덕적으로 문제가 있거나 당신의 가치관과 충돌할 때는 맥락을 찾기가 가장 어렵지만, 이런 일이 매일 일어나지는 않는다. 연습을 위해 이번 주 동안 뉴스나 소셜 미디어에서 이런 극단적인 사례들을 찾아보자. 그 행동의 배경을

알 수 없다면, 아는 범위 안에서 그런 행동을 야기했던 환경을 가볍게 추측해보자. (주의: 이것은 '가설'이지 '속단'이 아니다. 가설은 열린 마음으로 세상을 이해하려는 시도이고, 속단은 근거 없이 단정 짓는 것이다. 가설은 이해를 돕고, 속단은 왜곡을 낳는다.)

9장

④ 입장 바꿔보기 – "그 상황이라면 누구라도 그랬을 거야"

타인에게서 자신을 발견하면 누구도 상처 줄 수 없다.
— 작자 미상

    2020년 봄, 나는 하바나를 제대로 이해해주지 못한 죄로 유죄 판결을 받았다. 나, 매트, 하바나로 구성된 배심원단의 판결이었다(매트는 방조죄로 함께 기소되었다). 우리 배심원단은 만장일치로 엄마가, 그리고 아빠도 어느 정도는 상황을 완전히 잘못 다뤘다고 판단했다. 사건은 이렇게 시작되었다. 우리 셋은 집에서 45분 거리에 있는 곳으로 가벼운 등산을 가기로 했다. 출발 직후부터 하바나가 차멀미를 호소했다. 등산로에 도착할 즈음엔 컨디션이 좋지 않을 게 뻔했다. 처음에는 단순히 속이 불편하다고만 했다. 나는 7년간의 육아 경험을 바탕으로, 늘 그랬듯 금방 괜찮아질 거라고 생각했다. 차멀

미는 곧 나아질 테니 기분 전환만 시켜주면 된다고 여기다가, 등산 시작부터 일이 꼬이고 말았다.

"아야!" 내 앞에서 걷던 딸이 나뭇가지에 부딪히며 소리를 질렀다. 등산을 시작한 지 10분도 채 되지 않았다. 그 비명에 내가 즉흥적으로 지어 부르던 "등산은 너무 신나"라는 랩도 끊겼다. 법정에서 내가 증언했듯이, 솔직히 딸이 괜히 아프다고 해서 내 랩이 망가졌다는 생각에 짜증이 났다. 딸 뒤에 서 있던 내 눈에는 가지가 딸의 등과 몸통을 살짝 스친 정도로만 보였다.

내가 괜찮냐고 묻자 딸이 대답했다. "저 가지가 저를 때렸어요."

내가 물었다. "아직도 속이 안 좋아?"

딸은 '내가 꾀병 부리는 것처럼 말하다니……' 하는 원망 어린 눈빛으로 나를 바라봤다.

"아니요, 이제 토할 것 같진 않아요. 하지만 나무에 찔린 데가 아파요."

나는 그 가느다란 가지를 자세히 살펴봤다. 가시도 보이지 않았다. 기껏해야 스파게티 면이 스친 정도의 타격이었다고 생각했다. 딸이 아프다는 부위의 셔츠를 걷어보니 긁힌 자국이나 염증 반응도 보이지 않았다. "이제 가자." 나는 짜증 난 목소리를 굳이 감추지 않고 말했다.

"제가 맞았다는데 어떻게 신경도 안 써요?" 딸이 따지듯 물었다.

"엄마도 걱정되지. 하지만 숲에서 그렇게 소리를 지르면 안 돼.

다른 등산객이 네가 정말 위험한 상황에 처한 줄 알 수도 있잖아."

"지금 제가 위험한 상황이 맞잖아요! 나무가 저를 공격했다고요!"

"그만 가자." 나는 더욱 단호하고 짜증스러운 말투로 말했다.

그 지점부터는 계속 내리막이었는데, 진짜 문제는 그때부터였다. 하바나는 10분마다 한 번씩 주저앉아 등이 아프다며 쉬겠다고 했고, 나와 매트는 별것도 아닌 일로 난리를 피우면 위험할 수 있다고 잔소리를 했다. 하바나는 심지어 우리보고 다시 올라가서 그 가지를 잘라내 다른 사람들을 '공격하지' 못하게 해야 한다며 엉뚱한 소리까지 했다. 정말 힘든 하산길이었다.

집에 돌아와서야 모두가 안도했고, 특히 하바나가 그랬다. 딸은 샤워를 해야 하는데 나무에 맞은 탓에 팔을 들 수 없다고 말했다.

"아까는 등이 아프다고 했잖아." 내가 셔츠를 벗는 것을 도와주며 말했다.

"아까는 정말 등이 아팠고, 이제는 팔도 아파요." 바로 그때 나는 무언가를 발견했다. 하바나의 오른쪽 어깨 위에 진드기가 깊숙이 파고들어 있었다. 주변 피부가 붉게 부어올라 있었다. 그제야 공원 입구의 '진드기 주의' 표지판이 떠올랐다. 게다가 등산로에서 아픈 곳을 가리켜보라고 했을 때, 딸은 허리까지밖에 손을 올리지 못했다. 하지만 나는 아무것도 보이지 않는다며 내 섣부른 판단(딸이 차 안에서부터 짜증을 냈고, 내 즉흥 랩을 별로 좋아하지 않았다는 점 등)으로 딸의 반응을 해석하려 들었고, 그 행동이 정당화될 수 없다고 결론 내렸다. 물론 이제 와서 하는 말이지만, 지금 알게 된 사실을 그때 알았더라면 딸의 반응이 그 불편한 상황에 맞는 것이었다고, 내 등에 진드기가 달라붙어 있었다면 나도 천천히 걸었을 거라고 공감했을 것이다. 결국, 나는 "같은 입장이라면 누구나 그랬을 것"이라는 이해를 보여주지 못한 것을 후회한다.

'동등화Equalizing'(같은 입장에서 이해하기—옮긴이)란 어떤 사람의 반응이 현재 상황과 정상적인 생리적 반응의 관점에서 당연하다고 인정해주는 것이다.* "당신과 같은 상황이라면 누구나 그렇게 했을 것"이라고 전하는 방식이다. 하바나는 컨디션이 좋지 않거나, 건강 걱정이 있거나, 잘못된 정보 때문에 그렇게 행동한 것이 아니었다(오히려 그런 것은 나였다). 딸의 반응은 진드기에 물린 아이가 보일 수 있는 지극히 정상적인 반응이었다.

'입장 바꿔보기'는 '맥락 이해하기'와 비교해서 더 좋거나 나쁜 것이 아니다. 단지 상황에 따라 적합한 방식이 다를 뿐이다. 예를

---

*이러한 접근은 다양한 이름으로 불린다. '타당함의 인정Acknowledging the Valid', '현시점에서의 합리적 이해Validating as Reasonable in the Moment', '정상화Normalizing' 등이 그 예다. Linehan, *DBT Skills Training*, "Handout 18"; Linehan, "Validation and Psychotherapy," 370; Alan E. Fruzzetti and Kate M. Iverson, "Mindfulness, Acceptance, Validation, and 'Individual' Psychopathology in Couples," in *Mindfulness and Acceptance: Expanding the Cognitive-Behavioral Tradition*, eds. Steven C. Hayes, Victoria M. Follette, and Marsha M. Linehan [New York: Guilford Press, 2004], 185.

입장 바꿔보기 - "그 상황이라면 누구라도 그랬을 거야"

들어 누군가가 실수로 아기의 목욕물을 비우다 아기까지 함께 욕조에서 꺼냈다면, 이는 일반적인 행동이 아니므로 먼저 맥락을 이해하고 "어떻게 그런 일이 일어난 거죠?"라고 조심스럽게 물어보는 게 필요하다. 반면 그 사람이 아기를 돌보느라 밤새 잠을 자지 못한 상태였고, 목욕물에 담근 아기의 몸에 두드러기가 난 상황이라면, 이때는 '입장 바꿔보기'가 유효하다. 누구라도 그 정도 피곤한 상황에서는 실수할 수 있으니 말이다.

어떤 사람의 반응이 그 상황에서 당연한 것이라면, 다른 맥락으로 설명하려는 것은 오히려 공감을 망치는 일이 될 수 있다. 야구 연습 중 아들이 머리에 공을 맞았다는 소식을 듣고 허둥지둥 응급실로 달려가는 부모를 생각해보자. 이런 부모의 반응을 불안 장애가 있는 사람이라는 관점에서 설명하며 "평소에도 불안이 심하시니 그렇게 급하게 가신 것도 이해됩니다"라고 한다면, 이는 매우 무례한 일이다. 그 대신 그런 상황에서는 누구나 그럴 수 있다고 인정하며 "저였어도 완전히 패닉에 빠졌을 거예요"라고 말하는 것이 진정한 공감이 된다.

'입장 바꿔보기' 방법

'입장 바꿔보기' 역시 다른 이해 기술들과 마찬가지로, 논리적 사고와 전달 방식이 핵심이다.

공감에도 논리가 필요하다

어떤 사람의 행동이 자연스러운지 판단하려면 비교 기준이 필요하다. 가장 기본적인 접근은 단순하다. 그 사람의 반응이 우리가 일상에서 흔히 목격해온 인간의 자연스러운 행동 패턴에 부합하는지 따져보는 방식이다.

기본 접근법

상대의 반응 = 일반적인 사람들의 반응

예를 들어 사랑하는 사람을 잃고 우는 것을 자연스럽게 받아들이는 일은 특별한 생각이 필요 없다. 그것이 정상적인 반응이라는 걸 이미 알고 있기 때문이다. 하지만 이 기술의 효과를 최대한 끌어내려면 '황금률' 접근법에도 익숙해져야 한다. 즉 '자신이 상대방의 상황이라면' 어떻게 반응할지를 상상해보는 것이다.

황금률 접근법

상대의 반응 = 내가 그 상황이라면 보일 반응

어떤 이의 슬픔을 이해할 만한 것으로 인식하는 것(기본 접근법)

과, 내가 사랑하는 사람을 잃었다면 어떤 감정과 생각이 들고 어떻게 행동할지 상상하는 것(황금률 접근법) 사이에는 큰 차이가 있다. 다른 사람의 입장이 되어본다는 것은, 비록 상상 속이더라도 뇌의 시각, 운동, 감각 신경을 동원하는 더 깊은 인지 과정을 필요로 한다. 연구에 따르면 타인의 경험을 적극적으로 상상하는 습관은 그들의 생각, 감정, 욕구를 더 잘 이해하는 데 도움을 준다.[1] 이는 '입장 바꿔보기'에서 황금률 접근이 진정한 공감을 이끌어내는 데 실질적인 도움이 된다는 의미다.

법조계에서는 이런 황금률 접근을 '황금률 논증 Golden Rule argument'[2] 이라고 부른다. 이는 강력한 공감을 불러일으키기 때문에, 일부 주에서는 변호사들이 배심원들에게 피해자 입장이 되어보라고 요청하는 것을 금지한다. 이렇게 생겨난 강한 감정이 배심원들의 판단에 영향을 미칠 수 있다는 우려 때문이다. 물론 공감할 때는 감정과 함께 논리도 중요하다.

상대의 마음을 여는 소통 기술

지난 몇 년간 나는 딸에게 더 잘 이해해줄 수 있었던 순간들을 떠올리며 아쉬움을 느낀다. "모든 게 네 뜻대로 될 순 없어"가 아닌 "친구가 마지막에 약속을 어기면 나도 속상했을 거야"라고, "마감일까지 글을 못 썼다고 실망하지 마. 그냥 글쓰기 캠프일 뿐이야"가 아닌 "엄마도 목표를 이루지 못하면 실망하곤 해"라고, "다스 베이더가 네 방 창문으로 들어와 숨 막히게 할 리 없어. 다스 베이더는 실제로 없잖아. 이제 자러 가"가 아닌 "엄마도「제다이의 귀환」을 처음 봤을 때 다스 베이더가 마스크를 벗는 장면에 깜짝 놀랐어. 잠들기 전에 그런 영화를 보여준 건 실수였네"라고 말했어야 했다.

이렇게 하바나를 다시 이해하고자 시도하면서, 내가 그 상황이었다면 비슷하게 반응했을 거라고 말하며 '같은 입장에서 이해하기'를 연습한다. 딸이 십대가 되면 또 다른 방식의 이해가 필요할 것이다. 여덟 살인 지금은 나를 대단한 사람으로 여기기에, 유능하고 뭐든지 다 아는 성숙한 어른으로 보이는 내가 "엄마도 그랬을 거야"라고 하는 말은 큰 위로가 된다. 하지만 열일곱 살이 되면 나를 그렇게 보지 않을 것이다. 그때는 나를 비교 대상으로 삼는 것보다 더 좋은 기준이 필요할 수 있다. 예를 들어 파티에서 누군가가 음료수를 쏟아서 자리를 떴다는 딸의 이야기에, "엄마라도 그랬을 거야"라고 하는 것보다 "네 또래라면 누구나 그랬을 것 같은데"라고 말하는 게 더 공감이 될 것이다.

보통, "나도 그랬을 거야"라는 1인칭 접근은 당신이 권위 있는 위치에 있거나 상대가 존경하는 사람일 때 더 큰 효과를 발휘한다. 예컨대 의사가 "제가 당신이라도 다른 의사의 의견을 듣고 싶어 할 거예요"라거나 "제 아이였어도 똑같이 했을 거예요"라고 말하면 큰 안도감이 생긴다.

반대로 "다른 사람도 그랬을 거예요" 같은 3인칭 관점은 그 사람

입장 바꿔보기 - "그 상황이라면 누구라도 그랬을 거야"

이나 상황을 잘 모를 때 더 적절할 수 있다. 나는 미혼인 오빠가 "내 친구들도 올해는 아이들 보낼 만한 캠프가 없어서 다들 힘들어한대"라고 말할 때, "나도 아이가 있었다면 그런 상황에서 답답했을 거야"라고 할 때보다 더 이해받는 기분이 든다.

당신의 행동이든 다른 사람의 행동이든 어떤 것과 비교하든, '같은 입장에서 이해하기'를 더 효과적으로 만드는 비결이 있다. 바로 '캐럴라인 수식어Caroline Qualifier'를 사용하는 것이다. 그것은 내 이름을 따서 붙인 것이다. 그 수식어는 "그런 상황에서는 누구나 그럴 수 있어요"라는 공감에 "당신은 그 상황을 남들보다 훨씬 잘 헤쳐나가고 있어요"라는 인정을 더하는 것이다. 내가 원래 민감해서인지, 아니면 오랫동안 정신건강 문제를 다루다 보니 '정상'에 대한 기준이 바뀌어서인지 모르겠지만, 나는 종종 사람들의 반응이 '평균 이상'이라고 느낀다. 내가 그들의 입장이 되어보거나, 일반적인 반응에 대한 내 경험과 비교해보면 그렇다.

내 동료가 대리모의 유산 소식을 듣고 주간 임상회의에서 함께 이야기하고 싶다고 했던 순간이 생각난다. 그녀는 감정을 회피하고 싶은 충동에 맞서 적극적으로 감정을 마주하려 노력했고, 도움을 받고자 슬픔 상담 모임에도 참석했다. 그녀가 그 고통을 바라보는 태도에는 깊은 통찰과 용기, 따뜻함이 담겨 있었고, 그 모습은 내 마음을 깊이 울렸다. 치료사인 나조차도 유산을 겪은 사람들을 위한 모임이 있다는 사실을 알지 못했다. 그녀의 슬픔은 이해할 만했지만, 그것을 다루는 방식은 특별해 보였다. 솔직히 말하면, 내가 그런 상황이었다면 좌절에 빠져 일도 제대로 못 했을 것 같다. 하지만 이해의 관점에서 한 가지 더 덧붙이자면, 그녀는 나나 대부분의 사람들보다 그 상황을 더 잘 다루고 있었다.

'입장 바꿔보기'가 절실한 순간

때로는 누군가의 경험을 논리적으로 이해하고 공감하기 위해 기본적인 비교나 황금률 접근법이 필요하다. 이를 전달할 때는 관계에 따라 "나라도 그랬을 거야"라고 하거나 "누구나 그랬을 거야"라고 하는 것이 더 효과적일 수 있다. 하지만 특히 절실한 순간이 있다. 바로 비정상적인 상황에서 누군가가 보인 정상적인 반응이 오히려 오해와 비난을 받을 때이다. 더 노골적으로 표현하자면, 정상적인 사람으로 취급받지 못할 때이다. 그 순간은 마치 비행기 기압이 급격히 떨어지는 것처럼, 숨이 막히고 방향 감각을 잃게 만든다. 이런 때 '입장 바꿔보기'는 산소 마스크만큼 절실한 도움이 된다.

비정상적 상황에서 정상적 반응이 의심받을 때

프란츠 카프카의 『소송』은 이런 상황을 상징적으로 보여준다. 소설의 첫 문장은 이렇게 시작된다.

"누군가 거짓으로 요제프 K를 모함했음이 분명했다. 그렇지 않고서야 그가 아무 잘못도 없이 어느 화창한 아침에 체포될 리 없었다."[3] 소설 속 요제프 K는 이유도 모른 채 자택에서 체포된다. 재판이 진행되지만, 그는 자신의 혐의가 무엇인지도 알 수 없다. 담당자를 만나려면 검은색 코트를 입어야 하고, 시간 약속도 듣지 못했는데 지각했다고 비난받는다. 상황은 끊임없이 비이성적이고 비논리적이다. 요제프 K가 분노하거나 이성적으로 행동하려 할수록, 오히려 그가 비정상적인 사람처럼 취급된다.

내가 『소송』에 끌리는 이유는 비현실적인 이야기임에도 요제프 K의 경험이 묘하게 익숙하게 느껴지기 때문이다. 그 익숙함은, 열악한 환경에서 일하면서도 모두가 억지로 괜찮은 척해야 하는 이상한 분위기, 혹은 당신의 판단을 끊임없이 흔드는 사람과 함께하며 가스라이팅을 견뎌야 했던 직장 생활을 떠올리게 할지도 모른다. 혹은 반품 기간이 남았는데도 청바지를 반품할 수 없다는 말을 들을 때처럼 일상적인 부조리를 겪으며 요제프 K에게 공감할 수도 있다. 하지만 『소송』처럼 이해할 수 없는 상황을 더 심각하게 겪는 사람일수록, "그 상황이라면 누구나 그럴 수 있다"는 인정이 더욱 절실하다. 왜 그런지 마리 애들러의 이야기로 설명하겠다. 다만 이 사례에는 성폭력과 강간에 대한 내용이 포함되어 있으니, 원치 않으면 건너뛰어도 좋다.

2016년, '믿기 힘든 강간 이야기'라는 제목의 기사[4]가 마리 애들

러의 사연을 생생하게 다룬 공로로 퓰리처상을 받았다.[5] 2008년 8월 11일, 그녀는 혼자 있던 자신의 아파트에서 낯선 사람에게 강간을 당했다고 신고했다. 기사에 따르면 마리는 성폭행 직후 911에 전화했다. 병원으로 이송된 그녀는 "심각한 외상은 없다"는 진단을 받았다. 그녀의 양어머니는 마리의 불안정한 태도를 걱정했고, 경찰은 그녀의 최초 진술과 이후 기억해낸 세부 사항들이 맞지 않는다고 의심했다. 며칠 뒤 수사관들이 추가 조사를 위해 찾아오자 그녀는 진술을 번복하고 이렇게 새로 썼다. "당시 저는 스트레스가 너무 심했고 누군가와 함께 있고 싶었는데 저와 시간을 보내줄 사람이 없어서 이 이야기를 지어냈습니다. 일이 이렇게 커질 줄은 몰랐어요. …… 저도 제가 왜 그랬는지 모르겠습니다."[6]

그녀는 허위 신고 혐의로 기소되었고, 지역 사회로부터 거센 비난을 받았다. 이후 몇 년 동안 정신적 고통에 시달리며 자살 시도까지 했다. 그러나 2011년, 경찰이 28건의 강간과 여러 중범죄로 기소된 남성의 소지품에서 마리 사건 당시 촬영된 사진을 발견하며 진실이 드러났다. 그녀가 처음 신고했던 대로, 마리는 낯선 사람에게 강간을 당했던 것이다.

마리가 신고했던 범죄 수사과에는 성범죄 전담 팀이 없었다. 만약 있었다면 형사들은 강간 피해자들이 보이는 일반적인 반응을 알았을 것이다. 피해자가 사건 직후 차분하게 보이려 하거나, 기억의 흐름이 뒤섞이고, 진술을 반복적으로 바꾸는 경우가 많다는 사실을 말이다. 형사들이 그녀의 입장을 완전히 이해하진 못했더라도, 최소한 그녀의 반응이 다른 피해자들과 비슷하다는 점은 알 수 있었을 것이다.

문득 이런 생각이 든다. 만약 형사들이 그녀를 의심하는 대신 이렇게 말했다면 얼마나 달라졌을까? "시간이 지나면서 세부적인 기억이 떠오르는 건 자연스러운 일이에요. 생각나는 게 있다면 언제든 연락하세요", "기억이 뒤죽박죽인 것도 정상이에요. 트라우마를 겪으면 누구나 그래요", "혹시 이 일을 빨리 잊고 싶어서 진술을 철회하려는 건가요? 그 마음 이해합니다. 잠시 혼자 있을 시간을 드릴게요."

이처럼 비정상적인 상황에서 정상적인 반응을 보이는 사람에게는 '같은 입장에서 이해하기'가 매우 중요하다. 그렇지 않으면 그 사람은 점점 자신을 잃어갈 수 있다.

완벽주의가 만드는 비현실적인 상황

완벽주의적 기준은 마치 속임수로 가득한 놀이기구와 같다. 누구나 이길 수 있을 것 같지만 사실은 아무도 이길 수 없다. 완벽해야 한다는 압박을 받거나 스스로에게 그런 기준을 들이대는 사람들은, 어렵고 힘든 게 당연한 일을 쉽고 완벽하게 해내야 한다고 믿는 왜곡된 현실 속에 살게 된다. 그리고 완벽하지 못할 때마다 자신이 정상적이지 못하다는 비난의 소리를 계속해서 듣는다.

"다른 사람은 다 일도 하고 육아도 하면서 집 안 정리도 완벽하게 해."
"이렇게 겨우 살아가느라 힘든 건 나뿐인가 봐."
"아침마다 아이 깨우기 힘든 엄마는 나밖에 없을 거야."

사실 우리 모두가 어느 정도는 완벽주의의 굴레에 갇혀 있다. 위 세 문장도 내 머릿속 완벽주의적 독백에서 가져온 것이다. SNS 프로필을 꾸미고 사진을 미세 보정하는 세상에서는 '정상'이 무엇인지 제대로 파악하기가 무척 어렵다. 이런 끊임없는 왜곡 속에서 '입장 바꿔보기'는 더욱 중요해진다. 단순히 사람들의 반응을 인정해 주는 것을 넘어, 그들의 비현실적인 기대를 바로잡는 데도 도움이 되기 때문이다.

한 내과의사 내담자의 이야기를 들려주겠다. 그를 로우라고 부르자. 어느 날 로우는 현대인에게 익숙한 고민을 털어놓았다. 새 직장에서 이메일이 너무 많아 감당하기 힘들고, 그래서 환자 진료 기록도 제때 작성하기 어렵다고 했다. 처음에 나는 대수롭지 않게 생각했다. 우리는 서류 작업을 간소화하는 방법을 찾아보았고, 다른 방법이 안 되면 이사와 상담하기로 했다. 하지만 모든 시도는 실패했고, 이사와의 대화도 마찬가지였다. 그 이사는 내 비판적인 마음이 크루엘라 드 빌(애니메이션 「101마리 달마시안」의 악녀—옮긴이) 역할을 맡으면 딱 좋겠다고 생각할 정도로 끔찍한 사람이었다.

그녀는 로우의 요청을 거절했고, 로우는 환자 이메일을 처리할

보조 인력을 구하지 못했다. 모든 이메일은 당일 퇴근 전까지 처리해야 했고, 대부분의 병원처럼 이를 위한 별도의 행정 업무용 시간도 받지 못해 밀린 업무는 스스로 시간을 내서 해결해야 했다. 이사는 로우의 고민을 이해하기는커녕 시스템에 적응하라는 투로 말했다. 하지만 이는 불합리해 보였다. '다른 의사들은 어떻게 이걸 다 해내는 걸까?' 로우는 도무지 이해할 수 없었다. 이사는 인기가 없었지만, 다른 의사들은 이런 기준이나 업무 방식에 대해 아무도 불평하지 않았다.

"강박증이 다시 온 것 같아요." 아이들 재울 시간에 맞춰 퇴근하지 못한 지 몇 달이 지났을 때 그가 말했다. 로우는 예전에 강박장애를 앓으며 과도한 확인 증상을 보였었다. 처음 상담을 시작할 때는 오븐이 꺼져 있는지 확인하고 또 확인하고, 세 번, 네 번⋯⋯ 계속 확인했었다. 직장에서도 실수할까 봐 자신의 처방과 지시를 반복해서 검토했다. 하지만 그건 이제 과거의 일이었다. 치료에 성실히 임하면서 수년간 증상 없이 지내왔다.

"다시 자꾸 확인하게 되나요?" 내가 물었다. 그건 아니지만 자신을 자꾸 의심하게 된다고 했다. 나는 그의 강박이 불안과 과도한 생각에서 비롯된다고 상기시켰다. 그는 마피아는 보이지 않지만* 자

---

*나는 정신건강 증상을 종종 '마피아'에 비유한다. 이 증상들은 마피아처럼 당신의 일상 뒤에 숨어 있다가, 행복한 순간을 보내려 할 때면 어김없이 나타나 위협적인 몸짓으로 조용히 겁을 주기 때문이다.

신의 상태를 강박증이 아니면 뭐라고 설명해야 할지 모르겠다고 했다. 로우의 상황은 점점 카프카 소설처럼 부조리하고 어두워졌다. 이제는 다른 직장을 알아보기에 이를 정도였다.

그러다 어느 날 그 이사가 떠났다. 해고된 것인지 사직한 것인지는 로우도 알지 못했다. 새로 온 이사는 부임 후 첫 일로 의사들에게 필요한 것과 애로사항을 익명으로 보내달라고 했다. 이어 의사들과 회의를 열어 모든 의사가 제기한 이메일 관련 고충을 인정했다. 결국 로우만 유난을 떤 게 아니었다. 그는 침묵하는 다수 중 하나였을 뿐이다. 그의 피로와 절망은 불합리한 요구에 대한 비정상적 반응이 아닌, 비현실적 기대에 대한 지극히 정상적인 반응이었다. 새 이사는 이메일 문제를 당장 해결하진 않았지만, 로우는 이직 고민을 멈췄다. 더 이상 절망과 자기 의심에 짓눌리지 않았다. 이제야 제대로 숨을 쉴 수 있게 된 것이다. '같은 입장에서 이해하기'는 완벽해야 한다는 압박에 시달리는 사람에게 구원이 될 수 있다. 핵심은 진심으로 이해하고 있음을 전하는 것이다.

인정과 공감에서 균형 잡기

타인의 경험을 '남들도 다 겪는 일'이라고 단정짓는 과정에서 생기는 실수는 몇 가지가 있다. 그중 가장 주의해야 할 두 가지는 '상대의 경험을 가볍게 여기는 것'과 '그들의 깊이 뿌리박힌 믿음을 무시하는 것'이다.

실수 #1: 상대의 경험을 가볍게 보는 것

청소년들과의 관계에서 이 오류는 특히 잘 드러난다. 사춘기는 인생에서 처음 겪는 사건들이 몰아치는 시기다. 첫사랑, 첫 취업, 급격한 신체 변화 등 평범한 일상조차 전혀 평범하지 않게 느껴지는 시기이기도 하다. 이때 아이들은 자신이 느끼는 감정과 경험이 특별하다고 믿으며, '그건 원래 다 그래'라는 식의 반응을 듣고 싶어 하지 않는다. 이런 상황에서는 경험의 강도와 새로움 자체를 인정하는 것이 우선이다. 단순히 정상이라고 말하기보다는, 지금 겪는 일이 얼마나 큰 변화이고 어려운지 진심으로 공감해주는 접근이 필요하다. 이 원칙은 청소년뿐 아니라 인생에서 전례 없는 일과 마주하는 모든 사람에게 적용할 수 있다.

상대의 경험을 지나치게 단순화할까 걱정된다면, 그 사람만의 고유한 상황을 함께 인정해주면 된다. 비슷한 상황이라도 완전히 동일한 경우는 없기 때문이다. 상황의 보편성과 개별성을 동시에 인정하면 공감의 깊이가 더해진다. 이런 식이다.

"저도 이혼한 사람 대부분이 혼자 있는 밤에 적응하는 데 어려움을 겪는다는 이야기를 들었어요. 특히 당신처럼 숲속에 사는 경우라면 더욱 힘들 것 같네요. 그런데도 집에 특별한 장치 없이 도베르만 몇 마리만으로 지내시다니 정말 대단하세요."*

실수 #2: 깊이 뿌리박힌 믿음을 무시하는 것

완벽주의적 사고에 갇혀 있을 때는 그 사람의 깊은 믿음을 함부로 무시하지 않도록 주의해야 한다. 완벽주의적 기준에 미치지 못한다고 자책하는 사람들은 대개 그런 기준을 자신의 일부로 받아들이고 있다. 예를 들어 자신을 뚱뚱하다고 여기는 사람에게 BMI(체질량 지수)가 정상이라고 말하는 것은 그 사람의 자기 인식을 정면으로 부정하는 것이 될 수 있다. 특히 부정적 자아상이 오랫동안 자리 잡은 경우, 단순한 논리적 반박은 오히려 공감을 막는 장벽이 된다.

만약 당신이 상대의 굳게 박힌 믿음을 부정했다면, 그들의 반응을 통해 즉시 알 수 있을 것이다. "당신은 이해하지 못해요"라며 자신의 입장을 고수하거나, 극단적인 경우 감정적 반응을 보일 수도 있다. 이런 상황에서는 한 걸음 물러나 맥락을 살펴보는 것이 좋다. 정상에 대한 왜곡된 인식은 학습된 경험이나 잘못된 정보, 때

---

*사람들은 대개 타인의 두려움이나 슬픔을 인정해주는 것이 그 감정을 더 악화시킬까 봐 조심스러워한다. 하지만 실제로는 그렇지 않다. 그 사람이 이미 감정이 폭주한 상태(분당 심박수 90 이상)나 극도의 스트레스 상태가 아니라면, 오히려 교감신경계를 안정시키는 데 도움이 된다. 예를 들어 한밤중에 친구가 공황상태로 전화를 걸어왔다면 "지금 보니, 잘 견디고 있네!"라는 식의 말은 오히려 상처가 될 수 있다. 그 사람이 감정을 주체할 수 없을 정도가 아니라면, 그들의 감정과 처한 상황의 특별함을 충분히 인정해주는 것이 좋다.

로는 정신건강의 문제에서 비롯될 수 있다. 현재 상황만으로는 이해되지 않는 반응이라면, 그 사람의 더 넓은 맥락을 이해하려 노력해야 한다.

이것만은 기억하기

- '입장 바꿔보기'는 어떤 사람의 반응이 상황과 인간의 자연스러운 기능 면에서 이해할 만하다는 것을 전하는 것이다. "당신의 입장이라면 누구나 그렇게 할 것"이라고 알려주는 기술이다.
- 다른 이해의 기술들처럼 이 또한 논리적 이해와 그것을 전달하는 방식의 문제다.
  *논리적 이해의 접근법:
  - 기본 접근: 상대의 반응 = 일반적인 사람들의 반응
  - 황금률 접근: 상대의 반응 = 내가 그 상황이라면 보일 반응
  *전달 방식:
  - 직접 공감형: "나라도 당신처럼 반응했을 것"이라고 말하기(당신이 권위자이거나 동료 입장일 때)
  - 객관적 관찰형: "대부분 그렇게 반응할 것"이라고 말하기(당신이 잘 모르는 상황일 때)

- 긍정적 강화: "당신은 평균 이상으로 잘 대처하고 있다"는 인정을 더하기
- 특히 중요한 순간
  - 상대가 비정상적 상황에 정상적으로 반응할 때
  - 완벽주의가 만드는 비현실적인 상황에 처했을 때
- 자주 발생하는 실수
  - 상대의 경험을 가볍게 보는 것
    해결: 그 사람만의 특수한 상황을 인정하거나 긍정적 강화 활용
  - 깊이 뿌리박힌 믿음을 부정하는 것
    해결: 한 발 물러나 더 넓은 맥락에서 이해하거나 마음챙김 기술 활용

실천 가이드

다른 사람의 마음을 이해하려고 그들의 입장에서 생각해보라. 그리고 그 이해를 전할 때는 "나라도 그랬을 거예요"처럼 직접 공감을 표현하거나, "대부분 그렇게 느낄 것 같아요"처럼 일반적인 상황으로 설명하는 방식을 상황에 맞게 사용하라. 매일 실천하면 좋지만, 그게 어렵다면 최소한 타인의 입장을 상상해보는 연습이라도 한다. 단, 당신이 공감 능력이 뛰어나다고 해서 이 기술에 능숙하다

고 판단하지는 말자. 이해하는 것과 그것을 전달하는 것은 별개의 능력이다.

도움말: 아이들의 행동을 강화할 때는 긍정적 인정을 함께 활용하면 효과적이다. 아이의 행동이 또래보다 성숙하다는 점을 인정해주는 것은 강력한 동기부여가 된다. 예를 들면 이렇게 말할 수 있다. "내가 시키지도 않았는데 집안일을 하다니 대단하구나. 나는 네 나이 때 그렇게 못 했을 텐데."

10장

⑤ 마음 읽기 – 상대의 속마음을 알아채는 감각

소통의 꽃은 말하지 않은 것까지 들어주는 것이다.
— 피터 드러커, 『아이디어의 세계』

독자 여러분, 나는 여러분의 소울메이트가 될 수 있다. 지금 당장은 아니지만, 충분한 시간을 함께한다면 그렇게 느끼게 될지도 모른다. 이는 신비주의나 영적인 의미로 하는 말이 아니다. 내가 말하는 '소울메이트'란 당신을 당신 자신보다 더 깊이 이해하고, 당신이 진정한 교감을 느끼는 사람을 뜻한다. '마음 읽기'(원어는 'Proposing'으로 '제안, 제시하다'는 뜻이지만, 이 책에서는 '상대의 마음을 헤아려 표현하는 소통 기술'이라는 의미로 '마음 읽기'로 옮긴다—편집주)라는 소통 기술이 바로 이런 효과를 만들어낼 수 있다. 이는 누군가의 경험을 그들이 말하지 않은 부분까지 읽어내어 전달하는 것이다.

물론 내가 존 레논에게 있어 오노 요코 같은 존재라는 뜻은 아니다. 단지 '마음 읽기'를 잘 활용하는 사람일 뿐이다.

기본적으로 이 기술은 상대방의 말과 그 상황에 대한 당신의 이해를 바탕으로, 그들의 생각과 감정, 바람을 헤아려 표현하는 것이다.* 흔히 '독심술'이라고 하지만, 사실은 행간의 의미를 읽어내는 일에 가깝다. 1장에서 언급했듯이, 자살을 생각하는 내담자를 만났을 때 문제해결보다는 더 깊은 이해와 공감으로 방향을 전환하며 이런 방식으로 대화했다.

"이거 참 엿같은 일이네요."(그의 내면의 목소리를 담아내기)
"열정 넘치는 대학원생이 틈만 나면 질문을 쏟아내고 있잖아요. 그 관심이 진심이길 바라지만, 아마도 배운 대로 하는 것일 수도 있고요."(생각 읽어내기)
"게다가 이 모든 상황이 본 적도 없는 사람들로 가득한 방에 생중계되고 있죠."(상황 인식 읽어내기)

이런 깊은 공감의 기술은 익숙해지는 데 시간이 걸린다. 나는 상대방을 이해하고 표현하는 여러 기술 중에서도 이 방식에 가장 많

---

*이 기술을 다른 말로는 '마음 읽기Read Minds', '말하지 않은 것 읽어내기Articulate the Unverbalized', '독심술Mind Reading' 등 여러 이름으로 불린다. Linehan, *DBT Skills Training*, "Handout 18"; Linehan, "Validation and Psychotherapy," 364.

은 노력을 기울여왔는데, 그만큼 깊은 교감을 이끌어내는 효과가 놀랍기 때문이다. 방금 내가 이 기술을 당신에게 적용했다면 깊은 유대감을 느낄 수 있을 것이라고 했지만, 다른 깊은 소통이 그렇듯 이런 교감은 일방적으로 이루어지는 게 아니다. 나 또한 상대방과 같은 깊이의 유대감을 경험하게 된다. 비록 전통적인 소울메이트처럼 단 한 사람과만 나누는 특별한 관계는 아니지만, 그 교감의 깊이만큼은 결코 얕지 않다.

마음을 읽는 방법

이제는 알다시피, 이해의 기술은 논리적 추론과 그것을 전달하는 두 단계로 나뉜다. '마음 읽기'에서는 먼저 상대의 경험에 대한 가설을 세운 뒤, 근거 있는 추측을 조심스럽게 전달해야 한다. 이때 상대를 불편하게 하거나 그들의 경험을 부정하지 않도록 주의해야 한다.

이 기술이 때로는 단순해 보일 수 있다. "3일 동안 잠을 못 잤어요"라는 말에 "정말 피곤하시겠네요"라고 답하는 것처럼 말이다. 하지만 이런 뻔한 답변으로는 진정한 교감을 이끌어낼 수 없다. 이 기술의 진정한 힘은 상대의 말 속에 담긴 의미를 읽어내고, 그것을 적절한 확신을 담아 전달하는 데 있다. 상대의 마음을 읽을 때는 불편함을 주지 않는 것이 중요하다. 결코 쉬운 일이 아니며, 높은 정서 지능EQ을 필요로 한다. 다행히도 IQ와 달리 EQ는 발전시킬 수 있다.[1] 이것이 바로 내가 공감 능력이 있으면 좋지만 필수는 아니라고 말하는 이유다. 마음 읽기에 필요한 EQ는 연습을 통해 키울 수 있다. 이제 시작해보자!

논리적 추론

다른 사람의 생각을 이해하려면 먼저 판단할 정보가 필요하다. 그렇다면 사람들에 대한 정보를 얻는 가장 쉬운 방법은 무엇일까? 그들의 휴대폰을 뒤지는 것이다(농담이다). 마음 읽기를 위해 정보를 얻는 가장 좋은 방법은 마음챙김 기술을 쓰는 것이다. 특히 A 게임과 질문하기를 통한 '주의 깊게 듣기'가 효과적이다. 이제 엘나 베이커가 이 방법을 어떻게 활용했는지 살펴보자.

베이커는 공영 라디오 프로그램 「디스 아메리칸 라이프This American Life」의 프로듀서로, 공감의 대가이기도 하다. '로코Rom-Com'라는 제목의 방송[2]에서 그녀는 코미디언 친구 미셸 부토와 대화를 나눈다. 베이커는 부토가 처음 맺은 진지한 연인 관계에서 겪은 특별한 어려움에 대해 이야기를 꺼낸다. (나중에 헤어지게 되었지만) 결혼까지 생각했던 남자와 3년을 함께하던 중, 부토는 그가 글을 읽고 쓸 줄 모른다는 사실을 알게 된다. 부토는 이 이야기를 자신의 스탠드업 코미디 공연에서 여러 버전으로 수차례 다뤄와서 잘 다듬어진 재미있는 이야기로 들려주지만, 베이커는 그녀의 속마음을 헤아려준다. 다음 인터뷰 내용을 보면서 베이커가 이 이야기에 깊이를 더하고 부토와 교감하기 위해 사용한 두 가지 공감 기술을 찾아보자.

베이커: [청취자들에게 상황을 설명하며] 행복한 순간에도 미셸은 '잠깐, 이럴 때가 아니야'라는 생각이 들었어요. 우리는 가끔 심각한 문제를 잠시 잊곤 하지만, 결국 그것을 해결해야만 앞으로 나아갈 수 있죠. 그녀도 점점 그에게 원망이 쌓여갔어요.

부토: 예전처럼 웃지도, 손잡지도, 잠자리도 갖지 않게 됐어요. 그저 그가 수업을 받지 않으려 했기 때문이었죠. 뭐랄까, 그때는 '당신이 수업을 받아야 내가 행복해질 거라는' 식의 심정이었어요.

베이커: 날 사랑한다면 글을 배울 마음을 먹어야 하는 것이 아닌가, 하는 그런 마음이었나요?

부토: 정확해요. 그게 이상한가요? 그런 마음이었어요. 밤에 아이들에게 누가 책을 읽어줄까 하는 생각도 들었고요. 그런 생각만 하면 정신이 번쩍 들었어요. 계속 마음이 불편했지만, 누구에게도 말할 수 없었어요. 창피하기도 했고, 사람들이 그를 무시할까 봐 걱정됐거든요. 그가 자신감을 잃지 않길 바랐으니까요. 결국 혼자 끙끙 앓다가 어느 날 문득 떠나야겠다는 생각이 들었어요. 하지만 어떻게 그럴 수 있겠어요? 이미 자신감을 잃은 사람을 두고 어떻게 떠나요?

베이커: 어찌 보면 그렇게 관계가 길어진 것도 결국 그의 문맹 문제와 연결되어 있었네요. 그 문제만 해결되면 다 괜찮아질 거라고 생각했던 건가요?

부토: [감탄하며] 어머나, 대단하네요! 당신 혹시 여자 닥터 필Dr. Phil, (「오프라 윈프리 쇼」에서 부부, 연인, 가족 간의 문제를 해결해주는 라이프 카운슬러로 명성을 얻기 시작해, 현재 미국 최고 인기 토크쇼인 「닥터 필 쇼」의 진행자로 활동 중인 인물―옮긴이)이세요? 제가 늘 그래요. "살만 빼면……" 하는 식으로요. 맞아요, 그 문제만 해결되면 우리가 잘될 거라고 믿었어요.*

베이커의 짧지만 의도적인 개입은 깊은 통찰을 이끌어내기 위한 것이었다. 그녀는 '주의 깊게 듣기'에서 시작해 '마음 읽기'로 나아간다. 순서는 이렇다.

마음챙김 → 이해 → 공감

인터뷰 중에 부토가 안주하려는 남자친구에 대한 원망을 털어놓

---

*매트는 이 대목을 듣고 부토가 바보 같다고 했다. 하지만 전혀 그렇지 않다. 인터뷰의 다른 부분에서 부토는, 그가 글을 읽지 못하게 된 사연을 알고 나서 가슴이 아팠고 곁에서 도와주고 싶은 마음이 간절했다고 말한다. 하지만 두 사람은 이 문제에 대해 제대로 된 대화를 나누지 못했고, 변화를 위한 노력도 하지 않은 채 결국 헤어지고 말았다. 게다가 그는 바람까지 피웠다.

자, 베이커는 이렇게 물었다. "당신이 나를 사랑한다면 글을 배울 마음을 먹어야 하는 것이 아닌가, 하는 그런 마음이었나요?" 베이커의 경청하는 질문은 이 문제가 부토에게 왜 중요한지에 대한 더 많은 이야기를 끌어내면서, 대화의 방향을 잡아나갔다. 베이커는 대화의 요령을 확실히 알고 있었다! 예상대로 부토는 베이커에게 많은 이야기를 털어놓았고, 베이커는 이를 바탕으로 깊은 교감을 이끌어냈다. 베이커는 자신의 통찰을 마음속에만 담아두지 않고 과감하게 '마음 읽기'에 나섰다. "어찌 보면 그렇게 관계가 길어진 것도 결국……." 그 말을 듣던 부토는 감탄의 탄성을 내뱉었다. "어머나, 대단하네요! 당신 혹시 여자 닥터 필이세요?" 음성 녹화본으로 들으면 부토의 말투는 분명 베이커를 놀리는 것이 아니라, 그 이해심에 감동한 어조였다. 자신이 말로 분명히 표현하지 않았던 무언가를 짚어준 것에 감동한 것이다. 베이커는 단순히 경청하는 것을 넘어 부토의 주의를 이끌어내기도 했다. 부토가 무의식중에 피하고 있던 진실을 자연스럽게 이끌어냈고, 그렇게 소울메이트 효과가 일어났다.

A 게임을 도약판으로 활용하는 것은 '마음 읽기'의 가장 논리적인 접근법이다. 데이터를 모으고 가설을 만든 뒤, 상대방의 반응을 살피면서 진행하면 된다. 물론 내가 상대방이라면 어떨지 상상해보는 것만으로도 그들에게 필요한 말을 찾아낼 수 있다.

1장에서 소개했던 자살 충동을 느끼는 내담자의 경우, 나는 A 게임이 아닌 다른 방법을 사용했다. 그의 관점에서 상황을 바라보려 한 것이다. 모니터에 떠 있는 '인정'이라는 단어를 보자마자, 나는 그의 경험을 이해하기 위해 내 경험(나의 두려움, 실패, 패닉)에 대한 생각을 잠시 내려놓아야 한다는 것을 깨달았다. 그때 나는 치료사로서 이런 생각을 하고 있었다. '내가 지금 이 사람의 마음을 못 돌리고 있어. 어쩌지?' 만약 내가 내담자의 입장이었다면, 자신의 취약한 모습을 드러내는 것에 불안해하면서 대학원생의 질문 공세를 받는 상황에서 이런 생각이 들었을 것이다. '이거 참 엿같군', '잠깐이라도 틈을 보이면 득달같이 달려드는 열정 과다의 대학원생에게 질문 공격을 받는 거잖아. 관심을 두고 있다고 믿고 싶지만, 그저 배운 대로 하고 있을 가능성이 높은 사람한테 말이야.'

나는 치료사로서, 나를 지켜보는 동료들과 감독을 의식하며 이런 생각도 했다. '다들 날 멍청이로 보겠지. 지금 당장이라도 문을 벌컥 열고 들어와 나에게서 이 남자를 구하려고 할지도 몰라. 치료사 자격이 없는 사람으로 낙인찍혀 평생 고통받아도 할 말이 없지.' 그때 내담자의 입장에서 보니, 자기 속마음을 모두 드러낸 것 같아 불안했을 것이고 했던 말들을 취소하고 싶었을 것이다. '그것도 모자라 이 모든 게 내가 본 적도 없는 사람들로 가득한 방으로 중계되고 있다니.' 내가 내담자였다면 그곳을 벗어나고 싶었을 것이다. 그래서 우리는 그곳에서 나왔다.

소통의 기술

'아이디어'라는 다이얼이 있다고 상상해보자. 이 다이얼을 왼쪽으로 돌리면 당신의 생각이 의견으로 표현된다. "혹시 시어머니의 기대에 맞추려 노력하는 게 많이 힘드신 건 아닐까요?" 반대로 돌리면 생각이 사실처럼 전달된다. "이제 시어머니의 마음에 들려고 애쓰는 데도 지치셨군요." 상대방에게 영향을 주고 싶거나 당신의 이해를 확신 있게 전달하고 싶다면 사실로, 상대의 경험을 존중하며 조심스럽게 접근하고 싶다면 의견으로 표현하면 된다. 역할, 관계의 특성, 문화적 맥락에 따라 어느 쪽이 더 효과적일지 결정된다.

'혹시', '어쩌면', '제 생각에는' 같은 말로 시작하면 생각이 의견으로 부드럽게 전달되어, 불필요한 간섭이나 위압감을 줄일 수 있

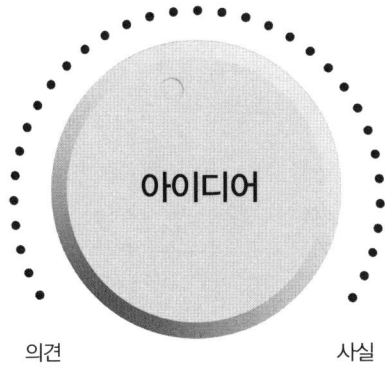

의견 　　　　　　　　　　　사실

| 도표 4 | **아이디어 표현의 조절 다이얼**

다. 통찰을 질문 형태로 던지는 것도 효과적인 방법이다. "아이들을 방치하는 것 같은 심한 죄책감이 들지 않으면 다시 풀타임으로 일하고 싶으실 것 같습니다"보다는 "아이들을 방치하는 것 같은 심한 죄책감이 들지 않는다면 다시 풀타임으로 일하고 싶으신 것은 아닐까요?"라고 물어보는 것이 더 열린 대화를 이끌어낸다.

의견으로 제시하는 방식은 특히 새로운 관계이거나 멘토, 상사 또는 메건 마클(영국 해리 왕자와 결혼해 서식스 공작 부인의 작위를 받은 미국의 전직 배우—옮긴이)처럼 특별한 예우가 필요한 상대와의 대화에서 유용하다. '마음 읽기'의 대가인 오프라는 前 서식스 공작 부인과의 인터뷰에서 이 점을 정확히 파악했다. "침묵을 선택하신 건가요, 아니면 침묵을 강요당하신 건가요?"[3] 마클이 언론 보도에 대한 복잡한 심경을 우회적으로 표현하자, 오프라는 정곡을 찌르는 질문으로 응답했다. 인터뷰 중 가장 날카로운 통찰을 던진 순간이었지만, 이때도 그녀는 핵심을 질문으로 감싸며 의견의 형태로 부드럽게 전달했다.*

---

* '경청하는 질문'과 '의견을 질문으로 제시하기'는 얼핏 비슷해 보이지만 그 목적이 다르다. 경청하는 질문이 상대의 이야기를 더 깊이 듣고 있음을 보여주기 위한 것이라면, 의견을 질문으로 제시하는 것은 내가 이해한 바를 효과적으로 전달하기 위한 것이다. 더 자세히 설명하자면, 베이커가 "당신이 나를 사랑한다면 글을 배울 마음을 먹어야 하는 것이 아닌가, 하는 그런 마음이었나요?"라고 물었을 때도, 이는 단순히 정보를 더 얻으려는 것이 아니라 자신이 상대방의 마음을 이해했다는 것을 보여주기 위한 질문이었을 것이다. 비록 깊은 공감 능력을 가진 베이커조차도 이런 직접적인 질문을 던지기가 쉽지 않았을 텐데, 그럼에도 그녀는 진정성 있게 이 질문을 했다고 볼 수 있다.

의견으로 표현하는 방식은 상대가 타인의 말에 영향을 잘 받거나, 자신감이 부족하거나, 당신이 자신을 자신보다 더 잘 이해하는 것처럼 여겨질 때 효과적이다. 이런 수용적인 성향의 사람들은 자신의 관점보다 당신의 관점을 더 신뢰하는 경향이 있다.

하지만 생각을 사실로 직접 전달하는 것이 대체로 더 강력한 효과를 준다. 자살 충동을 느끼던 내담자에게 "이거 참 엿같은 일이네요"라고 말했지, "어쩌면 이 상담이 힘들게 느껴지실 것 같네요"라고 돌려 말하지 않았다. 친구 어머니의 위태로운 결혼 이야기를 들었을 때도 "너무 끔찍해요"라고 에두르지 않고 직접적으로 말했다.[*]

요점을 사실적으로 전달하면 말에 무게가 실린다. "이런 것 같지 않나요?"가 아닌 "이래서 이렇습니다"라는 확신에 찬 표현이, 상대의 의심과 불안을 해소하는 결정적인 순간을 만들어낼 수 있다. 30대 엄마 모임의 한 친구가 떠오른다. 그녀가 부모님의 이혼 소식을 전했을 때, 나는 "정말 충격을 받으셨겠어요"라고 말했고, 그녀는 울음을 터뜨리며 고개를 끄덕였다. 부모님과 친밀했고 그들의 결혼 생활을 이상적으로 여겼던 그녀로선 그런 부모님의 이혼 소식에 가슴이 찢어지는 심정이었을 테지만, 또 한편으로는 다 큰 성인이 그만한 일로 그렇게까지 상심하는 것이 과하다고 느낄 만했

---

[*] 이 내용을 못 본 독자를 위해 덧붙이자면, 들어가는 글에 소개된 사례다. 하지만 당신이 지금 이 각주를 읽고 있다면 아마 들어가는 글도 읽었을 테고, 그런 면에서는 나와 같은 사람일 것이다.

다. 나는 그녀가 표현하지 못한 감정을 짚어주며, 그 반응이 충분히 자연스럽고 이해할 만하다는 것을 전달했다.

확신에 찬 표현은 당신이 얼마나 깊이 이해하고 있는지를 간접적으로 드러낸다. 이러한 확신의 강도는 비언어적 표현(친밀감을 나타내는 네 가지: 가까이 다가가기, 눈 맞추기, 제스처 취하기, 고개 끄덕이기)을 통해 조절할 수 있다. 최근의 경험이 이를 잘 보여준다. 치근관齒根管 치료 후 항생제 부작용으로 효모질염이 생겼고, 그 치료 중 알레르기 반응으로 48시간 동안 인공호흡기를 달고 있어야 했다. 이 힘든 경험을 농담으로 풀어보려 남편 매트에게 물었다. 내가 의학적 혼수 상태로 72시간을 더 있었다면 식기세척기라도 정리해줬을지 물었더니, 그는 아이패드를 내려놓고 내 곁으로 와서 손을 잡고 눈을 맞추며 말했다. "생각만 해도 무섭다." 그 순간 가슴이 철렁했다. 치근관과 효모질염이 치명적인 병도 아니고, 질식 예방 약물 치료도 정기적으로 받아온 터라 무서울 일도 아닌데 왜 그렇게 마음이 흔들렸을까? 만약 매트가 소파에 그대로 앉아 아이패드를 보며 같은 말을 했다면, 이런 깊은 울림은 없었을 것이다. 그의 말이 가진 영향력은 비언어적 표현(가까이 다가가기, 눈 맞추기, 손잡기)이 만들어 낸 것이었다.

실수를 알아채고 바로잡기

베이브 루스는 3할 4푼 2리라는 놀라운 타율을 기록했다. 타석에서 34퍼센트의 확률로 안타를 쳤다는 뜻이지만, 동시에 66퍼센트는 삼진아웃을 당했다는 의미이기도 하다. 홈런 확률은 8.5퍼센트에 불과했다.[4] 그는 메이저리그 역사상 최고의 선수로 평가받았지만, 홈런을 치지 못할 확률이 90퍼센트가 넘었던 것이다. 그럼에도 야구팬도 아닌 나조차도 베이브 루스를 떠올리면, 장외 홈런 후 관중들에게 손을 흔드는 흑백 영상이 먼저 떠오른다. 공감 전달에 뛰어난 사람들도 이와 비슷해서, 빛나는 '홈런'의 순간도 실패 빈도에 비하면 적은 편이다.

공감을 전달하는 일이 어려운 이유는, 야구와 달리 실수를 알아차리기 어렵다는 점이다. 당신이 틀렸더라도 상대방은 굳이 감정을 소비하며 지적하려 하지 않을 수 있다. 또는 당신의 기분을 상하게 할까 봐 말하지 않을 수도 있다. 상대방의 마음에 와닿는 말을 하기까지 여러 번의 시도가 필요할 수 있기에, 이 기술의 핵심은 실수를 발견하고 바로잡는 데 있다.

바로잡기의 기술

당신의 말이 빗나갔는지 알아내기 위해 탐정처럼 굴 필요는 없다. 때로는 상대가 직접 말해주기도 한다. 공원에서 만난 육아도우미와의 대화가 그랬다. 그녀의 상황을 듣고 나서 "매일 여러 사람을 챙기느라 지치시겠어요"라고 했더니, 그녀는 즉시 "아뇨, 전혀 그렇지 않아요!"라고 외쳤다.

누군가 당신의 말에 방어적이거나, 정정하려 들거나, 따지듯 반응한다면, 당신이 잘못 이해했거나 그 사람이 아직 받아들일 준비가 되지 않은 부분을 건드린 것이다. 두 경우 모두 서로의 시각이 다르다는 신호이다. 이때는 상대의 관점을 더 잘 이해하기 위해 대화를 이어가야 한다.

실수 후에도 대화를 유지하는 가장 좋은 방법은 다시 경청하는 자세로 돌아가 질문하고 의견을 나누는 것이다. 최근 한 내담자와의 상담이 좋은 예시다. 며칠 동안 불면증으로 고생하다 아침 9시의 중요한 회의에 늦어 울고 있는 내담자에게 "피곤해서 몸 상태가 많이 안 좋으시겠네요"라고 했다. 그러자 그녀는 잠시 생각하더니 "아니에요. 생각해보니 제가 무의식적으로 그 회의를 피하고 싶었던 것 같아요"라고 말했다. 솔직히 50시간 넘게 잠을 못 잔 그녀는 분명 극도로 지쳐 있었을 텐데, 그녀의 시각은 달랐다. 나는 내 의견을 고집하는 대신 이렇게 물었다. "흥미롭네요. 그 회의를 피하고 싶었던 이유가 무엇일까요?"

어쩌면 그녀는 내 첫 반응을 수면 관리를 제대로 하지 않았다는 은근한 비난으로 받아들였을 수도 있다. 또는 불면증이 자신에게 미치는 영향을 인정하고 싶지 않았을 수도 있다. 아니면 그녀의 무의식이 드라마 「기묘한 이야기Strnager Things」에 등장하는 뒤집힌 세계의 괴물처럼 복잡했을지도 모른다. 어떤 경우든 나는 제대로 이해하지 못했고, 다시 경청의 자세로 돌아가야 했다.

한 가지 주의할 점은, 실수 후에 경청하는 자세로 돌아간다는 것이 직관에 반하는 것으로 느껴질 수 있다는 것이다. 상대가 당신의 말에 방어적이거나 불편해하면, 당신도 마음이 상해 자기주장을 강화하거나 대화를 포기하고 싶어질 수 있다. 도망치거나 맞서려는 본능이 작동하는 것이다. 이런 반응을 다스리려면 연습이 필요하다. 하지만 예상되는 감정들(상처, 창피함, 자기 회의, 실망)을 미리 알고 있다면, 도망치려는 충동을 더 잘 다스릴 수 있을 것이다.

A 게임을 통해 더 많은 정보를 얻고 나면 다시 '마음 읽기'나 다른 이해, 공감 기술을 시도할 차례다. 앞서 말했듯, '마음 읽기'의 대가인 오프라도 자주 실수를 한다. 하지만 그럴 때마다 즉시 경청의 자세(마음챙김 기술)로 돌아가 만회할 뿐, 실수했다고 포기하지는 않는다. 이제 당신도 그녀의 다양한 공감 기술에 익숙해졌을 테니, 5장에서 설명했던 그녀의 접근법을 기술별로 자세히 살펴보겠다.

오프라가 "정말 좌절감이 들었겠어요."(이해 기술: '마음 읽기')라고 말하면, 게스트가 "좌절감은 들지 않았어요. 겁이 났어요."라고 정정한다. 그러면 오프라는 방청객들 앞에서도 주저 없이 한 걸음 물러나 "겁이 났군요. 무엇 때문에 겁이 났죠?"(마음챙김 기술: '따라 하기'와 '질문하기')라고 묻는다. 그리고 주의 깊게 듣고, 상대의 말을 짚어가며 따라 말한다('따라 하기'). 다시 한번 상대가 말하지 않은 통찰을 조심스럽게 끌어낸다('마음 읽기'). 이 과정을 몇 번 반복해야 할 수도 있지만, 결국 그녀는 성공한다.

베이브 루스처럼, 오프라의 실수도 성공적인 순간 앞에서는 금세 잊힌다.

실수를 알아채는 법

최근 은퇴한 고등학교 영어 교사 친구와의 대화를 상상해보자. 은퇴 생활이 즐겁냐는 질문에 그녀는 애매하게 답한다. "자유 시간이 많아졌지. 그 시간을 다 뭘 하며 보내야 할지 모를 정도로……." 당신은 대화를 이어가며, 그녀가 은퇴 생활을 즐기라는 주변의 기대와 학교가 그리운 현실 사이에서 힘들어하고 있다고 짐작한다. 이런 통찰을 나누고 싶어 조심스럽게 말을 꺼낸다. "주변에서는 축하한다고 하는데, 속으로는 많이 허전하지?"

하지만 친구는 공감을 받았다는 반응도 보이지 않고, 방어적이거나 정정하려는 모습도 없다. 그저 "흠"이라고만 한다. 이것은 무슨 뜻일까? 말하기 전에는 자신만만했지만, 이제는 확신이 흔들린다. 답을 찾으려면 다시 그녀의 비언어적 표현을 읽어야 한다.

감성지능이 높은 사람들은 타인의 감정을 직관적으로 알아차린다. 하지만 그런 능력이 부족하더라도 실망할 필요는 없다. 감성지능은 감정의 단서와 해석 방법을 배우면 얼마든지 발전시킬 수 있기 때문이다. 상대가 당신의 말에 공감했다는 신호는 다음과 같다.

- 계속된 눈맞춤이나 눈맞춤 시도
- 감정의 고조: 빨라진 말투, 커진 목소리, 늘어난 제스처, 생기 있는 표정
- 몸을 기울이거나 가까이 다가오는 동작

티는 덜 나지만 더 결정적인 단서는 표정이다. "눈은 영혼의 창"이라는 말보다 "얼굴 표정은 영혼의 창"이라는 표현이 더 정확하다. 더더욱 정확히는 "미세 표정은 영혼의 창이지만, 순식간에 숨겨져 0.001초 안에만 포착할 수 있다"고 해야 할 것이다.

표정 전문가 폴 에크먼은 미세 표정을 "찰나의 순간에 나타나는 표정"이라고 정의한다.[5] 그의 말에 따르면 "이 무의식적인 감정 누출에 한 사람의 진정한 감정이 드러난다."[6] 우리가 숨기려 해도 새어 나오는 진심을 '감정 누출'이라는 용어가 정확히 표현하고 있다.

상대방이 반감, 두려움, 경멸 같은 부정적인 감정을 살짝 드러낸다면, 당신의 말이 공감을 주지 못했다는 신호이다. 이런 미세한 감정 변화를 읽어내는 것이 어렵게 느껴진다면, 에크먼이 개발한 도구를 활용해보자. 이 도구는 감정을 더 정확히 해석하고, 거짓말도 구분할 수 있게 해준다. 에크먼의 '미세 표정 훈련 도구'는 그의 웹사이트나 내 웹사이트에서 볼 수 있다.*

"캐럴라인, 그냥 이 책에서 모든 것을 알려주세요"라고 말하고 싶

다면, 걱정하지 마라. 당신의 공감 시도가 성공했는지 실패했는지 알아내는 방법이 하나 더 있다. 바로 상대방이 대화를 이어가고 싶어 하는지 보는 것이다. 당신이 상대의 마음을 제대로 읽었거나 새로운 통찰을 주었다면, 그 사람은 더 이야기하고 싶어 할 것이다. 공감을 받으면 기분이 좋고, 기분 좋은 일은 더 이어가고 싶어지기 마련이다. 반대로 당신의 말이 상대를 불편하게 했거나 공감을 주지 못했다면, 대화는 자연스레 끊어질 것이다. 아무리 예의 바른 사람이라도 대화를 이어가고 싶지 않을 것이다. "그런 관점은 미처 생각해보지 못했네요"라며 배려할 수는 있지만, 곧 화제를 돌리거나 대화를 마무리하려 할 것이다. 당신이 계속 잘못 이해할 경우에도 상대는 지쳐서 대화를 끝내려 할 것이다.

하지만 이 '대화 단서'에는 한계가 있다. 이미 한참 늦은 다음에야 알 수 있다는 점이다. 대화를 끝내고 싶어 하는 사람을 억지로 붙잡으면 불안감만 커질 수 있다. 대화가 끊기려는 조짐이 보이면 한두 번 더 질문할 수는 있지만, 상대가 응하지 않으면 거기서 멈춰야 한다. 만약 당신의 말이 상대의 기분을 상하게 했다면, 솔직하게 사과하는 것이 좋다.

이런 뒤늦은 깨달음을 피하려면, 가능한 한 비언어적 신호를 읽

---

*Paul Ekman Group, https://www.paulekman.com/micro-expressions-training-tools

어내는 연습을 하는 것이 좋다. 이것이 어렵다면 에크먼의 도구를 활용해보자. '감정 누출'을 읽어내는 법을 배우는 데 할애하는 시간은 충분히 가치가 있다. 평생 쓸 일 없을 장제법(긴 나눗셈을 필기로 계산하는 전통적인 방식—편집주)을 배우는 것보다, 자주 쓰이고 실용적인 이 기술을 익히는 것이 훨씬 유용하다. 심지어 이케아 직원이 재고 확인도 않고 빌리 책장 재고가 없다고 할 때, 그 거짓말을 간파하는 데도 도움이 될 수 있다.

이것만은 기억하기

- '마음 읽기'는 상대의 말과 상황을 종합해 그들의 감정, 생각, 바람을 추측하여 표현하는 것이다.
- 다른 이해 기술처럼 '마음 읽기'도 두 단계로 나뉜다.

*이해의 단계:
  - A 게임을 통해 '경청하는 질문'으로 필요한 정보를 수집한다.
  - 상대 입장에서 생각해보는 황금률 접근법을 활용한다.

*표현의 단계:
  - 존중을 담아 전달하고 싶을 때는 "혹시……"와 같은 부드러운 표현이나 질문 형식으로 의견을 제시한다.
  - 확신을 전하고 싶을 때는 직접적으로 표현한다. 이때 네 가지 비

> 언어적 표현(가까이 다가가기, 눈 맞추기, 제스처 취하기, 고개 끄덕이기)을 함께 사용하면 메시지가 더 강력해진다.
> - '마음 읽기' 전문가가 되려면 실수를 다루는 법을 알아야 한다.
> *바로잡기: 마음챙김 기술('주의 기울이기'와 '따라 하기')로 돌아간다. 이어서 다시 '마음 읽기'를 시도하거나, 다른 이해, 공감 기술을 시도한다.
> *알아차리기: 감성지능을 활용해 비언어적 신호나 감정 표현을 관찰하거나, 대화의 흐름을 살핀다.

실천 가이드

1. '마음 읽기'는 다른 기술보다 더 많은 연습이 필요하다. 25번 정도를 목표로 삼으면 좋다. 이 정도 반복하면 이번 장의 세세한 내용들을 자연스럽게 체득할 수 있다. 이번 주에는 A 게임과 황금률 접근법으로 상대의 생각과 감정을 추측하는 연습을 해보자. 의견과 사실의 형태로 생각을 표현하면서 그 차이를 직접 경험해보는 것이 중요하다. 처음에는 스포츠, 음식, 틱톡 영상처럼 가벼운 주제로 시작해서, 점차 더 깊은 대화로 발전시키는 것이 좋다.
2. 에크먼의 웹사이트에서 감정 읽기 능력을 향상시킬 수 있는

자료를 찾아보자. 자신의 감정 인식 능력을 확인하고 싶다면 그의 테스트를 풀어보라. 높은 점수를 받으면 친구들에게 자랑할 거리가 생길 것이다(물론 농담이다). 진짜 감성지능이 높다면 이 말이 나오기도 전에 눈치챘을 거다.

11장

⑥ 행동 보여주기 – 말보다 강한 메시지 전달법

> 우리는 누구나 살다 보면 도움이 필요할 때가 있다. 도움을 주는 입장이든 받는 입장이든 우리 각자는 이 세상에 내어줄 중요한 뭔가를 가지고 있다. 그것이 우리를 이웃으로 이어주는 하나의 끈이며, 우리 각자는 저마다의 방식으로 주기도 하고 받기도 한다.
> — 프레드 로저스, 『로저스 아저씨가 바라보는 세상』

이 글을 쓰고 있는 지금, 러시아가 우크라이나를 침공하고 있다. 우크라이나 국민들은 무리 지어 조국을 떠나야 했고, 남은 이들은 전쟁 범죄의 참상 속에 놓여 있다. 우크라이나는 홀로 러시아와 맞서 싸울 군사력이 없는 상황이다. 우크라이나 대통령 볼로디미르 젤렌스키는 연일 동맹국들과 회담을 이어가며 경제 제재, 무기 지원, 비행금지 구역 선포를 호소해왔다. 2022년 3월 7일, 그는 ABC 뉴스와의 특별 인터뷰에서 미국 국민에게 전하고 싶은 말이 있느냐는 질문을 받았고,[1] 이전까지 우크라이나어로 답하던 그는 처음으로 카메라를 똑바로 응시하며 영어로 말했다.

저는 이 전쟁이 우리 우크라이나인에게 의미하는 바를 여러분이 느끼고 이해하길 바랄 뿐입니다. 미국인들은 언제나 자유를 이야기하고, 자유가 무엇인지 잘 아는 국민이기 때문입니다. 지금 우크라이나인들을 보신다면, 우리에게 자유가 어떤 의미인지 느낄 수 있을 것입니다. 그런 점에서 우리는 여러분과 멀리 있지 않습니다. 자유를 위해 적과 맞서 싸우는 우리의 모습을 보고, 우리의 심정을 이해한다면 도와주십시오. 말이 아닌 구체적이고 직접적인 행동으로 말입니다.

젤렌스키가 도움을 청하는 것은 이 상황을 혼자서는 감당할 수 없기 때문이다. 그에게는 "구체적이고 직접적인 행동"만이 진정한 이해와 공감의 표현이 될 수 있다. 그는 우크라이나가 지키려는 자유가 미국인들이 소중히 여기는 바로 그 자유임을 '알아주고', '이해한다면' 반드시 행동으로 보여줄 것이라 믿고 있다.

'행동하기'는 단순히 해결책을 제시하는 것이 아니라, 직접 나서서 문제를 해결하는 것이다.* 이는 "말이 아닌 행동으로 보여주는"

---

* '행동하기'는 마샤 리네한이 제시한 '실천적 인정'과 같은 맥락이다. 이는 내담자를 위한 치료 기법으로 소개되었지만, 그녀의 치료사 대상 논문과 문헌에서도 중요하게 다루어진다. 커플 치료를 위한 변증법적 행동치료에서는 이를 "행동을 통한 반응"이라고 부른다. Linehan, "Validation and Psychotherapy," 380; Kelly Koerner and Marsha M. Linehan, "Validation Principles and Strategies," in *Cognitive Behavior Therapy*, eds. William O'Donohue, Jane E. Fisher, and Steven C. Hayes [Hoboken: John Wiley & Sons, 2003], 229-37; Fruzzetti and Iverson, "Mindfulness, Acceptance, Validation," 186.

기술이며, 때로는 "곁에서 이해하고 있다"는 것을 보여줄 유일한 방법이 되기도 한다. '행동하기'라는 공감의 단계는 단순히 듣고 이해하는 것을 넘어, 상대의 상황에 실제로 함께하는 것이다. 관찰자가 아닌 참여자가 되어 그 상황에 직접 뛰어드는 것이다. 이는 지금까지 배운 여러 기술들의 목표를 달성하고, 한 걸음 더 나아가는 단계다.

잠깐만요, 이건 문제해결 기술 아닌가요?

그렇다. '행동하기'는 앞서 공감에서 피해야 한다고 했던 문제해결과 비슷해 보인다. 그런데 우리는 본능적으로 문제를 해결하려는 쪽으로 기울기 때문에, 보통은 '행동하기'에 따르지 않고 그러고 싶은 충동을 억제한다. 그럼에도 '행동하기'는 때때로 타인을 공감해주는 가장 효과적인 방법이다. 지금부터 그 이유를 살펴보자.

문제 해결을 위한 실제 개입과 조언은 근본적으로 다르다. "지원서를 더 보내기 전에 이력서를 다시 써보면 어때요?"라는 제안과, "제가 이력서를 함께 다듬어드릴게요. 그럼 기회가 더 많아질 거예요"라는 행동은 완전히 다른 것이다. 하나는 조언이고, 다른 하나는 연대다. 문제 해결은 말로 돕는 것이고, 행동하기는 손을 내밀어 함께하는 것이다.

이처럼 '행동하기'는 변화를 목표로 한다. 언뜻 보면 수용을 강조하는 공감과 상충하는 것 같지만, 수용과 변화는 서로를 보안하며 시너지를 낸다. 다만 '행동하기'가 항상 최선의 공감 방법은 아니다. 문제 해결처럼, 상황을 제대로 파악하지 못한 상태에서 섣불리 개입하면 오히려 오해와 반감을 살 수 있다. 예를 들어 약물 중독인 오빠에게 폭력과 금전적 피해를 당하는 친구의 이야기를 들었을 때, "정말 힘든 상황이네"라고 공감을 표현하는 것은 적절하지만, 그녀의 오빠 문제에 직접 개입하려는 것은 오히려 역효과를 낼 수 있다.

하지만 적절한 상황에서의 '행동하기'는 다른 모든 공감 기술을 합친 것보다 더 강력할 수 있다. 이는 마치 전동 공구와 같다. 전기톱이나 네일건처럼, 기존 방식으로는 하기 어려운 일을 훨씬 빠르고 효율적으로 가능하게 해주는 도구와 같다. 그러나 강력한 도구가 그렇듯, 사용법을 모르거나 부주의하면 오히려 상황을 악화시킬 수 있다. 따라서 핵심은 언제 행동으로 개입하고, 언제 멈춰야 하는지 판단하는 능력이다.

말보다 행동이 필요한 순간

행동으로 나서기 전에 가장 중요한 것은 상대가 정말로 당신의 도움이 필요한지, 또는 원하는지를 파악하는 것이다. 때로는 요청받지 않은 행동도 공감을 표현할 수 있다. 예를 들어 내가 책 출간을 축하하는 파티를 직접 열 수도 있지만, 매트가 깜짝 파티를 열어 준다면 그의 마음이 더 깊이 전해질 것이다. 이제 직접 행동할 수 있는 경우와 그렇지 않은 경우의 대처법을 살펴보자.

본인이 직접 행동할 수 없을 때

젤렌스키 대통령이 미국에 "구체적이고 직접적인 조치"를 요청한 것은 우크라이나가 혼자서는 러시아와 맞설 수 없기 때문이다. 이 때 바이든 대통령은 "구체적인 조치가 필요하시군요"라며 경청하거나, "대부분의 세계 지도자들도 국제적 지원을 원하고 있습니다"라고 공감을 표현하거나, "러시아의 침략 앞에서 얼마나 참담한 심정이실지 이해합니다"라고 표현할 수 있었다. 하지만 솔직히 말해서, 이런 말들은 실제 행동 없이는 공허할 뿐이다.

이 일과는 상대가 안 될 정도로 사소하지만 우리 모두 젤렌스키의 경우와 비슷한 경험이 있다. 관심사를 진지하게 받아들인다고 하면서도 행동하지 않는 정치인들, 상처 주는 행동은 바꾸지 않으면서 달콤한 말만 하는 연인들, 또는 실질적인 도움은 주지 않으면서 말로만 공감하는 사람들에게서 우리는 진정성을 느끼지 못한다. 다리를 다쳐 설거지를 부탁했을 때, 파트너가 아무리 멋진 위로의 말을 건네더라도 실제로 설거지를 해주지 않는다면, 그 말들은 오히려 짜증 나게 할 뿐이다.

하지만 상대가 스스로 할 수 없는 일을 부탁할 때는 단순히 "도와 달라면 도와주자"는 식으로 접근하면 안 된다. 바로 그 순간 당신은 '문제 해결자'가 아니라 '인에이블러enabler'(잘못된 도움을 주어 상대를 해치는 사람―옮긴이)가 될 수 있다.

하바나는 이제 여덟 살인데, 나는 아직도 취침 전에 엉킨 머리를 빗어달라고 하면 바로 해준다. 솔직히 말하면, 딸이 혼자서는 제대로 '못 하기' 때문이다. 이건 식기세척기에서 그릇을 꺼내는 일과는 다르다. 그릇 정리는 투덜거리긴 해도 할 수 있고, 진공청소기도 서툴지만 돌릴 수 있다. 하지만 하루가 끝날 무렵이면 레게머리처럼 엉켜버린 머리를 혼자서는 빗어내리지 못한다. 빗질하다가 낑낑대는 아이에게 말로만 공감한다고 해서 위로가 될까? 낮에도 나는 순순히 딸의 머리를 묶어준다. 혼자 하면 머리카락이 삐져나오고 더 엉클어지니까. 에휴, 이건 변명 같은 악순환이다. 진실을 고백하자면, 나 역시 '인에이블러'이다.

적어도 하바나에 관해서는 가끔 그렇다. 나는 대부분의 상황에서는 요청받은 도움을 적절히 조율하고 있지만, 자식 일이라면 누구나 완벽할 수는 없다. 그럼에도 나는 '행동하기'라는 공감 기술을 효과적으로 활용하고자 할 때, 스스로에게 반드시 던지는 세 가지 핵심 질문이 있다. 모든 상황에 완벽히 들어맞는 것은 아니지만, 이 질문들에 '아니요'라고 대답할 수 있다면 보다 확신 있게 행동으로 나설 수 있다.

행동할 것인가, 말 것인가?(스스로에게 물어보기)

1. 이 사람이 그 일을 하는 데 필요한 '자원'을 가지고 있는가?
2. 이것이 스스로 '배워야' 할 일인가? 그렇다면 이 사람에게 그 기술을 익힐 능력이 있는가?
3. 그 행동이 내 '가치관'과 충돌하는가?

당신이 누군가에게 '행동하기'의 부탁을 받고 나서 어느 정도는 공감해주기 위해 그 사람의 부탁을 들어주려고 검토했던 경우를 떠올려보라(짧은 말로 부탁한 경우도 괜찮다). 과거나 현재의 상황(내 경우처럼 머리 빗겨주기 같은 일) 중에서 그런 경우를 골라 그 상황에 대입해 '행동할 것인가, 말 것인가'의 질문에 답해보라. 이때 모든 질문에 '아니오'라고 답할 수 있을 때만 행동으로 나서는 것이 좋다. [도표 5]를 예시로 살펴보자.

이 체크리스트는 매우 유용하다. 물론 비용, 실현 가능성, 개인적 여력 등 다른 고려 사항도 있지만, 이 질문들은 개입의 정당성을 판단하는 기본 틀이 된다. 정당한 이유 없이 돕는다면, 상대의 자립심을 해치거나 당신의 가치관을 훼손할 수 있다.

도움을 주지 않기로 했다고 해서 상대방이 영원히 상처받을 거라고 걱정하지 말자. 진심 어린 공감은 상대의 정당한 감정과 생각을 있는 그대로 인정해주는 것이다. 만약 그들이 충분한 능력이 있다면, '나는 못 해'라는 그들의 믿음에 동조해서는 안 된다. 자기 의

	밤에 머리를 빗겨 달라는 하바나의 부탁	산불로 집을 잃은 친구의 고펀드미 GoFundMe 후원 요청	우크라이나를 위한 '구체적 조치'를 요청하는 젤렌스키 대통령의 호소
스스로 할 자원이 있는가?	있다 (빗과 팔이 있음)	없다 (모든 것을 잃음)	없다 (자체 방어 능력 부족)
스스로 배워야 할 기술인가? 그렇다면 배울 능력이 있는가?	그렇다 (여덟 살이면 충분히 배울 수 있는 생활 기술)	아니다 (기술의 문제가 아님)	아니다 (기술의 문제가 아님)
내 가치관과 충돌하는가?	아니다 (청결을 중시)	아니다 (친구 돕기를 중시)	상황에 따라 다르다. 요청받은 조치의 성격(난민 수용이나 비행금지구역 설정)과 그 결과(러시아와의 군사적 충돌 가능성)를 신중히 고려해야 한다.
행동을 취해야 할까?	도와주지 않는다 (스스로 배워야 함)	돕는다 (적절한 상황)	상황에 따라 결정 (개인의 가치관과 행동의 성격 고려)

| 도표 5 | 내가 행복해야 할 때인지 판단하는 체크리스트

심이 항상 타당한 것은 아니다. 때로는 그들이 자신을 믿지 못할 때, 오히려 당신이 그들의 잠재력을 먼저 믿어주는 것이 진정한 지지다.*

어느 날, 우리 가족은 처음으로 스키를 배우러 갔다. 하바나가 처음 넘어지는 순간, 나는 본능적으로 폴대로 눈밭을 파헤치며 딸에게 달려가려 했다. 그때 20대의 젊은 여성 강사가 팔을 뻗어 나를 막으며 말했다. "괜찮아요. 알아서 일어날 수 있어요." "고맙지만, 전혀 괜찮지 않네요." 내 입에서 거의 불쑥 튀어나온 말이었다. 내 모성 본능은 이 강사를 폴대로 치우고 달려가는 것이 정당한지 아닌지를 판단하느라 안간힘을 쓰고 있었다. 그때 놀라운 일이 일어났다. 하바나가 스스로 일어난 것이다. 혼자 힘으로 일어나 몸을 툭툭 털더니, 균형을 잡고 서자 얼굴에 자부심이 번졌다. 강사는 하바나의 불안을 달래주려 하지 않고, 오히려 믿어줌으로써 내 딸의 능력과 강인함, 회복력을 인정해준 것이었다.

이처럼 '행동할 것인가, 말 것인가'라는 질문은 누군가 도움을 요청했을 때 개입 여부를 결정하는 데 매우 유용하다. 그렇다면 상대가 당신의 개입을 요청하지 않을 때는 어떻게 판단할까? 이제 많은 의사와 치료사들이 긴장할 만한 사례를 들려주려 한다.

원격치료가 일반화되기 훨씬 전, 나는 한 내담자와 마주했다.** 그녀는 강박장애OCD 치료에 효과적이지만 다소 고통을 수반하는 프로그램을 몇 달간 망설이다, 마침내 결심하고 나를 찾아왔다. 하지만 그녀가 결정을 내렸을 때, 나는 이미 상담실을 시애틀 외곽으로 이전한 상태였다. 차가 없었던 그녀는 나를 만나러 오기 위해 여

---

*상대가 스스로를 믿지 못할 때는 두 가지를 구분해야 한다. 그들이 느끼는 두려움, 좌절, 불안은 공감하고 이해해줄 수 있다. 하지만 '못 할 거야'라는 믿음까지 받아들여줄 필요는 없다.

러 번 버스를 갈아타야 했다. 게다가 가장 가까운 정류장(내가 출퇴근하며 지나가는 곳)도 상담실에서 3킬로미터나 떨어져 있어, 그녀는 OCD와 싸우기 위해 올 때마다 왕복 4시간의 버스 여정과 6킬로미터 도보를 감수해야 했다.*** 시애틀의 비에 흠뻑 젖어 상담실에 도착할 때면, 그녀는 치료를 결심한 '전사'라기보다 물에 빠진 고양이 같았다.

그날 그녀는 내 마지막 내담자였다. 내가 사무실 문을 닫고 나설 무렵, 그녀는 어두운 도로를 따라 버스 정류장을 향해 걷고 있었다. 안개가 짙게 낀 저녁, 그녀는 내 차를 알아보지 못했지만 나는 그녀

**여기서 말하는 치료법은 OCD의 노출 및 반응방지(Exposure Response Prevention, ERP) 기법이다. 다소 고통스럽게 들릴 수 있지만, 나는 이 치료법을 적극 추천한다! 치료가 고통스럽게 느껴지는 이유는, ERP를 받는 내담자가 자신의 가장 큰 두려움과 마주하면서도 평소처럼 강박 행동으로 대처하지 못하기 때문이다. 예를 들어 당신이 세균을 극도로 두려워한다면, 우리는 당신에게 1시간 동안 변기를 만지게 한 후 손을 씻지 못하게 할 수도 있다. 이 방법은 강박증을 가진 사람들이 불안을 유발하는 상황에 노출되어도, 강박 행동 없이 견디는 법을 배워 결국 이 고통에서 벗어나게 하는 것이다. Edna B. Foa, Elna Yadin, and Tracey K. Lichner, *Exposure and Response [Ritual] Prevention for Obsessive Compulsive Disorder: Therapist Guide* [Oxford, UK: Oxford University Press, 2012].
***그녀는 이 치료법에 전문성을 가진 다른 의료진들의 일정이 꽉 차 있어서, 계속 나에게 상담을 받길 원했다. 여기서 잠시 목소리를 높여 우리의 정신건강 관리 시스템이 처한 위기를 짚어보고 싶다. 2021년 미국의 심리학자들 중 65퍼센트가 새로운 환자를 받을 수 없다고 밝혔다. 정신건강 관리가 필요한 사람들 중 절반 이상이 적절한 치료를 받지 못하고 있는 것이다. 2022년 시사 코미디 토크쇼 「라스트 위크 투나잇」의 '정신건강 관리' 특집에서 존 올리버는 이 통계를 보고 날카롭게 지적했다. "사람들이 도움을 구해도 우리는 그들을 도울 수 없는 상황"이라고 말이다. *Last Week Tonight with John Oliver*, season 9, episode 18, "Mental Health Care," created and hosted by John Oliver, produced by Whit Conway, aired July 31, 2022 on HBO.

를 볼 수 있었다. 그리고 그 순간, 나 자신이 싫어졌다. 선의를 실천할 수 있었음에도 '직업적 경계'라는 핑계를 내세워 외면하고 있는 내 모습이 말이다. 나는 늘 "의사도 언제든 고소당할 수 있다"는 생각을 갖고 살아왔다. 어떤 문제가 생기면 환자가 아닌 내가 책임을 질 수도 있다는 두려움이 몸에 배어 있었다. 그녀가 길을 걷는 것은 괜찮지만, 내 차에 타는 순간부터는 변수가 생긴다. 사고가 나거나, 그녀가 내 행동을 오해할 경우를 걱정한 것이다.

불과 2주 만에 그녀는 치료를 포기할 지경에 이르렀다. 증상으로 힘들어 치료를 간절히 원했지만, 한 번씩 오가는 길이 "죽을 것 같다"고 할 정도였다. 나는 그녀의 상황을 깊이 이해하고 공감했다. 그리고 한 걸음 더 나아가 제안했다. "제가 버스 정류장까지 태우러 가고 데려다 드리면 어떨까요?" 그녀는 마치 뺨을 맞은 듯 놀란 표정으로 나를 바라봤다. "정말 그래 주시겠어요?" 임상적으로나 인간적으로나 이는 간단한 결정이었다. 이렇게 하지 않으면 그녀는 필요한 치료를 받지 못할 것이고, 윤리적으로도 큰 문제는 없었다.*
그래서 나는 마치 우버 드라이버처럼 그녀의 치료를 돕기로 했다. 그녀는 눈물을 흘리며 이 제안이 자신에게 얼마나 큰 의미인지 모

---

*내담자의 상태가 심각해지거나, 치료에 지장이 될 지경이거나, 위험해질 만한 상황들이 많이 생긴다. 나는 그녀와 상의를 해보고 동료들에게도 조언을 얻은 끝에 이 특별한 상황에서는 그녀가 치료를 받지 않을 경우의 위험이 우리가 매일 몇 분간 같이 차를 탈 경우의 위험보다 더 크다고 결론지었다.

를 거라고 말했다.

이후 14주 동안, 나는 그녀를 버스 정류장에서 태우고 데려다주는 일정을 잡았다. 차 안에서는 개인사나 치료 이야기를 하지 않기로 했고, 대신 공영방송 라디오를 들었다. 하지만 상담실 문이 닫히는 순간부터는 본격적인 치료가 시작되었다. 그녀는 자신이 마주한 모든 도전이 두 배로 힘들어져도, 내가 곁에서 함께 싸워주고 있다는 확신을 가졌다.

<u>도움을 요청하지 않은 누군가를 돕는 것은 매우 강력한 공감의 표현이 될 수 있다.</u> 이는 단순한 이해를 넘어, "당신의 고통을 내가 알아채고 있다"는 세심한 인식의 표현이기도 하다. 하지만 이런 개입은 신중해야 한다. 요청하지 않은 도움은 오히려 상황을 악화시킬 수 있기 때문이다.

내 친구가 스타트업을 몇 년간 운영하던 중, 조카인 샘이 인턴으로 합류했다. 첫 주가 지나고 친구는 회사 생활에 대해 이야기를 나누며, 자신이 일구어온 다양성과 공정성, 포용의 문화와 원격근무 혜택에 대한 극찬을 기대했다. 하지만 샘은 전혀 다른 피드백을 주었다. "화장실 표지가 성 중립적이지 않다"고 지적한 것이다. 논바이너리인 샘은 남성용과 여성용을 각각 바지와 원피스를 입은 외계인으로 표시한 화장실 표지가 시대에 뒤처진다고 말했다. 친구는 기분이 상했다. 엣시에서 공들여 고른 표지였고, 당시엔 가장 귀여운 디자인이라 생각했던 것이다! 친구는 당황했지만 곰곰이 생각

한 끝에, 바로 성 중립 화장실 표지를 주문해 교체했다. 얼마 후 샘이 이메일을 보내왔다. 예상했겠지만 샘은 표지 교체를 반기지 않았다. 다른 직원들은 새로 들어온 신입 때문에 귀여운 외계인 표지가 사라졌다고 생각했고, 샘은 조직에 미묘한 거리감을 느끼게 되었다. 친구가 선의를 갖고 행동했지만, 샘에게 묻지 않았기에 오해가 생겼다.

상대가 원하지 않을 때, 또는 적절한 기술이나 권한 없이 행동하는 것은 오히려 생색내기나 무시하는 것으로 비칠 수 있다. 상대방을 더 깊이 이해하려 할수록, 실수했을 때의 상처도 더 깊어진다. 다행히 이런 상황을 피하는 간단한 방법이 있다. 바로 <u>행동하기 전에 먼저 물어보는 것이다.</u>

만약 내가 비 오는 저녁, 걸어가는 내담자 옆에 차를 세우고 배트맨 같은 태도로 "타세요"라고 했다면 좋은 반응을 얻지 못했을 것이다. 반면 내 친구가 조카에게 화장실 표지 교체에 대해 먼저 물어봤다면, 경계를 넘지 않으면서도 관심을 보여줄 수 있었을 것이다.

아내가 불편해하는 세단을 스포츠카로 바꾸려고 몰래 돈을 모으거나, 아이의 고민을 듣고 바로 담임교사를 찾아가거나, 독감으로 결근한 동료의 프로젝트를 주말에 대신 끝내는 것은 모두 묻지 않고 행동한 경우다. 이 모든 것이 실제 사례인데, 도움을 준 사람들은 오히려 불편한 감정을 겪었다.

우리는 종종 소중한 이들을 돕겠다며 너무 서둘러 영웅이 되려

하지만, 이는 오히려 문제를 키울 수 있다. 상대가 할 수 없는 일을 도울 때는 신중하고 세심하게 접근하는 것이 핵심이다. "행동해야 할까?"라는 질문을 자기 자신에게 던지고, 적절한 상황이라면 당사자에게 먼저 물어보는 것이 좋다.

스스로 할 수 있는 일에 대한 도움은 신중하게

하바나가 태어난 직후, 친구들과 가족들이 매주 수차례 저녁 식사를 챙겨주지 않았더라도 우리는 어떻게든 끼니를 해결했을 것이다. 힘들면 시리얼로도 버텼겠지만, 하루 종일 모유 수유로 소진된 칼로리를 보충해야 하니 저녁을 거르지는 못했을 것이다. 엄마는 먹어야 하니까! 어느 날 시어머니 로사가 살며시 들어와 내가 좋아하는 캐서롤을 두고 조용히 나갔다. 갓난아기에게 젖을 물리느라 애쓰는 며느리가 느끼는 부담을 덜어주려는 배려가 느껴진다(일부러 나를 보지 않으려 한 행동에서 그런 감정을 받았다). 어머니는 내가 말하지 않았는데도 나의 프라이버시와 도움에 대한 욕구를 존중해줌으로써, "곁에서 이해하고 관심을 가져주고" 있음을 보여주셨다. 엄마가 분만 예정일 1주일 전에 비행기로 오겠다고 고집을 부렸을 때도 같은 느낌이 들었다. 엄마의 그런 행동은 내가 겪는 스트레스와 피로가 진짜임을, 혼자서 견딜 수 있는 상황이라 해도 여전히 도움은 정당하다는 것을 확인시켜주었다.

사랑하는 이들이 보여준 이런 '선제적 행동'은, 특별히 도움을 요청하지 않아도 정서적으로 깊이 연결되어 있다는 것을 느끼게 해준다. "아이들 마중을 부탁하고 싶었는데 '어떻게 알았지?'", "스트레스로 피자 생각이 간절했는데 '어떻게 눈치챘지?'", "프레젠테이션 편집으로 고민 중이었는데 '어떻게 알았지?'" 그 순간의 배려는 예상하지 못했기에 더 감동적이다.

하지만 이런 행동이 항상 좋은 결과를 주는 것은 아니다. 예상에서 벗어나거나 맞춤형 도움이 되지 못하면 실망으로 돌아올 수 있다. "도와주고 싶었을 뿐"이라는 말로는 오히려 상황을 악화시키는 경우도 있다. 이 기술이 의도한 효과를 내지 못할 때이다. 누군가가 스스로 할 수 있는 일을 정도를 넘어 도와주면, 그것은 세심한 배려가 아니라 불필요한 간섭이 된다.

이런 실수를 피하는 방법은 두 가지다. 첫째, 상황을 잘 읽는 것이다. 상대가 당신의 도움을 환영할지 확신이 없다면 먼저 물어보라. 둘째, 본래 의도를 잊지 않는 것이다. 당신의 개입이 갈등을 일으킨다면 그것은 진정한 이해도, 배려도 아니다. 이기적이고 해로운 행동일 뿐이다. 그럴 때는 짜증을 내거나, 고집을 부리거나, 괘씸하다고 원망하기보다, 한발 물러나 애초의 의도를 되새겨보라. 당신이 원하는 것은 관심과 이해를 전하는 것이었음을 상기하는 것이다. 긴장이 감지된다면 비난 없이 물러나는 것이 오히려 관계를 지키는 길이다.

주의할 점도 있다. '당신이 늘 그렇게 해준다'고 해서 사람들이 당신의 도움을 당연히 여긴다면, 그것은 진정한 이해가 아니다. 오히려 그들이 스스로 성장할 기회를 빼앗는 것일 수 있다. 상대의 반응을 살펴보면 이 기술이 어떤 영향을 미치는지 알 수 있다. "어떻게 알았어요?"라며 진심으로 감사해한다면 당신의 행동이 그들에게 진심으로 받아들여졌다는 뜻이다. 무심하거나 까다로운 반응을 보인다면 이 기술이 역효과를 내고 있다는 신호이다.

마지막으로, 꼭 실질적인 도움만이 '행동'은 아니라는 점을 덧붙이고 싶다. 오빠가 보낸 논문을 읽어주는 것, 친구가 추천한 팟캐스트를 들어주는 것, 배우자가 함께 가면 좋겠다고 한 학교 이사회에 동행해주는 것과 같이, 작지만 신경 써주는 행동이 상대에게는 정서적인 지지로 전해진다. 조금만 더 신경 써주는 것으로도 주변 사람들과 정서적으로 교감하고 있음을 보여줄 수 있다.

이것만은 기억하기

- 직접 행동을 보여주면서 상대를 대신해 개입할 수 있다.
- 개입하기 전 가장 중요한 점검 사항은 상대가 실제로 당신의 도움을 필요로 하고 원하는지 여부다.

*상대가 스스로 행동할 수 없을 때는, 내가 '행동할 것인가'라

는 질문을 스스로에게 던지고, 각 항목이 '아니요'인지 확인
하라.
- 그 사람이 필요한 행동을 할 '자원'을 가지고 있는가?
- 이것이 스스로 '배워야' 할 일인가? 그렇다면 그 사람이 기술을
  습득할 능력이 있는가?
- 그 행동이 내 '가치관'과 충돌하는가?

*상대가 도움을 요청하지 않았다면 행동하기 전에 먼저 물어
본다.

*상대가 스스로 행동할 수 있을 때는,
- 상황을 잘 읽고, 본래 의도를 유지하며, 긴장이 감지되면 즉시 물러
  날 준비를 한다.
- 시간이 지나면서 상대가 무심해지거나 까다로워지면 이러한 도움
  을 중단한다.

실천 가이드

효과적인 개입을 위해서는 단순한 충동이 아닌 깊이 있는 성찰이 필요하다. 이번 주에는 아래의 질문들을 스스로에게 던지며, 관계 속에서 '언제', '어떻게' 개입할 것인지를 점검해보자.

1. 지금 당신은 주변 사람들과의 관계에서 어떤 방식으로 개입하고 있는가? 그들이 스스로 해결할 수 있는 일인지, 그렇지 않은지를 구체적으로 살펴보자.
2. 과거에는 어떤 방식으로 개입했는가? 그 당시, 상대가 스스로 해낼 수 있는 상황이었는지 되돌아보자.
3. 앞으로 어떤 방식으로 개입해야 상대를 진심으로 이해하고 지지할 수 있을까? 지금 그 사람이 그 일을 스스로 할 수 있는지 다시 생각해보자.
4. 현재, 타인들은 어떤 방식으로 당신을 이해하고 지지해주고 있는가?
5. 과거에는 어떤 사람의 어떤 행동이 당신에게 위로와 지지를 주었는가?

이러한 질문을 통해, 누군가가 스스로 해내기 어려운 상황에서 당신이 개입할 적절한 시점과 방식을 식별할 수 있다. 특히 부모나 서로 의지하는 관계에 있는 경우라면, "이건 도와줄 일인가?"라는 질문을 자주 떠올리는 것이 중요하다. 이를 일상에서 자주 상기하고 싶다면, 그 질문을 시각화해 휴대폰 배경화면이나 메모장 첫 줄에 설정해두는 것도 좋은 방법이다.

12장

7 감정 나누기 −
더 깊이 연결되는 법

나는 상처 입은 사람에게 얼마나 아픈지 묻지 않는다.
나 자신이 그 상처받은 사람이 되어본다.
— 월트 휘트먼, 「나 자신의 노래」

2019년 6월 11일, 하원 법사 분과위원회의 9.11 테러 피해자 보상기금Victim Compensation Fund, VCF 지원을 위한 청문회에서 존 스튜어트(미국의 코미디언—옮긴이)가 자리를 비운 의원들을 향해 강력한 연설을 했다.[1] 그는 현장에서 응급 의료요원들의 아픔에 깊이 공감하며, 그들의 목소리를 외면한 의회를 강력히 비판했다. 그의 증언을 직접 살펴보자.

자리를 마련해주신 콜린스 의원과 내들러 위원께 감사드립니다. 하지만 이 자리에 앉아보니, 이 청문회장이 9.11 테러 당시 응급 의료요원들이 의료 지원을 받기까지의 긴 여정을 그대로 보여주는 것 같습니다. 제 뒤에는 9.11 당시의 응급 의료요원들이 가득하지만, 제 앞의 의원석은 텅 비어 있습니다. 아픈 몸을 이끌고 온 이분들이 빈자리를 보며 이야기를 해야 하는 것입니다. 부끄러운 일입니다. 이는 국가적 수치이자 의회 제도의 오점입니다. 불참한 이들은 부끄러워해야 마땅하지만, 그럴 것 같지도 않습니다. 이곳에는 책임감이라는 것이 보이지 않으니까요.

우리 중 누구도 여기 오고 싶지 않았습니다. 루(루이스 알바레 형사)도, 이분들 중 누구도 마찬가지입니다. 그런데도 왔습니다. 자신들을 위해서가 아닌 옳은 일을 위한 싸움을 이어가기 위해서입니다. 루는 69번째 항암치료를 받으러 돌아가야 합니다. 놀라운 의지의 소유자 레이 파이퍼도 암으로 걷기조차 힘든 상황에서 곧 이 자리를 찾아올 것입니다. 그런 분들과 이 법안을 위해 힘쓰는 다른 분들에 대한 이런 무례는 절대 용납될 수 없습니다.

사실, 저는 생각할수록 …… 화가 치밉니다. 얼마 전 이분들이 또다시 부당한 대우를 받았습니다. 마치 핼러윈 사탕을 받으러 온 아이들처럼 푸대접을 받았고, 영웅으로서의 예우는커녕 명함 하나 획 던져주는 식이었습니다. 그날 제가 화가 나자, 레이가 이렇게 말했습니다. "진정해, 조니. 진정해. 이제 나는 필요한 명함은 다 받았어." 그러면서 …… 순직한 343명 소방대원들의 기도 카드가 든 주머니를 툭 쳤습니다. 9.11 테러 당시 FDNY(뉴욕시 소방청)의 공식 출동 시간은 5초였습니다. 5초입니다! 바로 5초 만에 FDNY와 NYPD(뉴욕시 경찰국), 항만관리위원회,

응급구조대가 사람들의 절박한 요청에 응답했습니다. 그리고 순식간에 수백 명이 목숨을 잃었고, 형제 자매 같은 시민들을 구하기 위해 수천 명이 더 현장으로 달려왔습니다.

거의 그 직후부터 호흡기 문제가 시작되었습니다. 하지만 대원들은 "병이 아니라 정신적 문제"라는 소리를 들어야 했습니다. 증상이 악화되고 상황이 분명해지자 이번엔 "그래요, 병은 맞지만 테러 현장과는 무관하다"고 했습니다. 과학적 증거로 이를 반박하자, 이렇게 말을 바꿨습니다. "그래요, 그 현장 때문이라는 건 알겠어요. 하지만 이건 뉴욕시의 문제입니다. 연방 차원의 책임은 아닙니다. 그리고 예산이 부족합니다."

제 말이 분노에 찬 것처럼 들린다면 죄송하지만, 저는 정말 화가 납니다. 여러분도, 이분들도 모두 분노해야 합니다. 그리고 이분들의 분노는 지극히 당연합니다. 저기 빈자리의 사람들 모두가 이런 트윗을 올렸습니다. "9.11의 영웅들을 잊지 맙시다. 그분들의 용기를, 그분들이 한 일을, 이 나라를 위한 헌신을 잊지 맙시다." 바로 그분들이 여기 오셨는데, 그들은 어디 있습니까? 그들의 냉담한 무관심과 위선이 실제로 해를 끼치고 있습니다. 당신들의 무관심이 이분들의 가장 소중한 것, 바로 시간을 낭비하게 만들고 있습니다.

스튜어트는 이 발언에서 뛰어난 이해와 공감의 기술을 보여주었다. 보상기금에 대한 입장이 어떠하든, 그가 응급 의료요원들의 상황을 진심으로 이해하고, 그들이 마주한 장애물을 깊이 통찰하며,

그들의 운동에 공감하고 있음을 누구도 부인하지 못할 것이다. 그는 단 몇 분 동안 이 모든 것을 간결하게 전달하며, 그들을 지지한다는 본질적 목표에서 한순간도 벗어나지 않았다. 그의 연설이 빠르게 공감을 얻은 데는 앞 장에서 다룬 '행동 보여주기'*와 이번 장에서 다룰 '감정 나누기(감정 표현하기)'가 큰 역할을 했다.

감정 표현이란 자신의 감정, 특히 누군가의 이야기를 들으며 생기는 감정을 솔직하게 드러내는 것이다.** 감정을 과장할 필요는 없다. 진정성이 핵심이다. 자신의 가면을 벗고 여과 없는 진실한 반응을 보이는 것이 중요하다. 스튜어트는 대중이 기대하는 코미디언의 이미지를 내려놓음으로써 가면을 벗었다. 어떤 이는 유머를 활용할 수도 있다. 특히 평소에 지나치게 진지하다는 말을 자주 듣는다면 시도해볼 만하다. 진심에서 우러난 표현은 상대에게도 마음을 열 수 있는 기회를 준다.

나는 상담에서 이 기술을 자주 활용한다. 내담자들은 흔히 이전 치료 경험이나 미디어의 영향으로, 치료사가 자신보다 우월한 존재라고 생각한다(내 고양이도 잘 알지만, 나는 결코 그런 사람이 아니다). 우

---

*스튜어트는 자신의 유명세와 입담을 활용해 VCF에 대한 인식을 끌어올리는 한편, 의회의 소극성에 대해 책임을 제기하고 있다.
**리네한이 제시한 이해의 단계들 중에는 '감정 표현'과 일치하는 개념이 없다. 그녀의 6단계 중 '동등성 보여주기'가 가장 비슷하지만, 두 개념 사이에는 중요한 차이가 있다. Linehan, *DBT Skills Training*, "Handout 18."

월감이나 판단은 취약성의 공유와 협력을 가로막는 가장 큰 장애물이다. 그래서 나는 가능한 한 꾸미지 않은 진솔한 반응을 보이려고 노력한다. 한 내담자가 공직 출마를 결심했다고 했을 때, 나는 벌떡 일어나 박수를 쳤다(정말 훌륭한 결정이라고 생각했기 때문이다!). 다른 내담자가 전날 밤의 민망한 성 경험을 이야기했을 때는 손으로 눈을 가리며 미소 지었다. 또 어떤 이가 회의에서 자신의 의견을 관철시켜 주요 프로젝트의 방향을 바꾸었다고 들뜬 목소리로 말했을 때는 "정말요? 대박!"이라고 탄성을 질렀다. 이런 반응들이 세련되지는 않지만, 그 순간의 내 진실된 감정을 보여준 것이다. 감정을 숨기기보다 솔직히 드러냈다. 단순히 경청하고 이해하는 것을 넘어, 그들의 이야기에 진정으로 공감하며 반응한 것이다.

이런 감정 표현은 상담실 밖, 일상 속에서도 얼마든지 쓸 수 있다. 감동적인 이야기에는 눈물을 흘리고, 아이의 엉뚱한 농담에는 진심으로 웃어주는 것. 감정이 있는 그대로 드러날 때, 이해와 연결의 깊이는 한층 더 깊어진다. 물론, 배송이 13번이나 밀린 끝에, 이케아 직원이 "답답하셨겠어요"라고 진심으로 사과하는 일은 거의 없겠지만 말이다.

진실한 감정을 표현하는 법

감정은 복잡하고 두려울 수 있지만, '감정 표현' 자체는 어렵지 않다. 비언어적 행위, 이름 붙이기, 암시하기라는 세 가지 방식 중 하나를 선택하면 된다.

비언어적 행위

'주의 기울이기'에서 배운 비언어적 4요소(눈 맞추기, 가까이 다가가기, 제스처 취하기, 고개 끄덕이기)는 관심을 분명히 보여주는 방법이다. 하지만 이는 단순히 주의를 기울이고 있다는 것만 보여줄 뿐, 감정까지 드러내지는 않는다. 반면 비언어적 '감정 표현'은 당신이 단순히 듣고 있는 것이 아니라, 상대의 말에 진정으로 영향을 받고 있음을 보여준다. 이 작은 차이가 큰 결과를 만든다. 당신이 중요하게 생각하는 주제로 사람들과 토론해본 적이 있다면, 단순히 정중하게 듣기만 하는 사람들과 감정을 담아 듣는 사람들의 차이를 알 것이다. 누군가가 당신의 말에 주의를 기울여주는 것만으로도 좋지만, 이해하고 공감해준다는 것을 느낄 때는 더욱 특별하다.

우리의 감정과 표현 방식이 다양한 만큼, 관찰할 수 있는 비언어적 표현도 많다. 감정은 감동적인 이야기를 듣고 가슴에 손을 얹거나, 놀라서 입을 벌리거나, 불신을 나타내며 천천히 고개를 젓는 것처럼 섬세하게 표현될 수 있다. 때로는 흥분해서 폴짝폴짝 뛰거나,

답답함에 주먹을 치거나, 실제로 눈물을 보이는 것처럼 강렬할 수도 있다. 존 스튜어트의 발언을 보면, "당신들의 무관심이 이분들의 소중한 시간을 낭비하게 만들고 있습니다"라고 말할 때 떨리는 입술과 눈물 어린 눈빛이 보인다. 그의 말은 강력하지만, 이면의 감정을 드러내는 것은 이런 비언어적 표현들이다. 그의 진정한 공감은 바로 이 순간의 감정을 통해 전달된다.

감정을 표현할 때는 특별히 무언가를 하려 애쓰지 말고, 자연스럽게 감정이 흐르도록 두어라. '감정 표현'은 앞서 이해 기술에서 살펴본 황금률 접근법을 자연스럽게 확장한 것이다. 상대 입장이 되어보면 그 감정에 공명하게 되고, 이를 솔직히 표현하면 당신의 진정한 이해를 보여줄 수 있다.

물론 비언어적 표현은 권장할 만한 공감의 수단이지만, 과장되면 오히려 진정성을 잃게 된다. 감정 표현은 인위적이거나 계산적으로 보이는 순간 그 힘을 잃는다. 우리는 원래 감정을 자연스럽게 표현하도록 타고났으므로, 굳이 꾸밀 필요가 없다. 아기가 눈을 반짝이며 웃을 때, 그것은 우리를 기쁘게 하려는 것이 아니다. 그저 자신의 즐거움을 무의식적으로 표현하는 것이다.

비언어적 표현의 혼란스러운 점은, 본래 무의식적으로 나타나는 이러한 표현들을 우리 환경이 점차 억제하도록 가르친다는 것이다. 우리는 어린 시절부터 비언어적 표현의 적절성에 대해 직접적인 피드백("카를로스, 철자 대회에서 저도 예의 바르게 웃으면서 악수해야

지, 발 구르며 울면 안 돼")과 간접적인 피드백(어린 카를로스가 울고 있을 때 주변 아이들이 손가락질하며 비웃었던 기억)을 받는다. 이런 경험으로 우리는 비언어적 표현을 더욱 의식하게 되고 점차 억제하는 법을 배운다. 결국에는 감정을 숨기는 것이 자동화되어 의식조차 하지 않게 된다.

하지만 중요한 것은, 우리가 내면화한 이런 적절함의 기준이 처음부터 잘못되었거나 현재 상황에 맞지 않을 수 있다는 점이다. "사내 녀석이 왜 울어?"나 "왜 그렇게 호들갑이야, 진정해"와 같은 부정적 메시지는 당시의 상처를 넘어, 비슷한 감정 표현 자체를 억누르게 만들어 오랫동안 영향을 미친다. 우리는 너무 일찍, 그리고 너무 자주 스스로를 억눌렀다. 그래서 감정을 표현하려는 시도가 어색하게 느껴지는 것이다. 하지만 감정을 드러내고 표현하는 연습 없이는, 지금의 환경에 더 잘 맞게 나를 조정하고 적응하기 위한 새로운 피드백도 얻을 수 없다.

이름 붙이기

감정을 전달하는 가장 분명한 방법은 그것에 이름을 붙이는 것이다. 직접적으로 표현하되, 그렇다고 강요하거나 화제를 전환하듯 할 필요는 없다. 스튜어트의 말을 보자. "제 말이 분노에 찬 것처럼 들린다면 죄송하지만, '저는 정말 화가 납니다'." 그는 자신의 감정을 솔직히 표현하면서도, 곧바로 핵심 주제로 돌아간다. "여러분도,

이분들도 모두 분노해야 합니다. 그리고 이분들의 분노는 지극히 당연합니다."

감정을 말할 때는 생각을 표현하기보다 '감정' 형용사(슬픈, 화난, 실망한, 설레는, 안심되는 등)를 사용해야 한다. 잊지 말아야 할 점은, 목표가 상대방을 지지하는 것이지 주의를 다른 곳으로 돌리는 것이 아니라는 사실이다.

암시하기

마지막으로 중요한 방식은 감정을 간접적으로 드러내는 것이다. 누군가의 부당한 대우에 분노를 표현하며 "어떻게 그럴 수가 있어!"라고 하거나, 기대감을 보이며 "어서 말해봐"라고 재촉하는 것도 감정 표현의 한 방식이다. 내가 약혼했다는 소식에 절친이 "나 방금 심장 멎는 줄"이라고 말한 것처럼 말이다. 이런 암시적 표현은 유머를 자연스럽게 섞을 수 있어 직접적인 감정 표현보다 부담이 적다. 특히 감정 공포증이 있는 사람들과 대화할 때 유용하다.* 감정을 직접 언급하지 않으면서도 전달할 수 있는 안전한 방법이다.

예를 들어 나의 아버지는 감정이 올라와도 더 정확한 표현을 위해 감정 바퀴emotion wheel를 꺼내올 분이 아니다. 그 대신 "말도 안

---

*감정 공포증emotion-phobic은 감정을 분간하고 표현하는 걸 정말로 두려워하는 일부 사람들을 지칭하기 위해 순전히 지어낸 용어이며, 이들은 대체로 감정을 분간하고 표현하는 것을 잘 못한다.

돼"라는 말을 자주 쓰신다. 이 한마디는 좋은 소식에 대한 기쁨일 수도, 실망스러운 상황에 대한 공감일 수도, 디트로이트 피스턴스 경기를 직관했다는 이야기에 대한 놀라움일 수도 있다. 물론 아버지에게도 감정이 있다. 다만 1950년대를 살고 웨스트포인트를 나와 군인으로 살아온 사람에게 '실망한'이나 '황홀한' 같은 단어는 낯선 것이다.

그래서 아버지가 성대의 암 수술을 해야 한다고 전화하셨을 때(다행히 초기에 발견되어 완치되었다), 나는 '슬프다'나 '두렵다' 같은 말을 쓰지 않았다. 그 대신 "말도 안 돼요"라고 했다. 이것이 아버지에게 가장 편한 언어였기 때문이다. 내가 감정을 직접 표현했다고 아버지가 이해하지 못했을 것은 아니다. 다만 그런 표현을 들으면 어떻게 반응해야 할지 불편해하셨을 것이다. 넬슨 만델라의 말처럼 "그가 아는 언어로 말하면 머리에 닿지만, 그의 언어로 말하면 마음에 닿는다."[*2]

비언어적 행위, 이름 붙이기, 암시하기 중 어느 것이 가장 효과적이냐고 묻는다면, 상황에 따라 다르다고 답하겠다. 비언어적 표현은 말하기 어려운 순간(결혼식, 장례식, 졸업식 등)에 특히 유용하며, 다른 방식들과 함께 쓸 수도 있다. 감정에 이름 붙이기와 암시하기

---

[*] 만델라의 실제 말은 이렇다. "영어로 말하면 아프리카너를 포함한 많은 이들이 이해할 수 있지만, 아프리칸스어로 말할 때 그들의 마음에 직접 닿을 수 있다."

는 표현의 강도와 방식, 그리고 상대가 편하게 느끼는 언어 스타일에 따라 선택하는 것이 현명하다.

진짜 위로는 감정을 표현할 때 시작된다

이 기술을 효과적으로 활용하려면 진정성 있게 상대를 이해하고 더 깊은 공감으로 나아가야 한다. 이때 진실된 감정 반응이 핵심이 된다. 특히 당신이나 상대방이 냉정하게 처신하거나 감정을 억제하는 상황에서 감정 표현은 더욱 강력한 인정의 도구가 된다.

상대가 냉정하게 처신할 때

사람들은 좌절과 같은 취약한 감정을 드러내거나 상대의 기분을 상하게 할 수 있는 이야기를 할 때 보통 냉정한 태도를 취한다. 심지어 기쁨이나 설렘 같은 긍정적 감정도 비난받을 가능성 때문에 취약하게 느껴질 수 있다. 이런 감정 억제는 어떤 면에서 적절한 전략이다. 상대방이 자신의 이야기를 안전하게 들어줄 사람인지 평가할 수 있기 때문이다. 하지만 이러한 방어적 태도는 때로 진짜 중요한 이야기가 전달되는 것을 막는다. 이럴 때는 <u>상대가 억누르고 있는 감정을 당신이 먼저 표현함으로써, 그 이야기를 진정으로 받아들이고 있다는 신호를 줄 수 있다.</u> 그것이 그 사람에게는 오랫동안 갈망했던 공감이 될 수 있다.

  몇 년 전, 오랫동안 연락이 끊겼던 대학 동기가 캘리포니아로 이사했다는 소식을 전해왔다. 절친까지는 아니었지만 그녀를 무척 좋아했던 나는 연락이 끊긴 것을 아쉬워하고 있었다. 우리는 점심 약속을 잡았고, 대화 중에 그녀는 예전 회사에서 '해고된' 후 거의 10년간 일을 하지 않고 있다고 털어놓았다. '해고'라는 단어를 그냥 넘기기 어려워 조심스럽게 상황을 물었더니, 그녀는 상사가 성폭행을 시도하고 자신이 저항하자 해고 협박을 했다고 담담히 말했다. 계속된 추근거림에 거부하자 몇 주 후 실제로 해고되었다는 것이다.

  그녀는 이 끔찍한 경험을 마치 뉴스 기사를 읽듯 감정 없이 전했다. 나는 그녀의 무덤덤한 태도를 따라 하지 않고, 자연스럽게 얼굴을 찡그리며 고개를 젓는 등 역겨움과 충격을 그대로 표현했다. "정말 역겹네. 아니, 화가 나. 사실은 둘 다인 것 같아."(감정에 이름 붙이기) "그런 사람은 감옥에 가야 하는데, 지금은 아마 회사 사장 자리에 있겠지."(초점을 다시 그녀에게 돌리며 부당함과 분노를 암시)

  "지금 CFO야!" 그녀가 눈을 크게 뜨며 말했다. 이어서 그 사건이 당시와 현재까지 자신에게 미친 영향을 이야기했다. 점심 후 헤어진 뒤, 그녀는 이메일로 "이야기를 들어줘서" 고맙다며, 털어놓고 나니 후련하다고 전했다. 내가 단순히 경청하고 공감하는 데 그쳤다면 이런 고마움을 느끼지 않았을 것이다. 내 안의 진실된 반응을 보여주며 그녀를 있는 그대로 인정하고, 그녀에게는 아무런 잘못이 없다는 메시지를 전달한 것이 진정한 위로가 되었을 것이다.

감정을 숨기려 할 때

당신이 냉정하게 행동하는 상황은 앞서 말한 것과 정반대이다. 상대의 경험에 감정이 일어나도 지미 키멀(그 유명한 심야 토크쇼 진행자 맞다)처럼 그것을 의도적으로 억누르려 하는 경우이다. 키멀은 스스로를 울보라고 칭한다. 방송 중 강한 감정이 올라올 때면 눈물을 참으려 자기 손을 꼬집는다고 한다. 하지만 때로는 그마저도 통하지 않는다. 아이러니하게도 키멀은 냉정을 유지하려 애쓰지만, 상대의 고통을 진심 어린 감정으로 인정해주는 순간들이 「지미 키멀 라이브!」의 최고 인기 에피소드가 되곤 한다.

그는 갓난 아들이 응급 심장 수술을 받은 뒤 복귀한 방송에서 자신의 경험을 나누다가, 건강보험이 없는 가족들의 현실을 이야기하며 결국 눈물을 보였다. "아기가 죽어가는데 살릴 수 있다면, 부모의 수입이 문제가 되어선 안 됩니다.…… 저는 그곳(신생아 집중치료실)에서 수많은 부모를 봤습니다. 어떤 부모도 경제적 여유로 자식의 생명을 결정해선 안 됩니다." 키멀은 감정을 숨기지 않고 울며 말했다.[3] 나는 이 장면의 재방송을 보며 생각했다. 코미디 쇼인 「더 맨 쇼」에서 거칠고 웃긴 이미지로 알려졌던 그가 전국 방송에서 눈물 흘린다고 해서 조롱할 사람은 없을 것이라고. 오히려 그 방송이 대중의 큰 호응을 얻은 이유는, 스튜어트의 연설이 퍼져나간 이유와 같다. 공감은 전염되기 때문이다. 누군가 다른 이의 일에 진심으로 마음 아파하는 모습은 그 사람의 경험을 인정하는 것을 넘어, 보는 이들의 마음까지 움직인다.

다른 사람의 마음을 이해할 때 감정을 숨겨야 할 이유가 항상 있는 것은 아니다(다음 항목 '감정 표현의 주의점' 참조). 하지만 우리 대부분은 모든 상황에 맞지 않는 가정을 따르고 있다. "괜히 호들갑 떨면 안 돼"라는 규칙을 내면화해서, 감정을 표현하면 다른 이들을 불편하게 만들 거라 여긴다. 하지만 이런 통념은 진정한 공감과는 양립할 수 없다. 감정을 억누르는 것은 처세의 기술일 수 있지만, 타인의 고통을 진심으로 느끼고 반응하는 능력은 훨씬 더 높은 차원의 소통 방식이다. 때로는 예술가들(시인, 소설가, 배우들)처럼 감정을 절제하기보다 드러냄으로써 우리는 더 깊은 공감을 만들어낼 수 있다.

감정 표현의 주의점

당신은 비언어적 행동, 감정에 이름 붙이기, 또는 간접적 표현을 통해 감정을 전달할 수 있다. 이런 감정 표현은 강력한 공감의 신호가 되며, 특히 당신이나 상대가 불필요하게 감정을 억누르는 상황에서 효과적이다. 물론 이해의 기술을 자주 쓸수록 실수할 기회도 많아진다. 감정 표현에는 문화와 상황에 따른 수많은 규범이 있어 일일이 나열하기 어렵다. 하지만 어떤 맥락에서든 피해야 할 세 가지 실수를 특별히 강조하고 싶다. 과도한 반응, 잘못된 공감, 그리고 감정 통제력 상실이다.

과도한 반응

이 기술의 목적은 상대의 경험을 이해하고 공감하고 있음을 전하는 것이다. 당신의 반응이 상대보다 훨씬 격렬하다면, 그 사람의 경험에 제대로 맞추지 못하고 있다는 신호일 수 있다. 과한 감정 반응은 오히려 상대방의 존재감을 희미하게 만들어 그들에게 가야 할 관심을 빼앗기도 한다. 더구나 그 사람이 투쟁, 도피, 얼어붙기 반응을 모두 보이고 있다면, 당신의 강한 감정은 상황을 순식간에 통제 불능으로 만들 수 있다. 응급 구조대원들이 위기 상황에서 차분한 어조를 유지하는 데는 이유가 있다. 불안이나 의심, 두려움을 드러내면 도움이 되기보다 해가 된다는 것을 알기 때문이다.

잘못된 공감

상대가 실제로 느끼는 감정과 상반된 감정을 표현하면 즉시 교감이 끊길 수 있다. 예를 들어 심한 굴욕감을 느끼는 상대의 감정을 가벼운 창피함으로 오해해 웃음으로 반응하거나, 그 사람의 진정한 슬픔과 맞지 않는 위로를 건넬 수 있다. 안타깝게도 당신이 표현하는 감정에 상대가 공감하지 못하면, 상대는 더 이상 당신을 자신의 내면을 나눌 수 있는 사람으로 여기지 않게 된다.

감정 통제력 상실

사실 감정 표현을 할 때 통제력을 잃는 경우는 사람들이 우려하는 것보다 훨씬 드물지만, 여전히 주의할 만한 실수다. 내 경험을 들려주겠다. 한번은 기숙형 치료학교에서 우울증 치료 중 자살을 시도했던 15세 아이의 어머니를 만났다. 그곳의 치료에 대해서는 할 말이 많지만, 완전히 잘못된 방식이었고 윤리적이진 않더라도 의심스러운 접근도 있었다는 정도만 언급하겠다. 아이는 자살 시도 후 집으로 돌아왔고, 어머니는 새로운 도움의 손길을 찾고 있었다. 나는 증거 기반 치료를 굳게 믿는 사람이며 자해와 자살 행동 치료를 전문으로 한다. 이 가족의 이야기를 들으며 분노와 함께 깊은 슬픔을 느꼈다. 그곳의 시스템은 이 가족의 기대를 저버렸고, 그 탓에 앞날이 창창한 소녀 하나가 목숨을 잃을 뻔했다. 상담 내내 눈물 흘리는 어머니의 슬픔에 공감하려 노력하다가 나도 감정이 복받쳤다. 눈물을 참지 못하고 흐느꼈다. 나 자신도 놀랐고, 그녀의 동그래진 눈빛에서 같은 당혹감이 읽혔다. 나는 대부분의 시간을 자살, 트라우마, 고통에 관한 이야기를 들으며 보낸다. 이와 비슷한 이야기도 수없이 들어왔는데, 그때는 감정에 휩쓸려 침착함을 잃을 거라고는 생각지도 못했다. 그날은 어떤 이유에서인지 특별히 마음이 동요되었다. 다행히 일찍 정신을 차리고 사과했지만, 그 후 어머니는 눈에 띄게 감정을 억제했다. 내 감정 표현이 이해를 전하기는커녕 오히려 마음의 문을 닫게 만든 것이다.

실수에 대처하는 법

복습의 차원에서 다시 말하자면, 감정 표현을 할 때는 너무 과도하거나 잘못된 공감을 불러일으키거나 통제력 상실이라는 세 가지 실수에 주의해야 한다. 이번에는 이런 실수를 예방하고 만회하는 방법에 대해 알아보자.

예방하기

이런 실수들을 피하는 가장 확실한 방법은 시험 삼아 조금씩 시도해보는 것이다. 먼저 약한 감정 표현으로 시작해 상대의 반응을 살펴보라. 상대가 편안해하며 더 많은 이야기를 꺼낸다면, 진심을 담아 표현할 수 있을 때에 한해 조금 더 강하게 표현해볼 수 있다. 하지만 당신의 감정이 이미 격해져 있거나 우울한 사람의 마음을 더 무겁게 할 것 같다면 즉시 멈춰야 한다. 감정 조절이 걱정된다면 좌절이나 절망 같은 무거운 감정보다는 설렘, 감격, 뿌듯함 같은 밝은 감정부터 표현해보는 것이 좋다.

만회하기

상대가 불편해하거나, 마음의 문을 닫거나, 긴장하는 기색이 보인다면 즉시 감정 표현을 멈추고 기본적인 경청으로 돌아가라. 한두 가지 관심 어린 질문으로 다시 집중하며 대화의 흐름을 이어간 뒤, 다른 방식으로 이해와 공감을 시도해보라. 상대가 화제를 바꾸려 한다면 자연스럽게 흐름을 따라가라. 이를 통해 상대는 당신이 감정을 잘 다스리고 있으며, 대화의 주도권이 자신에게 있다고 느끼게 된다.

감정 표현에 실패하는 일이 아주 드물게 일어난다면, 너무 자신을 몰아세우지 말라. 진정한 이해란 완벽한 공감이 아니라, 곁에서 진심 어린 관심과 경청을 이어가는 태도에 있다. 감정이 우리를 압도할 때 상대를 위해 온전히 함께 있어 줄 수 있는 능력이 가장 약해진다. 마음을 완전히 추스른 뒤에 다시 그 사람에게 진심 어린 관심을 기울이며 만회할 수 있다. 직접 마주하기가 부담스럽다면 이메일이나 문자로 진실된 소통을 시도해봐도 좋다. 핵심은 온전한 진정성을 갖고 다시 시도하는 것이다. 친구들과 가족들은 보통 "별일 아니니 잊어버리자"는 식으로 가볍게 넘어가려 한다. 이미 그 사람의 마음으로 한 걸음 다가선 만큼, 끝까지 진심 어린 이해를 나눌 수 있는 기회를 만들어주기 위해 노력하라. 그 상황이 당신의 감정마저 흔들 만큼 중요했다면, 여전히 당신의 따뜻한 지지가 그 사람에게 큰 힘이 될 수 있다.

이것만은 기억하기

- 감정 표현이란 상대의 경험에 대해 당신의 진실된 반응을 보여주는 것이다.
- 감정 표현의 세 가지 방식
  - 비언어적으로 표현하기
  - 감정을 간접적으로 드러내기
  - 감정에 이름 붙이기
- 다음 상황에서 특히 효과적이다.
  - 상대가 감정을 억누를 때
  - 당신이 감정을 억제하려 할 때
- 주의해야 할 세 가지 실수
  - 지나치게 강한 반응
  - 잘못된 방향의 공감
  - 감정 통제력 상실
- 예방을 위한 조언: 작은 감정부터 시작해 점진적으로 표현해보고, 위기 상황에서는 자제하라. 감정 조절이 걱정된다면 긍

정적인 감정을 표현하는 것부터 연습하라. 긍정적 감정은 상대적으로 다루기 쉽다.
- 실수 후 회복하기: 일단 감정을 가라앉히고 관심 어린 질문으로 대화를 이어간 뒤, 기본적인 공감 표현부터 다시 시작하라. 평정을 찾기 어렵다면 잠시 시간을 두고 나중에 재시도하라.

실천 가이드

1. 이 기술을 더 잘 이해하고 활용하기 위해 다양한 미디어 속 사례들을 살펴보자. 사람들이 비언어적 행위, 간접적 표현, 감정 이름 붙이기 중 어떤 방식을 사용하는지 관찰하라. (작은 팁: 이 관찰 연습을 가족이나 친구들과 함께하면 더 재미있다. 우리 집의 경우, 딸아이는 이미 상위권 점수를 기록 중이다.)

    - TV 인터뷰 살펴보기: 황금시간대나 심야 토크쇼의 진행자들을 주의 깊게 관찰해보자. 이들은 짧은 시간 안에 게스트와 편안한 관계를 만들고 대화를 자연스럽게 이어가야 한다. 래리 킹이나 앤더슨 쿠퍼 같은 베테랑 진행자들의 감정 표현 기술은 특히 뛰어나다.
    - 팟캐스와 라디오 프로그램: 팟캐스트와 라디오 프로그램은

감정 표현에 음성(어조, 음조, 음량)이 어떻게 활용되는지 더 잘 분간하는 데 특히 유용하다. 이런 음성 단서는 다른 비언어적 행위가 없을 때 더 두드러지기 때문이다. 테리 그로스의 「프레시 에어」를 들어보길 추천한다. 그로스는 감정 표현 기술을 능수능란하게 구사해 긍정적 감정과 부정적 감정 모두를 잘 보여준다.

- 영화와 드라마 속 공감 찾기: 캐릭터들이 서로의 경험을 이해하고 관심을 보이는 장면들을 주목하라. 특히 그 표현이 진정한 공감으로 이어지는 순간들을 찾아보자. 「굿 윌 헌팅」과 「인사이드 아웃」은 이런 순간들의 보물창고이다.

2. 이번 주는 세 가지 표현 방식(비언어적 행위, 간접적 표현, 감정 이름 붙이기)을 실제로 시도해보자. 한 가지 방식에 집중하되, 다른 표현들이 자연스럽게 나온다면 굳이 막을 필요는 없다. 적절한 대화 기회가 없다면 직접 만들어보자. 친구나 동료에게 그들의 인생 전환점(배우자와의 만남, 졸업 후 경험 등)에 대해 물어보며 감정적 대화를 이끌어내보라. 온라인 대화에서도 이모티콘을 활용해 연습할 수 있다.

도움되는 힌트

- 청각장애인과 대화한다고 상상하면 자연스러운 비언어적 표현이 나온다.

- "적게 표현할수록 좋다"는 점을 기억하면 부담이 줄어든다.
- 감정 표현이 어렵다면 "믿기 힘든 일이네요"나 "마음이 아파요" 같은 일반적 표현부터 시작하라.

13장

⑧ 진심 보여주기 - 공감의 최고 단계

> 우리는 모두 때로는 정신적 충격을, 때로는 외로움을, 때로는 마음속 태풍을 겪어왔다. 그래서 우리는 서로를 바라보며 말할 수 있다. "나도 그 기분을 알아요. 겪어봤거든요."
> — 마야 안젤루, 『구름 속의 무지개』

2011년, 다발성 경화증 진단을 받았을 때 나는 의료 시스템에 지쳐 있었고 극도의 피로감에 시달리고 있었다. 많은 다발성 경화증 환자들처럼, 나 역시 수년간 원인 모를 허약 증세로 수많은 전문의를 찾아다녔다. 노스캐롤라이나에서 워싱턴까지 차로 이동한 후, 공포에 질린 채 처음 눈에 띄는 신경과 전문의를 찾아갔다. 그는 연로한 의사였고, 휠체어에 앉아 차분하고 부드러운 목소리로 이야기했다. 오래된 건물의 모습과 전자기록 시스템이 없다는 점에 잠시 망설였지만, 그가 내 진단을 확인해준 뒤 자신도 같은 병을 앓고 있다고 털어놓는 순간, 이 의사라면 내 고통을 진정으로 이해할 수 있겠다는 확신이 들었다. 그는 잠시 숨을 고른 뒤, 자신이 처음 진단받았을 때의 이야기를 들려주었고, 그 과정에서 자연스럽게 내 경험을 인정해주었다. 이후 미국 최고의 다발성 경화증 전문의들을 여럿 만났지만, 어수선한 책상 앞에서 메모지를 들고 차분히 이야기를 들어주던 시애틀의 그 의사만 한 사람은 없었다. 내가 눈물을 흘릴 때 내 손을 잡고 자신의 이야기를 들려주었던 그의 모습은 지금도 잊을 수 없다.

자기 개방, 즉 자기 노출은 상대의 이야기와 맞닿은 당신만의 경험을 나누며 마음을 여는 것이다.* 이는 당신이 머리로도, 가슴으로도 그들의 감정을 이해하고 있으며, 비슷한 길을 걸어왔기에 깊이 공감할 수 있다는 것을 보여주는 강력한 이해의 도구이다. 이는 이해의 가장 높은 단계에서 서로의 모습을 비추는 거울이 되어준다. 당신이 그들 안에서 자신을 발견하고, 그들 또한 당신 안에서 자신을 발견하게 되는 것이다. 자기 개방이 항상 위험한 것은 아니지만, 대개는 자신의 약한 모습을 드러내며 비판과 거절, 배신의 가능성을 열어두게 된다. 그러나 이러한 위험을 감수하는 단순한 행동이

---

*'자기 개방'은 마샤 리네한의 『DBT 매뉴얼』에는 포함되지 않았지만, 다른 DBT 관련 문헌에서는 '공감적 자기 노출' 또는 '상호 취약성 나누기'라는 이름의 이해 기술로 소개되어 있다. Alan E. Fruzzeti and Allison Ruork, "Validation Principles and Practices in Dialectical Behavior Therapy," in *The Oxford Handbook of Dialectical Behaviour Therapy*, ed. Michaela A. Swales [Oxford, UK: Oxford University Press, 2015], 325-44; Fruzzetti and Iverson, "Mindfulness, Acceptance, Validation," 186.

야말로 우리가 상대에게 얼마나 깊이 관심을 가지고 있는지를 보여주는 증거가 될 수 있다.

분명 자기 개방은 누군가를 이해하는 가장 친밀한 방법 중 하나지만, 꼭 가까운 관계에서만 가능한 도구가 아니다. 당신의 공감이 어디서 비롯되었는지 보여준다면 그 진정성과 깊이를 가장 빠르고 확실하게 전할 수 있다. 더욱이 공감의 관점에서 보면, 신뢰와 진정성이 싹트는 순간 어떤 관계든 더욱 깊어지고 단단해진다.

공감은 신념을 넘어선다

당신이 비슷한 상황을 겪었고 상대의 감정을 이해할 수 있다면, 자기 개방을 통해 깊은 공감을 전할 수 있다. 예를 들어 이혼을 고민하는 동료에게 당신의 이혼 경험과 그때의 고민들을 나누며 그의 마음을 이해할 수 있다. 직접적인 경험이 없더라도 비슷한 감정을 겪어본 적이 있다면 효과적으로 공감할 수 있다. 줌 회의에서 말이 막혀 당황한 사람에게 무대에서 대사를 잊어버린 자신의 경험을 들려주는 것처럼 말이다.

인정의 사다리에서 다른 기술들과 마찬가지로, 자기 개방은 상대를 무장해제하려는 의도가 아니다. 서로의 경험을 이어주는 진정한 공감의 행위가 되어야 한다. 2021년, 이슬람 테러 연구자 메흐메트

위미트 네체프가 수감된 테러리스트 에네스 시프시와의 인터뷰 내용을 담은 논문이 이를 잘 보여준다.[1] 인터뷰 초반, 시프시는 "마음 속 빈 구멍"이 이슬람을 만나며 채워졌다고 했다. 그의 이야기를 듣던 네체프는, 젊은 시절 마르크스주의 혁명가였던 자신의 경험이 떠오르는 것을 느꼈다.[2] 시프시의 '빈 구멍'이라는 표현이 깊은 공명을 일으킨 것이다. 네체프도 1970년대에 "존재론적 공허감"을 채우려 가족과 동료를 떠나 극단주의 조직에 가담했고, 그로 인해 수감되어 심문을 받기도 했다.

인터뷰 시작 때 네체프는 이슬람 국가와 폭력 집단에 반대한다고 분명히 했다. 하지만 과거를 돌아보며, 좌파 극단주의 가담은 후회하지만 그때의 마음은 이해할 수 있었다. 네체프의 말처럼 "종교적 표현만 빼면 그의 말은 열여덟 살 때 내가 했던 말과 다르지 않았다".[3] 자신의 과거를 드러내고 싶은 충동이 들었고, 그 위험성을 깊이 고민했음에도, 불리하게 이용될 수 있다는 걱정에도 불구하고 그는 자신의 이야기를 나누기로 했다.

"내가 젊은 시절 좌파 극단주의자였다는 고백에 그가 마음을 열고 신뢰하기 시작하는 것이 확연히 느껴졌다." 네체프의 직감이 옳았던 것이다. 시프시는 그의 경험에 관심을 보였고, 대화 분위기가 완전히 바뀌었다. "우리 사이의, 연구자와 대상자 사이의 얼음이 녹는 것 같았다. 긴장이 풀리고 따뜻해진 분위기 속에서 더욱 인간적이고 진솔한 대화가 이어졌다."[4] 자기 개방은 시프시에게 큰 영향을 미쳐 그는 점차 사적인 이야기까지 나누게 되었고, 네체프를 '형님'이나 '선생님'이라 부르기 시작했다. 이해의 순간이 그러하듯, 이 경험은 시프시뿐 아니라 네체프도 변화시켰다.

시프시는 더 이상 단순한 '연구 대상'이 아니었다. 거의 모든 면에서 동의할 수 없는 신념을 가진 사람이 아니라…… 정치적·종교적 이상을 위해 잘못된 길을 택한 한 인간, 마치 십대 시절의 나처럼 '길 잃은 영혼'으로 보였다. 객관적 연구자의 모습은 사라지고, 과거의 극단주의자였던 내가 현재의 극단주의자를 이해하게 되었다. 결국 나는 유죄 선고를 받은 테러리스트, 내 신념과는 정반대에 있는 사람에게 공감을 하게 되었다.[5]

이 테러리스트 인터뷰 사례를 언급한 이유는, 서로를 불신하고 혐오하며 충돌하는 관계를 이보다 더 잘 보여주는 예를 찾기 어렵기 때문이다. 테러리스트와 대테러 연구자 사이의 간극을 이어주는 이해의 힘은 놀랍다. 특히 양측 모두에게 평정심을 가져다주는 듯한 점이 인상적이다. 네체프의 글과 내가 접한 수많은 사례들은, 진정한 공감이란 한쪽이 다른 쪽의 신념에 굴복하는 것이 아니라, 서로가 인간으로서 공유하는 본질을 발견하는 과정임을 보여준다.

"말해도 될까? 여기까지?"

지금까지 든 예시들이 매우 개인적인 의료 기록이나 과거의 극단적 행적 같은 것들이라 자기 개방이 늘 깊은 비밀을 나누는 것처럼 여겨질 수 있다. 하지만 꼭 그럴 필요는 없다. 물론 더 깊은 자기 개방이 공감과 연결을 더 크게 이끌어내는 경우가 많지만, 그렇다고 반드시 민감한 이야기를 꺼내야만 관계가 깊어지는 것은 아니다.

예를 들어 누군가가 나처럼 동물복지를 위해 채식을 한다는 것을 알게 되면 즉각적인 유대감이 생긴다. 굳이 그 선택의 이유를 설명하거나, 자신을 방어하려고 걱정할 필요도 없다. 이는 마치 같은 정치적 신념을 가졌거나, 같은 학교를 나왔거나, 디트로이트 피스톤스를 최고의 농구팀으로 여기는 사람을 만났을 때 느끼는 공감과 비슷하다. 감정적으로 민감한 이야기가 아니더라도, 일상적인 자기 개방만으로도 의미 있는 공감과 유대를 이끌어낼 수 있다.

자기 개방이 얼마나 깊은 공감을 일으킬지는 그 내용뿐 아니라 상황에 따라서도 달라진다. 모든 경우를 다 설명할 순 없지만, 특별히 강력한 공감을 이끌어내는 두 가지 상황을 짚어보고 싶다. 이는 우리가 경험할 수 있는 가장 깊은 교감의 기회를 열어주기 때문이다.

수치심을 덜어주는 자기 개방

8장에서 수치심의 해로움을 다루었다면, 이번에는 당신의 수치심을 타인을 돕는 도구로 활용하는 방법에 대해 살펴보자. 먼저 브레네 브라운의 이야기를 들어보자. 수치심 연구에 관한 대표적 학자인 그녀는 수십 년간 이 주제를 연구하며 책, 팟캐스트, TED 강연을 통해 수치심에 대한 대화를 이끌어왔다. 대부분은 수치심을 추상적으로라도 논의하길 꺼린다. 수치심에 대한 본능적 반응이 '숨기는 것'이라는 점을 고려하면 이해할 만하다. 브라운의 말처럼 "수치심은 비밀, 침묵, 비판을 양분 삼아 자란다."[6]

수치심을 드러내는 데는 용기가 필요하다. 상대가 수용적인 사람이라 해도, 사회적 낙인이 찍힌 행동이나 대상에 관해 이야기했다가는 거부당할 위험이 있다. 예를 들어 나는 주요우울장애 경험에 수치심을 느끼지는 않는다. 하지만 정신질환을 대하는 사회의 뿌리 깊은 편견은 분명히 의식하고 있다. 정신질환은 체취처럼 사람들이 뒤에서 수군거리게 만드는 그런 종류의 경험이다.

우울증 이야기를 할 때마다 나는 편견과 오해, 거부당할 위험을 감수한다. 평생 이 병으로 수치를 겪어왔지만, 나 자신은 우울증을 부끄러워하지 않는다. 우울증을 앓았다고 해서 내가 부족한 사람이라고 생각하진 않지만, 다른 사람들이 그렇게 여길까 봐 걱정될 때가 있다. 수치심은 때로 내면에서 비롯되지만, 더 자주 외부로부터 주입된다.

사람들은 때때로 자신의 수치스러운 면을 용기 내어 드러낸다. 때로는 은근히 내비치는 정도로 그치지만, 그마저도 용기가 필요하다. 만약 상대방이 비슷한 경험을 가지고 있다면, 그 자기 개방은 단순한 정보 공유가 아니라 깊은 위로와 공감으로 작용한다. 이는 나 자신의 상처보다 지금 내 앞에 있는 타인의 아픔을 더 중요하게 여기는 태도다. 자기 개방은 단순한 커뮤니케이션 기술을 넘어서, 정서적 연결을 가능하게 하는 이해의 기술이다.

**상대가 느끼는 수치심을 이해할 수 있음을 보여주는
자기 개방이야말로 최고의 공감이다.**

비슷한 수치심을 드러내는 것은 상대의 수치심을 부정하는 것이 아니라, 오히려 더 깊은 유대를 만들어낸다. "당신의 솔직한 모습이 우리를 갈라놓는 게 아니라 하나로 이어주고 있어요"라는 메시지를 전하는 것이다. 이것은 "타인의 감정을 인정하라"는 일반적 원칙에서 살짝 벗어나는 특별한 경우이다. 부정하는 것이 오히려 서로를 더 가깝게 만들기 때문이다. "나도 그런 경험이 있어요." 이 한마디는 수치심을 자라게 하는 비밀과 침묵, 비난의 고리를 끊는 힘이 있다. "나에게는 안심하고 이야기해도 돼요. 그런 것으로 당신을 비난하지 않아요"라고, 즉 "그 수치심은 필요하지도, 도움되지도 않아요"라고 말해주는 것이다. 브라운은 수치심을 "자신이 결함 있는 사람이라, 사랑받거나 소속되거나 교감할 자격이 없다고 믿게 만드는, 극도로 고통스러운 감정이나 경험"이라고 정의했다.[7] 따라서 자기 개방을 통해 수치심을 덜어주는 것은 상대의 존재 가치를 인정해주는 일이다.

알코올의존자 갱생회AA나 마약중독자 갱생회NA에 참석해본 사람이라면 대부분이 손가락질하는 경험을 이해하는 이들이 모여 서로의 이야기를 나누는 순간의 감동을 알 것이다. 이처럼 사회적 소통은 수치심을 약화시키는 동시에 치유하는 힘을 가진다.

예상치 못한 공감의 순간

이해의 힘은 수치심을 덜어줄 뿐 아니라, "당신은 이해할 수 없을 거예요"라는 선입견도 깨뜨린다. 시애틀의 첫 신경과 전문의를 만났을 때, 나는 그가 다발성 경화증에 대해 해박할 것이라고 예상했다. 나보다 훨씬 더 많이 알고 있고, 직접 치료해본 경험도 있으리라고. 하지만 그가 내 상황을 진정으로 이해할 수 있으리라고는 기대하지 않았다. 내가 겪는 상실감, 두려움, 혼란, 절망, 고통은 겪어보지 않은 사람은 이해할 수 없다고 생각했다. 수년간의 경험으로 내 반응은 예측할 수 있겠지만, 진정한 공감은 불가능할 거라고 예상했다. 하지만 그는 자신의 이야기를 나눔으로써 깊은 이해가 가능함을 보여주었다.

누군가가 "당신은 이해 못 할 거예요"라고 여길 때, 당신이 공감할 수 있음을 보여준다면 즉시 그 선입견의 벽이 허물어진다. 이런 순간의 자기 개방은 "나도 그 상황을 이해해요"라는 막연한 공감이 아니라, "나도 그 길을 걸어왔기에 당신의 마음을 진정으로 알고 있다"는 것을 보여준다. 치료사로서 나는 우울증을 앓는 내담자를 이해하기 위해 다양한 기술을 쓸 수 있지만, 내가 얼마나 깊이 보고, 이해하고, 공감하는지 확실히 보여주는 것은 자기 개방뿐이다. 이는 모든 선입견을 뚫고 그 사람의 어깨를 잡으며 말하는 것과 같다. "나는 당신을 비난하는 것이 아니라, 진정으로 이해하고 있어요."

자기 개방에서의 실수

상대방의 경험을 이해한다고 해서 무조건 자신의 이야기를 털어놓을 필요는 없다. '행동 보여주기'가 전동 공구라면, '진심 보여주기'는 폭탄과 같다. 사람들의 수치심과 선입견을 완전히 무너뜨릴 수 있는 강력한 힘이 있지만, 주의하지 않으면 당신의 삶을 뒤흔들 수도 있다. 나는 자신의 경험을 나눌지 말지를 두 가지 기준으로 결정한다. 첫째, 내 이야기가 상대방의 마음에 얼마나 와닿을 것인가. 둘째, 만약 효과가 없다면 뒤따를 수 있는 비난이나 거부를 감당할 준비가 되어 있는가. 설령 상대방이 내 이야기에 위로받는다고 해도, 그 사람이 SNS에 퍼뜨리거나 다른 이들에게 험담할 가능성도 고려해야 한다.

다시 한번 강조하지만, 상대방을 이해하기 위해 나누는 경험이 꼭 사적일 필요는 없다. 하지만 내밀한 이야기일수록 공유 여부를 더욱 신중하게 결정해야 한다. 당신의 경험 나누기가 이런 기준들을 통과하더라도 여전히 실수할 여지는 많다. 이제 가장 흔한 실수들과 그것을 피하고 만회하는 방법에 대한 실용적인 조언을 알려주겠다.

실수 #1: 나의 경험이 상대방의 이야기를 덮어버릴 때

"나 때는 말이야, 15킬로미터가 넘는 눈길을 걸어서 학교에 갔었지." 우리 모두 한번쯤은 들어본 이야기이다. 이런 말은 때로 상대의 감정을 덜어주거나 '더 넓은 시각'을 보여주려는 의도일 수 있고, 때로는 진심 어린 공감 시도가 잘못된 방향으로 흘러간 경우일 수 있다. 당신의 경험이 상대방의 것보다 더 힘들었다는 식으로 말하면, 상대의 경험을 가볍게 여기거나 심지어 무시하는 결과를 낳을 수 있다. 이는 상대방의 이야기를 이해하고 공감한다는 것을 보여주기는커녕, 오히려 공감 능력이 부족하고 자기중심적인 사람처럼 보일 수 있다.

해결책: 상대방의 경험을 존중하라. 당신의 경험과 비교할 때 상대방의 이야기에서 더 흥미롭거나 어려웠을 법한 부분을 진정성 있게 짚어준다. 자신의 경험이 더 대단하다는 식의 말 대신, "…… 한 기분이 들진 않았나요?", "나는 …… 라고 느꼈던 것 같아요"처럼 상대방이 마음을 더 열 수 있게 하는 표현에 집중하자.

예시: 매일 구역질로 고생하는 사람과의 대화

비추천: "만성 구역질은 정말 끔찍하죠. 제가 대학원 다닐 때도 2년 동안 그걸로 고생했어요. 박사 논문 쓸 때였는데 겨우겨우 버텼죠. 그러다 다발성 경화증 진단까지 받았어요. 여러 증상을 견뎌내야 했는데 구역질까지 더해졌던 거죠."

추천: "만성 구역질은 정말 끔찍하죠. 저도 예전에 몇 년간 그걸로 고생하면서 많이 힘들었어요. 하지만 아이 셋을 키우면서 계속되는 메스꺼움을 견디시는 모습을 보니 정말 대단하네요. 음식 냄새가 많이 거슬리시나요, 아니면 괜찮으신가요?"

실수 #2: 대화의 초점이 흐려질 때

상대방의 경험을 무시하지 않더라도 대화 중에 방향을 잃을 수 있다. 누군가 자신의 이야기를 나눌 때 관심을 보이고 질문하는 것은 자연스럽다. 하지만 여기에도 적절한 선이 있다. 대화 중 자신의 이야기에 빠져들거나, 너무 오래 주제가 벗어나면 결국 상대의 이야기를 듣기보다 자신의 경험을 말하고 싶어 한다는 인상을 줄 수 있다.

대화가 초점을 잃지 않더라도, 상대방이 당신의 경험 공유를 대화 주도권을 넘기는 신호로 받아들일 수 있다. 대화는 원래 주고받는 것이니, 당신의 이야기를 "이제 내 차례구나"라고 해석할 수 있다. 특히 상대방이 자신보다 타인의 욕구에 더 신경 쓰는 성향이라면, 이야기 공유 후에 대화가 당신 중심으로 흐르지 않도록 더욱 주의해야 한다.

민감한 사람들은 감정 신호를 예민하게 포착한다. 이들은 상대의 감정을 무시하기보다 오히려 지나치게 주의를 기울이는 실수를 하기도 한다. 불분명한 신호를 감지하고 상대의 감정적 욕구를 채워주고 싶어 할 때, 대화는 자연스럽게 상대방에서 당신으로 초점이 옮겨간다. 비행기 탑승 불안에 대해 이야기하다가 어느 순간 당신의 이탈리아 휴가 이야기를 한 시간째 하고 있을 수도 있다.

해결책: 감정 표현할 때처럼, 대화의 중심을 상대방에게 두는 것이 중요하다. 질문하고, 다양한 방식으로 공감하며, 자연스러운 대화를 이어가되 주제가 완전히 당신에게로 넘어가지 않도록 한다. 심리학자들도 자신의 경험을 나눈 후에는 즉시 대화의 초점을 내담자에게 돌리라고 가르친다. 이는 전문적인 상담 기법이지만 일상에서도 효과적이다.[8] 나는 상대방을 이해하기 위해 내 경험을 나눌 때 '초점 되돌리기'를 가장 중요하게 생각한다. 특히 내 이야기가 흥미로울수록 더욱 그렇다.

예시: 대학 입시로 스트레스 받는 고등학생과의 대화

비추천: "나도 고등학교 때 1학년부터 매주 진학 상담을 받았어. 시험, AP 코스, 지원서까지 정말 바빴지. 그러다 학예회 예선에 나가게 됐는데, 그때 우리 학교에서 「아가씨와 건달들」 공연을 했거든. 그걸 계기로 대학에 안 가기로 했었어. 큰 실수였지. 처음엔……."

추천: "대학 지원서 쓸 때가 내 인생에서 가장 스트레스 많았던 시기 중 하나였어. 내가 SAT 시험 중에 깜빡 잠들었던 거 알아? 전날 긴장돼서 거의 못 자고 시험 보다가 눈앞이 깜깜해졌었거든. 너는 어때? 시험 걱정으로 잠 못 이룬 적 있어?"

실수 #3: 심리적 경계를 놓치다

사람들은 흔히 경계선이 밝은 네온사인처럼 뚜렷할 거라고 생각한다. 하지만 실상은 다르다. 경계선은 개인의 문화, 성별, 삶의 경험, 기대 등 수많은 요소가 얽혀 형성되며, 상황과 역할에 따라서도 달라진다. 타인이 정한 경계선을 파악하기란 마치 1990년대 매직아이 책에서 3D 이미지를 찾으려 애쓸 때처럼 쉽지 않다.

자신의 경험을 나눌 때 가장 조심해야 할 것이 바로 이 경계의 문제다. 상대방이 마음을 열었다고 해서 내가 어느 선까지 마음을 열어도 될지는 또 다른 문제다. 대부분 이 선을 넘는 것을 가장 두려워하며, 실제로 넘었을 때 문제가 복잡해진다. 심지어 당신의 인격과 신뢰성까지 의심받을 수 있다.

해결책: 경험 공유가 익숙하지 않다면 조심스럽게 접근하라. 깊은 물에 바로 뛰어들지 말고 발끝부터 담가보자. 가벼운 수준의 경험을 먼저 나누며 상대의 반응을 살피고, 경계를 넘었다고 느낄 때는 즉시 물러나라. 마음챙김을 통해 차분함을 유지하며 정중하게 화제를 바꾸자. 심리적 안전감이 일시적으로 깨졌더라도, 침착함과 인내는 그 신뢰를 다시 회복시키는 열쇠가 된다. 놀란 동물을 달래듯, 무리하지 않고 조용히 뒤로 물러나는 태도가 상대에게 안전감을 줄 수 있다.

실수 #4: 아직 아물지 않은 상처를 건드릴 때

현재 진행 중이거나 해결되지 않은 문제, 또는 여전히 마음이 아픈 경험이라면 공유를 피하라. 비록 완벽한 공감의 순간으로 보일지라도, 당신이 아직 그 문제로 힘들어하고 있다면 오히려 상대방에게 부담이 될 수 있다. "괜찮아요"나 "원래 잘 우는 편이에요"라고 말해도, 대부분은 당신의 아픔에 마음 쓰게 될 것이다. 너무 민감한 이야기는 오히려 상대방이 자신의 경험을 편하게 나누지 못하게 만든다.

해결책: 충분한 시간을 두고 안전하게 접근하라. 내가 암으로 어머니를 여읜 내담자 엘라에게, 엄마의 뇌종양 진단 직후의 감정을 이야기했다면 제대로 된 공감이 되지 못했을 것이다. 다행히 엄마의 완치 후에 이 이야기를 나눠 시간적 여유가 있었지만, 그보다 일찍 했다면 내담자에게

부담을 주고 대화의 초점도 흐려졌을 것이다.

아직 마음의 상처가 크다면, 경험 공유는 삼가는 것이 좋다. 단, 이것이 결코 자신의 아픔을 숨기라는 의미는 아니다. 오히려 그 경험은 언젠가 꼭 나눠야 할 소중한 이야기일 수 있다. 다만 누군가를 위로하고 이해하려는 자리에서는 그 경험을 적절한 시점에, 건강한 감정으로 꺼내는 것이 중요하다. 참고로, <u>어떤 경험을 편하게 나눌 수 있다는 것은 그만큼 당신이 그 일을 잘 극복했다는 신호일 수 있다.</u>

이것만은 기억하기

- 경험 공유는 상대방의 상황이나 반응과 연관된 당신의 이야기를 나누는 것이다.
- 가벼운 경험으로도 공감을 표현할 수 있지만, 적절한 수준의 개인적인 이야기가 더 깊은 이해를 전할 수 있다. 특히 다음과 같은 경우에 효과적이다.
  - 당신의 경험이 상대방의 부끄러움을 덜어줄 수 있을 때
  - 상대방이 당신의 이해 수준을 충분히 인지하지 못할 때
- 이 기술은 잘못 사용하면 오히려 역효과를 낼 수 있다. 아래

는 대표적인 실수유형과 해결책이다.
1. 상대방의 경험을 덮어버리는 경우
   - 해결책: 존중하는 자세로 접근하며, 당신 경험의 특별함을 부각하기보다 상대방이 공유할 수 있는 지점에 집중한다.
2. 대화의 중심을 잃는 경우
   - 해결책: 경험을 나눈 후에는 다시 질문을 던지고, 다양한 방식으로 공감하며 대화의 중심을 다시 상대방에게 맞춘다.
3. 심리적 경계를 침범하는 경우
   - 해결책: 대화 초반에는 가볍고 부담 없는 이야기부터 나누며 서서히 깊이를 더하되, 상대가 불편해하거나 경계가 무너졌다고 느껴진다면, 스스로의 감정을 살피고 침착하게 다른 주제로 전환한다.
4. 아직 아물지 않은 상처를 건드리는 경우
   - 해결책: 충분한 시간이 지난 후 신중하게 접근한다.

실천 가이드

이 기술은 상대방이 먼저 마음을 열어야 시도할 수 있어 연습하기가 쉽지 않다. 따라서 다른 사람들의 경험 공유를 관찰하는 것이 중요하다. 독일 사회학자 게오르크 지멜이 말했듯 "모든 관계는 서로에 대한 이해를 바탕으로 형성된다."[9] 하지만 사람들이 자신의 이야기를 나눌 때 항상 공감을 바라는 것은 아니다. 적절한 상황을 파악하는 눈을 키우는 것이 좋다. 다음과 같은 방법으로 연습해보자.

1. 감정 표현과 마찬가지로 팟캐스트나 TV 프로그램에서 사례를 찾아보자. 특히 리얼리티 프로그램은 인물 간 관계를 빠르게 발전시키기 위해 이런 장면이 많다. SNS도 좋은 관찰 대상이다. 가장 중요한 것은 당신의 경험이다. 누군가의 이야기에 공감을 느끼거나 불편했던 순간을 되돌아보자.

2. 가벼운 경험부터 시작하자. 처음에는 대화의 중심을 재빨리 상대방에게 돌리면서 적절한 공유 수준을 익힌다. 예를 들면 "피스톤스 모자 정말 멋지네요! 저도 팬이거든요. 어떤 선수를 제일 좋아하세요?" 이런 식이다. 그러면서 점차 더 깊이 있는 경험으로 발전시켜 나간다.

인정이 가져오는 실제적인 변화

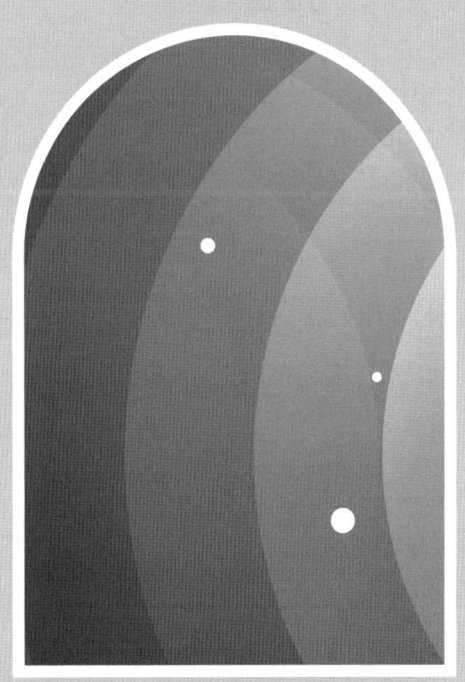

14장

행동을 바꾸는
가장 강력한 방법

> 변화를 이해할 유일한 방법은 그 속으로 뛰어들어
> 함께 움직이며 춤을 추는 것뿐이다.
> ― 앨런 와츠, 『불안이 주는 지혜』

2013년 여름, 나는 두 달 동안 한 젊은 '남자'와 욕실에 갇혀 지내며 행동주의를 배웠다. 정확히 말하면, 갇힌 건 내가 아니라 그였다. 나는 임신 중이었기에 다행히도 필요할 때마다 자유롭게 드나들 수 있었다. 그리고 그 젊은 남자는 사실 우리 집 뒤뜰에서 구조한 세 발 야생 고양이로, 지금은 스패로 배긴스라고 부른다.

솔직히 말하면, 나는 여름 내내 야생 고양이를 길들일 생각은 전혀 없었다. 뒤뜰에서 토끼처럼 깡충거리며 먹이를 찾아다니는 녀석을 처음 봤을 때, 안락사를 하지 않는다는 동물 보호소에 데려가서 부러진 다리를 치료받고 입양되길 바랐다. 하지만 어렵게 잡아 보호소에 데려갔더니, 수의사는 한눈에 녀석의 다리가 고칠 수 없는 수준이라고 했다. 세 다리로는 야생에서 살아남을 수 없고, 길들이기엔 나이가 너무 많다며 안락사만이 '인간적인' 선택이라고 했다. 내 생각에 이 보호소는 '인간적'이란 말을 함부로 쓸 뿐 아니라, "안락사를 하지 않는" 타이틀 옆에 "세 발 야생 고양이는 제외"라는 큰 별표를 달아야 했다.

녀석을 데려가려 했지만 보호소는 허락하지 않았다. 내가 주인도 아닌 데다 이미 보호소에 맡겨졌으니 자신들에게 권한이 있다는 논리였다. 이렇게 해서 나는 캘리포니아주와 보호권 분쟁을 벌이게 되었다. 임신 중이었지만, 동물을 사랑하는 사람이라면 누구나 할 법한 일이었다. 집에 울타리 친 고양이 안식처가 있다는 거짓말까지 동원했고, 기적적으로(매트에게는 악몽 같겠지만) 성공했다. 집으로 돌아와 스패로를 욕실에 들여놓고 문을 잠갔다.

스패로가 내 삶에 들어왔을 때, 나는 이미 행동 변화 전략 분야의 전문가였다. DBT를 포함한 인지행동치료로 박사 학위를 받고, 레지던트와 박사후 과정을 거치며 이 분야 선구자들에게 배웠다. 복잡한 행동 문제를 성공적으로 다루는 치료사로도 인정받고 있었다. 당연히 세 발 고양이 정도는 문제없을 거라고 생각했다. 적어도 욕실 문 앞에 웅크린 채 이 선택을 되돌아보며 그렇게 중얼거렸다. 하지만 실제로 스패로는 내가 맡은 가장 어려운 사례 중 하나였다. 모든 임상의가 인정할 텐데, 가장 힘든 사례에서 가장 많은 것을 배우게 된다.

스패로를 통해 배운 인정의 기술 자체는 많지 않았다. '주의 기울이기'와 가끔 고양이 울음소리를 따라 하며 교감하는 척한 것 말고는 공감의 기술을 거의 쓰지 않았다. 내가 많이 배웠다는 것은 학습과 행동주의 원칙, 즉 변화 전략에 관해서였다. 스패로를 통해 이 기법들과 그 적용 방식을 더 깊이 이해하게 되었다.

나는 변화가 필요한 상황을 다룰 때, 예를 들어 운동하면서 딸에게 차고 청소를 시키거나 기업의 해로운 문화를 바꾸도록 도울 때, 상대방의 입장을 이해하는 것과 행동을 변화시키는 것, 이 두 관점을 모두 활용한다. 수용과 변화의 균형을 맞추는 것이다. 내 경력과 개인적 성공의 대부분은 이 두 접근법의 조화 덕분이다. 3부에서는 당신의 삶을 원하는 방향으로 변화시키기 위해 이 접근법들을 결합하는 방법을 다룰 것이다. 먼저 변화 전략을 간단히 살펴보자. 일부는 앞서 잠깐 언급했던 내용이다. 사람들은 흔히 행동의 원인을 개성이나 성격에서 찾으려 하지만, 심리학자들은 동물 실험을 통해 행동주의 원칙이 변화에 미치는 영향을 입증한다. 이번 장에서는 파블로프의 개나 스키너의 비둘기* 대신 내가 경험한 스패로의 사례로 여러 변화 전략을 설명하겠다. 이어지는 장에서는 이러한 전

---

*스키너는 조작적 조건화의 연구에서, 상자 안에 비둘기를 넣고 부리로 특정 열쇠를 누르면 먹이 펠릿을 보상으로 주는 실험을 벌인 것으로 유명하다.

략들을 상대방에 대한 깊은 이해와 함께 사람들에게 적용하는 방법을 알아볼 것이다.

조건화의 이해

고전적 조건화와 조작적 조건화는 사람이나 동물이 언제, 왜, 어떻게 행동을 바꾸는지 결정하는 핵심 요소이다. 두 조건화 모두 연상 작용을 기반으로 한다. <u>고전적 조건화</u>classical conditioning(중립적 자극이 특정 반응을 일으키는 자극과 반복 연결되어 같은 반응을 이끌어내게 되는 과정―편집주)는 <u>무의식적 행동에 영향을 준다</u>. 문 두드리는 소리와 먹이를 반복적으로 연결시키자 스패로는 노크 소리만 들어도 자연스럽게 코를 움직이며 침을 흘리기 시작했다. 시간이 지나면서 나를 보면 먹이, 안전, 위로를 떠올리게 되었다. 욕실에 누가 들어오면 도망가거나 싸우려 했지만, 나라는 걸 알아채면 곧 안정을 찾았다. 엄마를 알아보면 무의식적으로 심장 박동이 안정되고 긴장이 풀렸다.

<u>조작적 조건화는 의식적 행동에 영향을 준다</u>. 나는 주로 스패로의 자발적 행동(숨기, 물기, 욕실 어지르기 등)을 바꾸려 했기에 조작적 조건화에 집중했다. 여기에는 조성, 긍정적 강화, 부정적 강화, 소거, 벌 등의 도구가 사용된다.

처음 스패로를 데려왔을 때, 나는 녀석이 내 품에서 웅크리고 자면 약해진 발을 부드럽게 쓰다듬어줄 수 있을 거라고 상상했다. 터무니없는 상상인 줄 알았지만, 얼마나 터무니없는지는 몰랐다. 첫날 위험을 무릅쓰고 욕실에 들어가보니, 녀석은 한 발로도 벽지를 찢고, 샤워 커튼을 뜯어내고, 욕조를 더럽혀 놓았다. 바닥에는 액자 유리 조각이 흩어져 있었는데, 어떻게 소리도 없이 벽에서 떨어뜨렸는지 신기할 정도였다. 내가 '야생 동물'의 '야생성'을 너무 가볍게 본 것이다.

스패로가 내 무릎에서 편안하게 쉬리라는 희망은 일찌감치 접어야 했다. 그 대신 '조성'이라는 도구를 활용해야 했다. <u>조성이란 목표 행동으로 가는 작은 진전들을 하나씩 강화하는 방법이다.</u> 한 사람의 현재 행동에서 아주 작은 부분이라도 진전을 찾아낸 후 그 진전을 강화시키는 것이다.

당시 스패로는 내가 욕실에 들어가면 변기 뒤로 숨었고, 나갈 때까지 거기 있었다. 나는 녀석이 숨어 있던 자리에서 조금이라도 움직이면 그것을 진전으로 보고, 맛있는 습식사료를 그곳에서 15센티미터 떨어진 곳에 놓았다. 그리고 욕실 반대편에서 녀석이 나올 때까지 두 시간을 기다렸다. 나오지 않으면 사료를 가지고 나왔고, 녀석은 자동급식기의 건식사료나 먹어야 했다. 처음엔 무시하더니, 어느 날 그 맛있는 냄새의 유혹을 이기지 못하고 모험을 감행했다. 그리고 그 모험이 '가치 있었음'을 깨달았다. 1~2주 후부터는 내가 사료를 놓으면 몇 초 안에 나오기 시작했다.

이렇게 첫발을 떼자, 다음엔 사료를 15센티미터 더 멀리 놓았다. 녀석은 이 게임이 마음에 들지 않았다. 첫날은 한 시간 넘게 망설였지만, 주말이 되자 사료를 놓은 후 몇 분 안에 귀엽게 깡충거리며 나왔다. 이런 식으로 조금씩 진전했다. 사료를 점점 내 쪽으로 가까이 놓다가, 마침내 녀석이 내 무릎 근처까지 와서 먹는 동안 바닥에서 들어 올리는 것도 견딜 수 있게 되었다. 몇 달 후, 나는 드디어 이 사랑스러운 세 발 고양이를 안고 약해진 다리를 부드럽게 쓰다듬을 수 있었다. 이것이 바로 조성의 힘이다.

처음에는 사료로 행동의 '긍정적 강화'를 시도했다. 2장에서 설명했듯이, 긍정적 강화는 어떤 행동 후에 보상을 줘서 그 행동이 반복될 가능성을 높이는 것이다. 여기서 사람들이 흔히 하는 실수 하나를 짚고 넘어가자면, 바로 '보상'과 '강화'를 혼동하는 것이다. <u>보상이 강화가 되려면 실제로 행동 변화를 이끌어내야 한다.</u>

앞서 말했듯 스패로는 처음에는 먹이에 관심이 없었다. 건식이 아닌 습식사료에, 진주 목걸이를 한 고양이가 그려진 고급 캔 사료였는데도 말이다. 보통 고양이들이 습식을 더 좋아하고, 진주 목걸이 이미지가 있으니 맛있을 거라고 생각했건만. 이 사료로 여러 번 실패한 후, 레딧Reddit(관심사 기반 소셜 커뮤니티—옮긴이)에서 거버 치킨 맛 이유식이 고양이들 사이에서 '마약'이라는 글을 봤다. 실제로 애묘인들 사이에서 유명한 간식이었다. 이 이유식을 사서 배고플

때 시도했더니, 드디어! 전에는 몇 시간을 기다려도 안 나오던 녀석이 치킨 냄새에는 20분 만에 굴복했다. 처음 시도한 사료는 '보상'이었다. 녀석이 좋아하긴 했지만 행동을 바꿀 정도는 아니었다. 반면 거버 치킨 맛 이유식은 진정한 '강화제'였다.

'부정적 강화'는 흔히 생각하는 것처럼 벌이 아니다. '부정적'이라는 말이 오해를 부르지만, 실제로는 불편한 것을 없애줘서 당사자에게는 오히려 좋은 경험이 된다. 스패로의 경우, 으르렁거리며 달려들자 사람들이 욕실을 떠났고, 이렇게 싫어하는 인간들을 쫓아내는 데 성공하니 그 공격성이 더욱 강화되었다.

내가 처음 시도한 것 중 하나는 스패로의 공격적 행동을 '소거'하는 것이었다. 나는 두꺼운 천으로 몸을 보호하며, 그의 공격을 철저히 무시했다. 소거란 문제 행동을 유지시키는 강화 요소를 제거해, 그 행동의 빈도를 줄이는 기법이다.

마지막으로, 벌은 특정 행동 후에 주어지는 불쾌한 결과를 말한다. 순회 동물 서커스에서 보듯 벌로도 행동을 바꿀 수는 있다. 하지만 관계와 상대의 행복을 고려한다면, 벌은 최소한으로 제한해야 한다. 아동의 문제 행동을 연구한 행동주의 전문가 앨런 카즈딘 박사는 내가 대학원에서 배움을 얻은 스승이다. 그는 부모들이 아이들의 행동 문제를 다루도록 돕는 훈련 방법을 개발했다.[1] 그가 강조하듯, 벌은 하지 말아야 할 것만 가르칠 뿐, 어떻게 해야 할지는 알려주지 못한다. 당시 나는 스패로에게 굶주림이나 불쾌감 같은 강한 벌 없이는 원하는 행동을 이끌어낼 수 없었다. 녀석은 내가 바라는 것을 이해하지 못했고, 이해하려는 의지도 없었다. 결국 조성과 소거를 함께 써야 했다. 진전을 보인 후 후퇴할 때는 사료를 치우거나 욕실을 나가는 정도의 약한 벌을 줄 수 있었다. <u>하지만 항상 좋은 행동은 강화하고 문제 행동에 대한 강화는 멈추는 방식으로 병행해야 발전이 있었다.</u>

하바나가 어렸을 때 떼를 쓰면, 나는 카즈딘의 가르침과 스패로에게서 배운 교훈을 떠올렸다. 하바나는 분명 소리 지르고 나쁜 말을 하는 것을 멈춰야 한다는 걸 알아야 했다. 하지만 스패로처럼 그러기 위한 방법을 배워야 했다. 잠시 멈춰 심호흡하고, 다른 것에 집중하거나, 마음을 가라앉히는 법을 강화해줘야 했다. 딸은 우리가 소리 지르는 것을 싫어한다는 걸 알았지만, 아직 감정 조절법을 몰랐다. 떼를 쓰는 행동은 주의를 끌기 위한 수단이 되어선 안 되었고, 심지어 부정적인 반응조차 하나의 강화가 될 수 있다는 사실을 인식해야 했다. 동료가 자주 말하듯 "말다툼으로 말다툼을 키워선 안 된다."

이 단락을 마무리하기 전에 한 가지 주의 사항을 덧붙이고자 한다. 현대 행동주의에서 '행동'은 생각, 감정, 심지어 땀 흘리기 같은 생리 반응까지 포함하는 넓은 개념이다. 이런 정의가 중요한 이유는 동물처럼 사람의 생각과 감정도 점진적으로 변화시킬 수 있다는 뜻을 담고 있기 때문이다. 나는 이 원칙을 머리로는 알고 있었지만, 실제로는 세 발밖에 없는 고양이 스패로를 길들이는 과정에서 비로소 이론이 현실에서 어떻게 작동하는지 체감하게 되었다.

스패로를 길들이면서 나는 조작적, 고전적 조건화를 통해 녀석이 나를 '좋아하게' 되었음을 깨달았다. 우리의 상호작용 속에서 녀석의 행동이 바뀌는 동안 감정도 함께 변했다. 의심은 신뢰로, 두려움과 스트레스는 애착과 애정으로 바뀌어갔다. 그러면서 내 대인관계도 비슷한 방식으로 형성되어왔다는 것을 알게 되었다. 내 관계는 어떤 신비로운 심리적 메커니즘이 아니라 행동, 생각, 감정에 모두 영향을 미치는 단순하면서도 명확한 원칙들로 만들어진 것이었다. 사실 나는 당시 '행동주의'라는 말이 이 포괄적인 의미를 다 담아내지 못한다고 느꼈다. 차라리 '변화주의changeism'라고 부르는 게 더 적절해 보였기 때문이다(물론 맞춤법 검사기가 이 새로운 단어를 허용할지는 모르겠다).

스패로를 만난 후, 나는 사람의 내면도 행동처럼 점진적으로 변화할 수 있다는 생각을 완전히 받아들였다. 이제는 어려운 상황에서도 "자기애가 강한 사람에게 어떻게 반성하는 마음을 심어줘?"나 "모든 걸 남 탓하는 사람을 어떻게 도와?" 같은 생각 대신, "다른 '먹이'를 써봐야겠어"라는 식의 접근으로 생각이 바뀌었다. "인간은 복잡하면서도 '동시에' 변화의 기본 원칙을 따른다"는 역설적인 문구를 나만의 모토로 삼았다. 이런 관점을 통해 나는 깨달았다. 사람들은 음식처럼 기본적인 보상에도 반응하지만, 정서적 인정과 공감이야말로 행동을 바꾸는 가장 깊은 보상이라는 사실 말이다. 사람에게는 살아가기 위해 반드시 감정적으로 이해받고, 존재로서 존중받아야 할 필요가 있다. 그렇기 때문에 다른 사람의 감정을 무시하거나 거절하는 방식은, 행동 교정에서 결코 써서는 안 될 벌이다. 그것은 마치 누군가를 굶기는 것처럼 비인간적인 행위다.*

우리는 어떻게 바뀌는가

 행동을 바꾸는 방법에는 '따라 하기'와 '문제 해결'이라는 두 가지 방법이 있다. 특히 '따라 하기'는 우리가 어릴 때부터 자연스럽게 사용해온 학습 방식이다. 5장에서 다양한 영화나 드라마 속 장면을 예시로 든 것도, 우리가 보고 배우는 존재이기 때문이다. 아이가 어른의 행동을 그대로 따라 하듯, 우리는 다른 사람을 관찰하고 배우면서 성장한다.** 이런 배움은 단순한 행동에만 국한되지 않는다. 누군가의 말에 귀 기울이고 공감하는 방법부터 운동선수가 높이 점프하는 기술까지 모두 '보고 배우기'를 통해 익힐 수 있다. 우

---

*당신이 수년 동안 의도치 않게 정서적으로 괴롭혀온 사람들이 하나둘 떠올라 괴롭다면 안심하시라. 누구나 다 배고픔과 목마름을 경험하듯 우리는 모두 때때로 그것을 경험하고 또 전달하곤 한다. 그것이 문제가 되는 경우는 도가 심하거나, 만연되어 있거나, 벌을 주기 위해 의도적으로 사용될 때이다.

리의 생각과 감정도 마찬가지다. 자신을 의심하거나 외모에 지나치게 집착하는 태도, 혹은 자신이 특별대우를 받아야 한다고 생각하는 마음가짐도 주변을 보면서 자연스럽게 배우게 된다. 반대로 자신을 있는 그대로 받아들이고 감사하는 마음 역시 같은 방식으로 배울 수 있다.

문제 해결은 말 그대로 해결책을 찾아가는 과정이다. 심리학계에서는 '문제'의 범위를 폭넓게 보는데, "덜 신경질적인 사람이 되고 싶다"와 같은 감정적 문제부터 "집에 데려온 야생 동물의 거처를 마련해야 한다"는 현실적 문제까지 포함한다.

점점 더 중요해지는 '해결' 과정에서는 브레인스토밍, 기술 훈련, 실험 같은 방법이 필요하다. 이런 개념들은 이미 널리 알려져 있어 더 자세한 설명은 생략하겠다.

**여담이지만, 우리 집에는 더 나이 많은 암컷 고양이 엘모가 있다. 주방까지 오는 데 별 어려움이 없던 엘모는 툭하면 바닥에서 곧장 조리대로 점프했다. 그런데 스패로가 같이 살게 된 이후, 엘모는 바닥에서 낮은 선반으로 먼저 점프했다가 거기에서 다시 조리대로 점프하기 시작했다. 그 모습을 관찰하던 세 발 고양이 스패로가 얼마 지나지 않아 조리대 위로 뛰어오르더니, 그곳이 '먹을 게 훨씬 많다'는 걸 알게 되었다! 신기하게도 엘모는 스패로가 조리대 위로 점프하는 요령을 익히자 낮은 선반을 거치는 방법을 버리고 바닥에서 조리대로 바로 점프하는 더 효율적인 방법으로 되돌아갔다.

실천을 위한 핵심 원칙

앞으로 네 개의 장에서는 2부에서 배운 인정의 기술들을 효과적으로 조합하는 방법을 알려주려 한다. 이 기술들을 적용하기 시작할 때는 스패로를 통해 배운 두 가지 교훈을 기억하길 바란다. 첫째, 행동주의는 단순한 행동 변화에만 국한되지 않는다. 친밀감을 키우고, 자신을 있는 그대로 받아들이며, 팀 문화를 개선하는 것도 모두 행동주의 원칙을 따르는 의미 있는 변화이다.

둘째, 인정은 음식과 같다. 모든 사람은 누군가에게 수용받고 관심받고 싶어 한다. 이는 더 설명이 필요 없는 자명한 진실이다. 만약 누군가가 당신의 인정에 긍정적으로 반응하지 않는다면, 그것은 진정한 의미의 인정이 이루어지지 않았기 때문이다. 동물에게 먹이가 필요하다는 사실을 의심하지 않듯, 사람에게 인정이 필요하다는 사실도 의심해선 안 되며, 인정받기를 원하는 자신을 비난해서도 안 된다.*

세 번째로 기억할 점은, 당신이 누군가를 진심으로 인정한다고 해서 그 사람이 반드시 당신이 원하는 방식과 시기대로 변화하지는 않는다는 것이다. 신뢰와 친밀감 같은 긍정적인 변화는 시간과

---

*상대의 인정을 바라는 것이 어렵게 느껴진다면, '인정'을 '받아들임'이라는 말로 바꿔 생각해보자. 혹은 인정의 핵심을 담고 있는 다른 표현들, 예를 들어 '마음챙김', '이해', '공감' 같은 말로 바꿔서 생각해도 좋다.

꾸준함이 필요하기 때문이다. 또한 당신은 전지전능한 존재가 아니다. 이번 장에서 배운 전략들을 활용하더라도, 상대방의 오랜 습관이나 주변의 영향력이 더 강하게 작용할 수 있다. 또한 필요한 기술이 부족하거나 환경적 제약 때문에 당신의 노력이 즉각적인 변화로 이어지지 않을 수 있다. 이럴 때는 미리 마음을 준비해야 한다. 상대를 탓하거나 "이 사람은 원래 안 변해"라고 단정짓기보다는, 그가 처한 상황과 내면의 어려움을 있는 그대로 이해하려는 태도가 필요하다. 그리고 그 상황을 받아들인 뒤, 당신의 접근 방식을 유연하게 조정해보라. 여러 번 시도했지만 여전히 변화가 없다면, 잠시 멈춰 생각할 시간이다. 상황을 받아들이는 것 자체가 하나의 전략일 수 있다. 실제로 내가 경험한 가장 깊은 변화는, 억지로 바꾸려 하지 않고 있는 그대로 인정했을 때 찾아왔다. 그러니 '받아들임'의 힘을 결코 과소평가하지 말자.

마지막으로 조작에 관해 이야기하고 싶다. 1960~1970년대에 스키너의 행동 기법*이 주목받기 시작했을 때, 이것으로 다른 사람을 조종하고 통제할 수 있다는 우려가 컸다. 나는 '인정하기'가 '상대방을 조종하는 기술'이라는 오해를 꼭 바로잡고 싶다. 누군가의 마음을 진심으로 이해하고 받아들이는 것과, 목적을 위해 상대를 조

---

*현대 심리학에서는 행동주의를 "행동의 기술technology of behavior" 또는 "변화의 기술 technology of change"이라고 부른다. 특히 최근의 인지행동 치료에서는 "변화의 기술"이라는 표현을 더 선호한다.

종하는 것은 완전히 다르다. 진정한 인정은 서로를 이해하고 관계를 깊게 만들지만, 상대를 속이려는 시도는 오히려 관계를 망가뜨린다. 또한 누군가를 이용하기 위해 수용하는 척하는 것은 완전히 잘못된 접근이라고도 덧붙인다. 누구든 마음챙김, 이해, 공감을 키우려 노력하면 그 과정에서 자연스럽게 변화하게 되는데, 이는 상대방에게 해를 끼치는 '조작'과는 전혀 다르다. 개인적으로 나는 더 많은 사람이 수용과 인정으로 나를 '조작'해주길 바란다.

15장

아이의 마음을 여는 인정의 기술

> 엄마가 흥얼거리던 그 소리가 아직도 들려요……. 그때 하시던 말씀도 선명해요. "그냥 두세요. 다르게 자라도 괜찮아요. 언젠가는 스스로를 찾을 거예요. 그저 아이답게 두세요." 엄마, 저는 이제 제가 되었어요.
> — 소니아 산체스, 「엄마에게」, 『내 피부를 떨쳐내라』

누군가를 이해하고 받아들이는 방법은, 그 사람이 누구냐에 따라 달라져야 한다. 자녀를 대할 때, 직장 상사와 이야기할 때 혹은 자기 자신과 대화할 때조차 우리는 다른 접근 방식을 필요로 한다. '인정'이라는 원리는 같지만, 관계의 성격에 따라 적용 방식은 달라져야 한다. 이번 장에서는 먼저 부모와 자녀 사이를 다룬다. 아이의 건강한 성장을 돕는 인정의 방법과, 상처 주지 않으면서도 바람직한 방향으로 이끄는 훈육법을 알아본다. 이어지는 두 장에서는 성인들과의 친밀한 관계와 직장에서의 관계를 살펴보고, 마지막 장에서는 가장 놓치기 쉬운 '나 자신과의 관계'를 다룬다. 혹시 주변에 다른 어른이 많지 않거나, 아이를 가질 계획이 없거나, 아야화스카(환각 작용이 있는 아마존 식물로, 여러 종교에서 영적 체험의 수단으로 사용한다―옮긴이) 체험으로 자아를 초월했다고 해도 꼭 읽어보길 권한다. 이 책의 핵심을 더 깊이 이해할 수 있고, 분명 누구에게나 의미 있는 무언가를 발견할 수 있을 것이다.

아이를 성장시키는 인정의 힘: 특별한 순간 포착하기

예전에 상담했던 내담자 키스는 아내에게 감정을 더 잘 표현하고 싶어 했다. 나는 그에게 1주일 동안 다른 사람에게 감정 표현을 연습할 기회를 찾아보라고 했다. 행동주의 원리와 인정이 긍정적 강화가 될 수 있다는 점도 설명했지만, 키스는 아직 이를 직접 경험해보지 못했기에 특별히 주의를 기울여야 했다.

며칠 후, 키스의 아내와 아홉 살 딸이 다투다가 결국 딸아이가 방으로 들어가게 되었다. 키스가 딸아이를 살펴보러 갔을 때, 딸은 "알아요! 잘못했다는 거……. 앞으로 더 잘하려고 노력하고 있다고요"라며 소리를 지르더니, 부모님께 화가 날 때마다 하던 격한 불평을 쏟아내기 시작했다. 키스는 딸의 말을 가로막지도, 달래려 하지도 않고 조용히 들어주었다. 딸은 엄마가 얼마나 불공평한지 계속해서 토로했다. 키스는 먼저 '주의 기울이기'를 실천하다가 문득 자신의 감정에 주의를 기울이게 되었다. 그리고 이때가 바로 숙제도 하고 치료사의 이론도 시험해볼 좋은 기회라는 생각이 들었다. 잠시 더 기다렸다가 말을 꺼냈다. "아빠가 한마디 해도 될까? 네가 화난 거 알아. 근데 방금 네가 한 말이 자꾸 맴도는구나. '더 잘하려고 노력한다'고 했잖아. 그 말이 정말 대단하게 느껴져." 딸은 '날 시험하나?' 하는 눈빛으로 아빠를 쳐다봤다. 키스는 계속 말을 이어갔다. "나 같았으면 그런 말을 할 용기도 없었을 거야. 스스로 인정하지도 못했을 텐데. 네가 정말 자랑스럽고 기특해. 너 같은 딸을 둔 아빠라서 정말 행복하다(감정에 이름 붙이기)." 키스는 평소와 달리 눈시울을 붉혔다(눈물을 잘 보이지 않는 사람의 비언어적 표현).

마치 옛날 TV 드라마의 한 장면처럼, 얼마 지나지 않아 딸은 방에서 나와 엄마에게 사과했다. 마지못해 하는 형식적인 사과가 아니라, 포옹하며 진심 어린 이해의 말을 전했고, 앞으로는 이런 상황을 만들지 않기 위해 자신이 어떻게 할지까지 이야기했다.

딸의 반응도 놀라웠지만, 더 주목할 점은 키스의 모습이다. 아이 입장에서는 아빠가 잘못을 지적할 줄 알았는데, 오히려 잘한 점을 봐주고 눈물까지 보이며 자랑스러워한다면 얼마나 특별한 경험이었을까? 직접 겪어보지 않아도, 평생 잊지 못할 순간이었을 것이다.

이것이 바로 이 이야기의 핵심이다. 사람은 자신의 행동과 그로 인한 감정을 자연스럽게 연결 짓는다. 강한 긍정적 감정을 느낀 행동은 다시 하고 싶어진다. 갈등 상황에서 자신의 몫을 인정했을 때

따뜻한 반응을 받은 아이는, 앞으로도 그렇게 하려 할 것이다. 이 경우처럼 10분도 안 되어 그런 모습을 보일 수도 있다. 아이를 인정해줄 때 꼭 이렇게 극적일 필요는 없지만, 깊은 울림을 주어야 효과가 있다. 오랜 경험에서 깨달았듯이, '있는 그대로 말하기', '감정 표현하기', '자신을 드러내기'가 아이들에게 가장 큰 영향을 주는 인정의 방법이다. 다만 인정이 아이들에게 좋은 영향을 준다고 해서, 그것만을 목적으로 삼아서는 안 된다. 사랑처럼 인정도 아껴두어선 안 된다. 아이의 삶에 늘 풍성히 있으면서도, 때로는 의도적으로 행동을 이끄는 도구로도 쓰일 수 있어야 한다.

　부모로서 마주치는 큰 어려움 중 하나는 아이의 조금씩 달라지는 모습, 성장하고 성숙해가는 과정을 알아채기 쉽지 않다는 점이다. 늘 가까이에 있다 보니 변화가 눈에 잘 띄지 않는 것도 있지만, 솔직히 다른 이유도 있다. 특히 "이러면 안 되는 거 알아요"라는 아이의 말은, 고함이나 불평보다 쉽게 묻혀버리기 쉽다. 부모가 아이의 좋은 면을 찾아 인정해주는 일은 마치 해리 포터가 골든 스니치를 잡으려 하는 것과 비슷하다. 주변의 방해를 무시하고 눈을 떼면 사라질 것 같은 작은 공을 쫓듯, 집중해서 찾아내야 한다.

　하지만 골든 스니치처럼 인정해줄 만한 순간은 항상 있기 마련이다. 조금 더 바람직하거나 덜 무례한 행동이 그것이다. 나는 부모로서도, 또 문제 행동이 있는 청소년들을 상담할 때도 이 점을 잊지 않으려 한다. 때로는 내가 바라는 모습을 찾으려 애쓰거나 아이의 투정에 휘둘려 좋은 순간을 놓치기도 한다. 하지만 포기하지 않고 계속 찾다 보면 반드시 발견하게 된다는 걸 나는 안다. 아이와 충분히 대화하며 주의 깊게 살피다 보면 반드시 발견하게 된다.

다행히 아이를 인정해줄 기회는 대부분 갈등 상황이 아닐 때 찾아온다. 화가 나지 않은 상태에서는 더 진심 어린 인정이 가능하지만, 그때도 역시 잡히지 않을 듯한 그 순간을 놓치지 않도록 주의를 기울여야 한다. 퀴디치 경기(해리 포터 시리즈에 등장하는 가상의 스포츠. 빗자루를 타고 하늘을 날며 '골든 스니치'라는 작고 빠른 황금 공을 잡는 것이 경기의 승패를 가르는 핵심—편집주)는 한두 시간이면 끝나지만, 양육은 하루 24시간, 1주일 내내 계속되는 일이다. 이제 내가 겪은 이야기를 들려주려 한다. 다른 부모의 아이라면 금방 알아챘을 순간이지만, 정작 내 아이라서 놓칠 뻔했던 경험이다. 이런 일이야말로 우리가 얼마나 자주 아이의 좋은 면을 지나치는지 보여주는 좋은 예이다.

하바나가 다니던 학교는 아이들에게 오전 간식을 제공했다. 하지만 설탕 덩어리 같은 그 간식을 먹고 나면 하바나는 입맛을 잃어 점심을 거르고 오후 3시까지 굶게 되었다. 우리는 함께 의논한 끝에 오전 간식을 먹지 않기로 했다. 아니, 정확히 말하면 그렇게 해보기로 '노력하겠다'고 했다. 비닐 포장된 그 패스트리는 하바나에게 스패로의 가버 치킨 맛 이유식과 같았다. 셀로판 너머로 풍기는 달콤한 향기에 모든 좋은 판단은 사라져버렸다. 목숨을 걸고라도 먹고 싶어 할 만큼 사족을 못 쓰는 것이었다. 더 나은 방법이 필요했다. 얼마 후 나는 해결책을 떠올렸다. "학교에서 간식을 먹으면 저녁 먹고 나서는 군것질 못 해." 저녁 후 간식을 위해 사는 아이답게 하바나는 그리 달갑지 않아 했지만, 이 방법이 효과가 있을 거란 건 인정했다. 그런데 웬걸, 전혀 효과가 없었다. 그다음 주 내내 오전 간식을 먹었냐고 물을 때마다 돌아오는 대답은 "네"였다. 5일째 되던 날, 나는 답답하고 실망스러웠다. 그러다 문득 반짝이는 무언가가 보였다. 나는 그 골든 스니치를 붙잡으러 나섰다.

"이번 주에 우리 딸이 한 번도 거짓말을 하지 않았네." 하바나는 의심스러운 눈초리로 나를 쳐다봤다. 우리가 아이를 인정해주려 할 때마다 왜 이렇게 의심스러워하는 걸까? "저녁 간식도 못 먹게 되고 엄마를 실망시키게 될 텐데도 정직하게 말했구나. 한 번도 숨기지 않았어. 엄마는 네가 정말 자랑스러워." 하바나는 달려와 나를 꼭 안으며 외쳤다. "맞아요! 정말 힘들었어요!"

그때 하바나는 가끔 거짓말을 시도하던 나이였다. 서투른 솜씨로 금세 들통나곤 했지만, 거짓말이 문제를 해결하는 쉬운 방법이란 걸 깨닫기 시작하던 때였다. 심각한 수준은 아니었고 자주 있는 일도 아니어서, 나는 대부분 너그럽게 봐주었다. 다만 그 후로 정직함을 인정해줄 순간을 놓치지 않으려 했고, 그럴 때마다 거짓말은 조금씩 줄어들었다. 이듬해 하바나는 자신을 세 단어로 표현하는 과제에서 '엉뚱한', '창의적인', '정직한'을 골랐다. 이제 정직은 그저 행동이 아닌, 자신의 정체성이 되어 있었다.

좋은 순간을 포착하는 것은 연습이 필요하지만, 빠르게 실력을 높일 수 있는 몇 가지 방법을 소개한다.

- 한 영역(예: 간식 조절)에서 어려움을 겪고 있다면, 다른 영역(예: 정직함)에서의 성장을 찾아보자. 아이들은 우리의 기대대로 발전하지 않는다. 그 대신 이렇게 물어보자. "지금 이 순간, 인정해줄 만한 것은 무엇일까?"
- 작은 변화에도 주목하자. 예전에 떼쓰며 물건을 던지던 아이가 이제는 떼만 쓴다거나, 욕설 대신 소리만 지른다거나, 집안일을 끝까지 하진 못해도 시작이라도 한다면, 그것은 바로 성장의 신호이다.
- 아이의 노력, 의도, 성격에 주목하면, 서툰 그림 속에서도 집중력이나 끈기 같은 길러주고 싶은 자질이 보인다. 중요한 것은 무조건적인 칭찬이나 완벽한 결과가 아니라, 작은 진전과 성장을 발견하고 인정해주는 것이다.

＊물론 모든 행동이 반드시 칭찬이나 강화의 대상이 되어야 하는 것은 아니다. 특별한 노력도 느껴지지 않는다면 굳이 억지로 칭찬할 필요는 없다. 따뜻하게 받아들이는 것만으로도 충분하다.

아이의 좋은 면을 더 잘 발견하려면, 그것을 늘 의식하는 것이 중요하다. 휴대폰 배경화면을 '인정과 격려'를 떠올리게 하는 사진으로 바꾸거나, 일정표에 메모를 해두거나, 다른 방법을 찾아보자. 키스도 이런 방식으로 자신을 훈련했다. 행동의 기본 원리를 배운 뒤 감정 표현을 꾸준히 연습했고, 이제는 최고의 실력자가 될 만큼 성장했다.

훈육 – 상처 주지 않고 문제 다루기

벌을 언급하면 대부분의 부모가 마치 큰 금기를 깨는 것처럼 반응한다. 교육계에서 '벌'이라는 말이 거의 금기시되고 있기 때문이다. 치료사들도 부모 상담에서는 이 주제를 조심스럽게 다루며, 보통 몇 달간의 긍정적 강화 훈련 후에야 거론한다. 많은 부모가 벌을 과도하게, 자주, 그리고 일관성 없이 사용하기 때문이다. 학대 수준은 아니더라도, 대부분 효과 없는 방식으로 벌을 남용하고 있는 게 현실이다.[1]

하지만 분명한 건, 문제 행동에는 그에 따른 결과가 필요하다는 점이다! 이를 뒷받침하는 연구도 많지만, 굳이 그것을 들여다볼 필요도 없다. 아이들과 조금이라도 시간을 보낸 사람이라면 알 것이다. 아이들에게 아무런 제한이 없다면 어떤 일이 벌어질지. 마치 『쥬라기 공원』의 공룡들이 울타리가 무너진 걸 알아챈 것처럼, 통제를 벗어나 무질서해질 수 있다는 것을. 그렇기에 결과에 대한 책임이든, 훈육이든, 자연스러운 결과든, 이름이 무엇이든 이런 지침은 꼭 필요하다. 중요한 건 할까 말까가 아니라 어떻게 할 것이냐이다.

훈육에서 가장 경계해야 할 것은 감정을 무시하는 것이다. 아이가 말을 안 들을 때 그 감정을 무시하기는 쉽지만, 이런 숨은 형태의 벌은 도움보다는 상처를 더 많이 준다. 연구 결과도 이를 분명히 보여준다.

- 갈등 상황에서 부모가 자녀의 감정을 무시하면, 청소년의 분노와 반항, 문제 행동이 증가한다.[2] 즉 감정을 무시당한 십대들은 더 거칠게 감정을 표출하게 된다.
- 갈등 중에 부모가 아이의 감정을 인정하지 않으면, 아이는 감정 조절을 더 어려워한다. 또한 정신건강에 해로운 대처 방식을 발전시킬 가능성이 높아진다.[3] 결국 아이도 자신의 감정을 무시하는 법을 배우게 되는 것이다.
- 감정을 무시한 부모-자녀 관계에서는 자해 행동이 더 많이 나타난다.[4] 한마디로, 감정을 무시하는 것은 아무런 도움이 되지 않는다.

그렇다면 어떻게 감정을 인정하면서도 훈육할 수 있을까? 3장에서 설명했듯이, <u>감정은 그 자체로 타당한 것이며, 특정한 감정만 골라서 인정하는 방식은 옳지 않다.</u>

아이들은 종종 규칙이나 안전에 문제가 되는 행동을 한다. 이런 '행동'을 바로잡는 것이 바로 양육이다. 하지만 '감정'까지 부정해서는 안 된다. 앞서 본 연구들도 감정을 무시하는 것의 해로움을 지적했다. 행동을 바로잡는 것과 감정을 무시하는 것 사이의 경계는

화가 나서 한 말은 아이에게 부정적 영향을 끼쳐
어른이 되어서까지 따라다닌다

매우 중요하다. 이 선을 넘으면 심각한 결과를 초래할 수 있다.

올바른 훈육을 위해서는 아이의 성격이나 감정이 아닌 행동에 초점을 맞추자. 가벼운 제재(일시적인 특권 제한, 짧은 반성 시간, 집안일 추가)만으로 다스리고, 피드백을 줄 때는 구체적인 행동을 지적하자.

원칙적으로는 "네가 속상한 건 이해해. 하지만 소리 지르는 건 안 돼"처럼 감정은 인정하면서 행동은 바로잡아주는 게 좋다. 하지만 이게 항상 가능한 건 아니다. 아이가 심하게 짜증을 낼 때 부모들이 어떻게 인정해줘야 하는지 물으면, "그때는 하지 마세요"라고 조언한다. 특히 아이가 과장되게 넘어지면서 큰 소리로 우는 경우나, 거울을 보여줘도 더 크게 우는 경우처럼 관심을 끌려는 행동에는 오히려 인정이나 관심이 상황을 악화시킬 수 있다.[5] 이때 어떤 형태로든 관심을 주면 그런 행동이 더 강화될 수 있기에, 가장 좋은 방법은 그 순간에는 무시하다가 아이가 진정될 기미를 보일 때 스스로를 달랠 수 있게 돕거나 다른 것에 관심을 돌리게 하는 것이다.

이런 상황에서는 아이의 감정을 적극 인정해주는 것보다, 오히려 무시하거나 부정하지 않는 것이 더 중요하다. 혼란스러운 상황에서 "도대체 왜 이러는 거야?", "다쳐도 알아서 해!", "이제 이럴 나이 아

건설적인 피드백	감정을 무시하는 말
"네가 신나서 그러는 건 알아. 하지만 엄마가 화장실에 있을 때는 노크를 하고 기다려야 해."	"당장 나가! 넌 남을 생각할 줄도 모르는구나."
"글쓰기 숙제를 안 한 것에 대해 걱정이 되는구나."	"너는 학교를 다니는 거냐, 마는 거냐."
"슬프고 속상한 마음은 이해해. 하지만 소리를 지르는 건 안 돼."	"이렇게 소리 지를 일이 아니잖아!"

니잖아!"와 같은 말이 튀어나오기 쉽지만, 이런 말들은 쉽게 잊히지 않는다. 오히려 깊은 상처로 남아 오래도록 기억된다.

하지만 그래도 아이의 감정 자체는 인정해야 한다. 아이의 '행동'이 스스로를 더 힘들게 만들고 있더라도, 그 순간 아이는 정말로 감정을 주체하기 어려운 상태이다. 이상하게 들릴 수 있지만, 부정적인 감정을 더 키우고 싶어 하는 아이의 충동도 어떤 면에서는 자연스러운 것이다.

훈육과 갈등 해결의 차이

떼쓰는 행동은 무시하거나 가벼운 제재가 필요할 수 있지만, 진정한 갈등 해결을 위해서는 이것만으로는 부족하다. 요즘 많은 부모들이 이 둘을 혼동하여 '없던 일처럼 넘어가기' 방식을 택한다. 아이를 잠시 방에 보내거나 반성할 시간을 주고, 진정된 후에 다시 일상으로 돌아가는 식이다. 형식적인 사과 한마디로 마무리하고 모든 게 원래대로 돌아간다. 이런 방식이 학대는 아니지만 문제 해결 방법으로는 매우 불충분하다. 아이의 자제력은 강화되지 못하고, 정당한 감정은 인정받지 못한 채 묻혀버린다. 이런 식의 '해결'이 반복되면 아이는 진정한 감정 처리나 실수 바로잡기를 배우지 못한 채, 그저 상황을 피해가는 법만 익히게 된다.

 훈육을 진정한 문제 '해결'로 발전시키려면 '되돌아보기' 대화가 반드시 필요하다. 이를 통해 감정을 인정하고, 관계를 회복하며, 좋은 행동을 강화할 수 있다. 이런 대화는 모든 것이 잠잠해지고 마음이 가라앉은 후에 부드럽게 이루어져야 한다. 내 경험으로는 어두운 방에서 이불을 텐트처럼 치고 따뜻하게 앉아 있을 때가 가장 좋은 시간이다. 나는 이때 "내가 겪은 일" 이야기하기 방식을 쓴다. 각자가 그 상황에서 보고, 생각하고, 느낀 것을 차례로 나누고, 듣는 사람은 공감할 부분을 찾아주는 것이다.*

 나는 아이가 원한다면 항상 먼저 말할 기회를 준다. 이 작은 배려가 아이에게 잃었던 통제감을 되찾아준다. 다만 한 가지 각오해야 할 점이 있다. 아이가 당신의 성격이나 상황을 완전히 다르게 해석할 수 있다는 것이다.

---

* "내가 겪은 일" 이야기하기 방식이 7장에서 설명한 가트맨-라포포트 개입법과 비슷하다는 걸 눈치챘다면 당신은 주석을 꼼꼼히 읽는 독자이며, 나에겐 다시 한번 감격스러운 일이다!

이렇게 각자의 '생각'과 '감정'을 나누는 방식은 "네가 이래서 내가 이랬다"는 식의 논쟁을 피할 수 있게 해준다. 이때는 마음챙김과 인내심이 필요하다. 아이의 이야기가 사실과 다르더라도(완전히 틀린 말을 어떻게 참나 싶겠지만), "그렇게 느꼈을 수 있다"는 관점에서 들어주자. 예를 들면 이렇게 말이다. "그때 우리는 차를 타고 가는 중이었고 농구공도 없었어. 하지만 엄마의 말이 너에게는 마치 공을 세게 맞은 것처럼 아프게 다가왔나 보구나. 그렇게 속상했던 거야?"

아이가 말하는 내용이 과장되었더라도, 그 안에 담긴 감정만큼은 꼭 알아주어야 한다. "누군가 네 말을 듣지 않으면 서운하지. 특히 그 사람이 아빠라면 더 그렇고", "새 장난감을 동생과 나눠야 한다면 나도 짜증 났을 거야." 이런 대화의 핵심은 아이가 자신의 감정을 이해하고 받아들이는 법을 배우는 것이다. <u>감정을 부적절하게 표현한 것에 대해서는 반성할 수 있지만, 그 감정을 가진 것 자체를 부끄러워할 필요는 없다.</u>

감정을 인정해주는 것에서 그치지 말고, 갈등 중에 당신이 했던 <u>실수도 적절한 때에 사과하자.</u> 가능하다면 당신의 감정도 함께 설명하는 것이 좋다. "별것도 아닌 일에 소리를 질러서 미안해. 화가 날 수는 있지만 그렇게 소리 지르면 안 되는 건데. 다음에는 화가 나도 잠시 진정할 시간을 가질게."

아이의 이야기를 듣고 감정을 인정해준 후에는 당신의 경험을 나눌 차례다. 갈등 상황에서 당신이 느끼고 생각했던 것을 이야기하되, 분노나 짜증 외의 감정도 찾아보자. 화가 났다는 건 아이도, 어쩌면 이웃들까지 이미 알고 있을 테니까. 화난 감정을 표현하되 너무 과하지 않게 하는 것이 좋다. 이렇게 말해보자.

"누가 다칠까 봐 '걱정됐어'."
"너를 어떻게 도와줘야 할지 몰라 '답답했어'."
"네가 그렇게 힘들어하는 걸 보니 '당황스러웠어'."

마지막으로, "그런 마음이 들 만하지?", "너도 그런 적 있지 않니?", "왜 그랬는지 이해되니?"라고 물어보며 아이가 당신의 감정도 이해하도록 이끌어주자. 이렇게 서로의 마음을 이해하는 대화야말로 아이가 감정 이해하기를 배울 수 있는 최고의 기회다. 단, 아이가 이야기하기 싫어하면 강요하지 말자. 당신의 감정을 인정받는 것보다 아이가 이런 대화를 통해 배우는 것이 더 중요하니까.

냉장고에 붙여두면 좋은 핵심 포인트

나도 잊지 않으려고 냉장고에 메모를 붙여두는 스타일이라, 이번 장의 핵심을 간단히 정리해보았다.

- 인정은 일상 속에서 자연스럽게 흘러야 한다. 동시에, 아이의 바람직한 성장을 돕기 위한 의도적인 도구로도 활용되어야 한다.
- 놓치기 쉬운 좋은 순간을 발견하는 세 가지 질문
  - 작은 변화의 신호를 찾아내기
  - 아이의 노력과 의도에 집중하기
  - 스스로에게 묻기: "지금 이 순간, 인정해줄 만한 건 뭘까?"
- 훈육할 때는 행동과 감정을 구분하자. 구체적인 행동에는 피드백을 주되, 가능한 한 감정은 인정해주는 것이 원칙이다.
- 큰 갈등이 있었던 후에는 마음을 나누는 시간을 꼭 가지자. 감정을 인정하고, 좋은 행동을 다시 떠올리며 강화하고, 구체적이고 진심 어린 사과로 마무리하자.
- 대화가 감정 싸움으로 흐르지 않도록 '내가 겪은 일' 방식으로 말하기. 서로 같은 상황을 얼마나 다르게 느끼는지, 그림으로 그려보면 더 재미있을 것이다.

16장

사랑을 지키는 기술

당신과 얘기하면 안식처에 온 기분이 들었어요.
— 에밀리 디킨슨, 1878년에 토머스 웬트워스 히긴슨에게 보낸 서한 중에서

일러두기: 이번 장에서 하는 이야기는 연인이나 배우자의 폭력이 행해지는 관계에는 해당되지 않는다. 8장에서도 말했듯 학대 피해자는 학대자의 행동을 변화시킬 수 없다.

관계의 심리학: 파트너십의 이해

대부분의 부모는 아이들의 보상과 벌에 대해 이미 고민해본 터라, 내가 스패로의 사례로 행동 개념을 설명하면 모두 알고 있다는

듯 고개를 끄덕인다. 하지만 커플들에게 이런 이야기를 꺼내면 놀란 표정을 지으며 '지금 내 아내를 고양이에 비유하는 건가요?'라는 눈빛을 보내기도 한다. 그 생각이 틀린 것은 아니지만, 핵심은 따로 있다. 변화의 원칙은 우리가 인식하든 못 하든 모든 관계에 동일하게 작용한다는 것이다. 배우자가 요리를 함께하도록 유도하는 일이 야생 고양이를 길들이는 일과 비슷하다고 하면, 다소 불편하게 들릴 수도 있다. 하지만 이 원칙을 무시하면 문제는 해결되지 않을 뿐 아니라, 오히려 관계가 더 복잡해지고 상처받기 쉬워진다. 특히 친밀한 관계에서 가장 조심해야 할 것이 바로 '벌'이다.

부모들은 자녀에게 벌을 의식적으로 사용한다. "반성 시간을 가져야겠구나", "숙제를 안 하면 스크린 타임(디지털 기기 사용 시간—옮긴이)을 줄여야겠네" 하는 식이다. 반면 친밀한 관계에서는 벌이 은근하고 무의식적으로 작용한다. 장보기를 제대로 안 한 배우자에게 벌을 주려는 의도는 없었더라도, 우유를 깜빡한 것을 알았을 때 보이는 표정 하나가 벌이 될 수 있다. 이런 미묘한 벌은 일산화탄소처럼 서서히 쌓여 두 사람 모두의 관계를 해친다. 그런데도 커플 상담에서 강화, 벌, 행동 원리를 이야기하면 의아해하는 반응을 보인다.

이와 관련된 또 하나의 문제는 '부정 편향'이다. 우리는 관계에서 부정적인 면에 더 강하게, 자주 집중하게 되며, 이는 장기적인 관계일수록 더 뚜렷하게 드러난다. 배우자의 소비 습관, 양육 방식, 취향 차이 같은 사소한 문제들이 서서히 쌓이며 분노와 원망이 자라나게 된다. 이런 부정성이 쌓이면 결혼 생활 전문가들이 말하는 '부정적 감정의 밀물현상negative sentiment override, NSO'에 빠질 수 있다.[1] NSO 상태에서는 배우자의 모든 행동을 부정적으로 해석하게 된다. 객관적으로는 중립적이거나 긍정적인 일조차도 말이다. 예를 들어 남편이 문자에 바로 답하지 않으면, 이해하려 하기보다 '역시 나보다 자기 시간이 중요한 사람이구나. 아내한테 답장할 배려심도 없는 사람이 어디 있나?'라고 생각하게 된다. 이런 상태에서는 배우자의 좋은 면을 인정하기보다 단점을 지적하고 싶어진다. 하지만 관계의 행복을 위해서는 벌은 최소한으로 사용해야 한다.

로맨스 관계에는 두 가지 더 큰 문제가 있다. 첫째는 우리가 애인이나 배우자에 대해서는 기본적인 심리 원칙조차 잊어버리는 경향이 있다는 것이다. 오히려 그들의 행동을 인정하기는커녕 무시하거나 비난하는 쪽을 택하곤 한다. 다음은 내가 상담했던 커플들의 사례이다.

사례 #1

크리스와 조던은 서로에게 더 신뢰를 주고받고 싶어한다. 크리스는 조던이 집안일에 더 참여하면 좋겠다고 생각한다. 조단도 빨래를 하며 노력하지만, 가끔 건조기로 옮기는 것을 잊는다. 크리스는 세탁기에 젖은 빨래가 그대로 있는 것을 보고 화를 참지 못한다.

사례 #2

마샤와 클라라는 성적 친밀감 형성에 어려움을 겪고 있다. 마샤는 자주 만나고 싶어하지만, 클라라는 이를 부담스러워한다. 어느 날 클라라가 먼저 주말 데이트를 제안했다. 짧은 카페 데이트였지만, 클라라에게는 이 제안 자체가 의미 있는 시도였다. 하지만 다음 상담에서 마샤는 그 데이트가 왜 식사나 영화 관람처럼 더 긴 시간이 아니었는지에 대한 아쉬움을 털어놓았다.

사례 #3

주아니타와 존의 고민은 양육에 대한 역할 분담이다. 주아니타는 존이 아이들과 더 많은 시간을 보내고, 양육에도 더 적극적으로 참여하길 원했다. 그러던 중 존은 새 학기 준비물을 사기 위해 아이들과 함께 쇼핑을 다녀왔다. 주아니타는 고마움을 표현했지만, 타깃Target에서 더 저렴한 제품을 발견하곤 존이 산 물건을 모두 반품했다.

주아니타의 "고맙다"는 말은 긍정적 강화처럼 보일 수 있다. 하지만 물건을 반품함으로써 존의 노력과 판단을 무시하는 결과를 낳았다. 이 사례에서 중요한 점은, 배우자의 실수를 실제보다 크게 받아들이는 경향이다. 주아니타는 그런 의도가 아니었지만, 다시 물건을 사는 행동은 존의 노력을 무시한 결과가 되었다. 단순한 쇼핑이 아니라, 파트너의 시도를 인정하지 않고 지워버리는 행동이 된 것이다. 결국 존에게 남은 건 "고마워"보다, "내가 한 일은 틀렸고, 소용없었다"는 허탈함과 상실감이었을 것이다. 마찬가지로 커플 상담에서 성적 친밀감을 논의하는 것은 자연스러워 보일 수 있다. 특히 두 사람이 이를 개선하려 노력 중이라면 더욱 그렇다. 하지만 한쪽이 기대에 미치지 못하는 점에 집중하면, 이는 상대방에게 처벌처럼 느껴질 수 있다. 특히 그 사람 나름의 진전이 있었을 때는 더욱 그렇다. 이런 상황에서 지적을 받은 파트너는 다시 시도할 의욕을 잃고 점점 더 좌절감을 느끼게 된다.

배우자의 변화를 이끌어내는 핵심은 작은 진전이라도 알아채고 인정하는 것이다. 물론 성인이라면 약속 시간을 지켜야 하지만, 현실의 배우자는 그러지 못할 수 있다. 있는 그대로를 받아들이고, 평소보다 조금 덜 늦은 것도 발전으로 보며 그것을 격려하는 것이 중요하다. 최소한 개선 노력을 무시하지는 말아야 한다. 이럴 때 상대방의 경험을 이해하고 인정하는 것은 매우 효과적이다.

이 모든 것이 말은 쉽지만 실천하기는 어렵다는 점을 고려해, 이제 앞선 사례들을 바탕으로 격려하거나 최소한 부정적 반응을 피할 수 있는 공감적 표현 예시들을 함께 살펴보자.

빨래

"자기야, 아까 빨래 모아서 세탁기 돌리는 거 봤어. 내가 부탁한 걸 기억하고 직접 실천해줘서 참 고마워. 당신은 문제가 생기면 말로만 그치지 않고 행동으로 보여주더라. 평소에 잘 표현 안 했지만, 그런 당신이 정말 자랑스러워."

데이트 후

"지난 주말에 함께 커피 마시면서 이야기 나눌 수 있어서 좋았어. 혹시 자기한테는 불편하진 않았을까 싶어서. 우리가 이런 편안한 데이트는 처음이라 어색했을 텐데, 충분히 이해해. 우리 둘 다 노력하고 있으니까, 천천히 가도 괜찮아. 서로 편안함을 느낄 수 있는 방법을 같이 찾아가면 좋겠어."

학교 준비물

"개학 준비물 사느라 긴 줄에서 기다리면서 아이들까지 챙기느라 힘들었을 텐데, 내가 말하기도 전에 먼저 나서서 도와준 걸 알아. 정말 고마워, 자기야."

이 대화들이 보여주는 핵심은 배우자의 더 나은 변화를 위해 실수를 지적할 필요가 없다는 것이다. 성인에게 잘못을 지적하지 않고 좋은 점만 강화하라니, 말이 되나 싶겠지만 이게 맞다. 개선이 필요한 상황이라면 자연스러운 결과(예: 빨래가 젖은 채로 남는 것)가 말보다 더 강력한 메시지가 될 수 있다. 비난은 오히려 상대방이 그 일을 시도조차 하지 않게 만든다. 비난은 멈추게 하고, 인정은 다시하게 만든다.

눈치챘겠지만, 위 대화에서는 격려는 있었지만 불만은 없었다. 하지만 이것이 불만이나 실망을 절대 표현하지 말라는 뜻은 아니다. 다만, 변화를 격려하는 순간만큼은 부정적인 감정을 잠시 내려두는 것이 관계에 더 도움이 된다. 예를 들어 마샤가 친밀한 관계를 갖지 못한 것에 실망했다면, 그 감정을 표현하는 것이 맞았을지 모른다. 하지만 마샤에게 어느 것이 더 중요한지 물었을 때, 그녀는 웃으며 이렇게 말했다. "당연히 발전이죠! 제가 실망한다는 건 클라라도 잘 알고 있으니까요." 당신의 기대와 실망이 인정받길 바라는 것은 당연하다. 하지만 보통은 둘 다를 동시에 이루기 어려우므로 상황에 따라 우선순위를 정해야 한다. 조언하자면, 상대가 당신을 실망시키는 순간보다 힘이 되어주는 순간에 더 주목하면 부정적 편견이 줄어들 것이다.

관계의 발전은 하나의 과정이다. 당장의 부족함은 참아주고, 작은 변화라도 계속되는 노력을 인정해주는 게 진짜 발전을 만든다. 배우자가 꾸준히 도와주기 시작했다면, 그때 더 높은 기대를 말해도 늦지 않다. 그 전에 한번 자문해보자. 지금 내가 원하는 건 변화인가, 완벽함인가? 젖은 빨래, 느린 속도, 실수로 산 물건들…… 그게 정말 그렇게 중요한 걸까? 효율보다 관계, 완벽함보다 함께하는 마음이 더 중요하지 않을까?

갈등 관리: 관계를 지키는 소통의 기술

친밀한 관계에서 가장 중요한 것은 갈등을 다루는 방식이다. 말다툼 중에도 상대의 입장을 이해하려는 노력이 관계를 지키는 최선의 방법이다. 연구에 따르면 갈등 상황에서도 서로를 이해하려 노력하는 커플은 서로를 무시하거나 외면하는 경향이 적고, 관계 만족도 더 높은 것으로 나타났다.[2] 이들은 소통이 원활하고, 불필요한 말다툼이나 후회할 말을 덜 하는 편이다. 전반적인 문제도 상대적으로 더 적다. 파트너의 슬픔에 깊이 공감하거나 자신의 입장을 양보하는 것 같은 고차원적인 이해 표현을 매번 보여주지 못하더라도 걱정할 필요 없다. 존 가트맨에 따르면 "음", "그렇구나" 같은 간단한 반응만으로도 충분한 효과가 있다.[3]

갈등 상황에서 상대방을 이해하려는 태도가 얼마나 중요한지는 '5:1 비율'이 잘 보여준다. 연구 결과, 갈등 중에 긍정적 반응과 부정적 반응의 비율이 5:1일 때 결혼 생활이 안정적으로 유지되는 반면, 0.8:1 이하일 때는 이혼으로 이어질 가능성이 높았다.[4] 여기서 긍정적 반응의 핵심은 상대방의 입장을 이해하려는 태도였고, 때로는 단순한 경청만으로도 충분했다. 반면 부정적 반응에는 비난, 변명, 경멸, 무시 같은 행동이 포함되었다. 가트맨은 이런 파괴적인 행동들을 "계시록의 네 기사"라고 불렀다.[5] 이 네 가지 행동은 상대방을 이해하고 인정하는 모든 노력을 무너뜨리는 가장 파괴적인 의사소통 방식이다.

상대를 이해하려는 태도가 5:1 비율의 핵심이지만, 평소에 그런 습관이 없다면 싸우는 중에 이를 실천하기가 쉽지 않다. 다행히 갈등 중이라고 해서 늘 부드럽고 긍정적인 말만 해야 하는 것은 아니다. 파괴적이지만 않다면, 격한 감정을 표현하는 것도 괜찮다. 오히려 5:1 비율 정도만 유지된다면, 때로는 부정적인 표현도 허용된다. 중요한 것은 단순한 경청도 긍정적 반응이 될 수 있다는 점이다. 여기서 말하는 부정성은 감정 표현이 아닌, 앞서 언급한 네 가지 파괴적 행동을 의미한다.

갈등 상황에서 상대를 더 잘 이해하기 위한 두 가지 조언을 하겠다. 첫째, "이해가 곧 동의는 아니다"라는 사실을 항상 기억하라. 이 문구를 매일 되새기면 자연스럽게 내면화될 것이다.

누군가와 갈등이 있다는 것은 그 사람의 말이나 행동에 동의하지 않는다는 뜻이다. "어떻게 여섯 살짜리 아이한테 「콜 오브 듀티」(12세 이상 등급의 1인칭 슈팅 게임 시리즈로, 제2차 세계대전과 현대전을 배경으로 한 대표적인 전쟁 게임—편집주)를 하게 할 수 있어?" 의견 차이는 자연스러운 것이지만, 상대에게 자신의 관점을 이해시키거나 최소한 대화가 격해지는 것을 막고 싶다면 상대 입장에서 이해할 만한 지점을 찾아야 한다(예: "내가 코미디 팟캐스트를 좋아하는 것처럼 당신이 그 게임을 정말 좋아하니까, 아이와 함께하고 싶었던 마음은 이해해"). 이처럼 상대를 무시하지 않으면서도 다른 의견을 표현할 수 있다.

갈등 중에 상대를 이해하는 두 번째 방법은 상대방의 상처받은 감정을 인정하는 것이다. 사람은 화가 날수록 더 쉽게 상처를 받을 수 있다. 상대의 말에 동의하지 않더라도, 그 사람이 느끼는 감정 자체는 인정해줄 수 있다.

나는 커리어 초반에 변호사 부부인 세르게이와 멀린다의 상담을 맡은 적이 있다. 세르게이가 짜증을 내며 문을 세게 닫았느냐를 두고 두 사람이 말다툼을 벌이다가 상담을 받으러 온 것이었다. 나는 두 사람이 서로를 이해하는 방향으로 대화하도록 유도했지만, 계속되는 말싸움으로 진전이 없었다. 상담이 끝날 무렵, 두 사람은 각자 자신의 주장(문을 세게 닫았다 vs 아니다)을 증명하려 애썼지만, 오히려 처음보다 더 화가 난 상태로 상담이 끝나고 말았다.

몇 년 후, 나는 비슷한 상황을 직접 겪게 되었다. 다만, 문소리에 대해 의견을 나눌 상대가 말을 하지 못하는 고양이라는 점에서는 달랐다. 그날 스패로는 내가 욕실에서 나오며 문을 닫았을 때 놀란 듯했다. 내 생각에는 평소와 다름없이 문을 닫았을 뿐인데, 녀석의 생각은 분명 달랐다. 숨으며 내 쪽으로 날카로운 숨소리를 냈는데, 이는 분명 두려움의 표현이었다. 나는 즉시 목소리를 부드럽게 바꾸고 조심스럽게 행동했다. 녀석을 설득할 방법이 없었기에, 그저 반응을 있는 그대로 받아들일 수밖에 없었다.

스패로의 상처받은 감정을 인정하면서 나는 중요한 것을 깨달았다. 바로 분노와 공격성 뒤에 숨은 취약함을 볼 수 있게 된 것이다.

분노는 종종 이차적 감정이다. 즉 더 근본적인 감정에 대한 반응인 경우가 많은데, 대개 그 밑바탕에는 두려움이 있다. 내가 진행하는 많은 커플 상담이 결국 서로를 향한 분노 이면의 두려움을 발견하도록 돕는 것으로 끝난다. 멀린다의 경우, 세르게이가 문을 세게 닫은 것에 대한 분노 뒤에는 그가 자신을 존중하지 않을지도 모른다는 두려움이 있었다. 세르게이의 경우, 멀린다의 비난에 대한 분노 뒤에는 자신이 폭력적인 사람으로 낙인찍힐지 모른다는 두려움이 있었다. 화가 난 배우자를 더 잘 이해하려면 이렇게 자문해보라. "저 사람은 지금 무엇이 두려운 걸까?", "무엇을 위협으로 느끼고 있을까?" 이 질문들은 자신이 분노를 느낄 때도 도움이 된다. 감정을 무조건 억누르지 않고, 관계를 해치지 않으면서도 상처받은 감정을 보다 정확히 표현할 수 있기 때문이다.

이것만은 기억하기

벌은 관계의 안정성을 서서히 무너뜨리는 흰개미와 같다. 친밀한 관계에서 벌이 만연하게 되는 주요 원인들은 다음과 같다.

(1) 부정적 감정의 밀물 현상
(2) 변화에 대한 비현실적 기대
(3) 벌의 기준을 지나치게 낮게 잡는 것

(4) 갈등

이러한 함정을 피하면서 긍정적인 변화를 이끌어내는 핵심은 강화와 인정의 관점을 유지하는 것이다. 파트너가 기대에 미치지 못하더라도, 작은 진전이라도 찾아 인정해주고 그들의 노력을 무시하거나 평가절하하지 않는 것이 중요하다. 갈등은 그 자체로 부정적일 수 있지만, 긍정적 소통과 부정적 소통의 비율을 5:1 정도로 유지한다면 관계가 치명적인 손상을 입는 것을 막을 수 있다. 이 비율을 지키기 위해서는 "이해가 곧 동의는 아니다"라는 점을 항상 기억하고, 상대방의 상처받은 감정을 인정하려 노력하는 것이 필요하다.

17장

인정하는 리더가 이긴다

> 수용의 기술이란, 방금 작은 호의를 베푼 사람이
> '더 큰 도움을 줄걸 그랬나' 하고 생각하게 만드는 것이다.
> — 러셀 라인스, 『리더스 다이제스트』

매트 사카구치는 구글의 새로운 팀으로 이동하면서, 이전 팀에서 겪었던 대인관계 문제를 예방하고 싶었다.[1] 성과 지향적인 구글러답게 그는 건강한 팀 문화를 만들기 위해 전문가들과 상담했다. 그가 찾은 전문가들은 구글의 '아리스토텔레스 프로젝트 팀'으로, 고성과 팀의 핵심 특성을 연구하는 사내 조직이었다. 수백 개의 팀을 분석하여 방대한 데이터를 보유한 이들은 사카구치에게 먼저 팀의 현재 상태를 진단해보라고 조언했다. 그들이 제공한 설문지를 팀원들에게 배포했고, 아마도 또 하나의 설문이라며 팀원들은 내심 귀찮아했을 것이다.

사카구치는 자기 팀의 팀워크가 탄탄하다고 여겼지만, 설문 결과는 예상과 달랐다. 이에 그는 다시 한번 성과 지향적인 리더답게, 팀원들과 이 결과를 논의하기 위해 하루 종일 회사 밖에서 시간을 보내기로 했다. 그는 독특한 방식으로 긴장된 분위기를 풀었다. 각자의 인생 여정을 그림으로 표현해보자고 제안한 것이다. 첫 발표자로 나선 그는 전형적인 성공 스토리 대신, 4기 암 진단과 투병 과정을 털어놓았다. 지난 5년간 구글에서 일하며 치료를 받았고, 최근에는 간에서 이상이 발견되어 재발이 의심된다는 이야기까지 공유했다.

사카구치의 고백은 단순한 개인 서사를 넘어, 모두가 직장 밖에서도 저마다의 인생을 살아가고 있다는 사실을 다시금 떠올리게 했다. 이어진 발표들에서도 SNS에 올라온 화려한 모습 대신, 저마다의 삶의 무늬를 담은 진짜 이야기들이 그림을 통해 펼쳐졌다. 그는 팀의 표면적인 성과만으로는 실제 문제를 이해할 수 없다는 것을 깨달았고, 이는 개인 차원에서도 마찬가지일 것이라고 생각했다. 그의 예상은 들어맞았다. 그는 팀원들이 자유롭게, 솔직하게 자신을 표현할 수 있는 심리적 공간을 마련했고, 그 과정에서 서로에 대한 이해는 한층 깊어졌다.

후일 인터뷰에서 사카구치는 이렇게 말했다. "제가 그런 자리를 마련한 것은 한 사람의 진솔한 이야기를 들으면, 그 사람을 더 이상 단순한 동료가 아닌 온전한 한 사람으로 바라보게 되는지 확인하고 싶어서였습니다. 실제로 그 후 우리는 서로를 업무 관계를 넘어 한 인간으로서 이해하게 되었습니다. 이런 깊이 있는 대화를 통해 우리는 팀워크를 개선하는 방법도 자연스럽게 논의할 수 있었어요. 한 달 정도 지나자 팀의 소통 방식이 달라졌고, 결국 제가 구글에서 경험한 최고의 팀이 되었습니다."[2]

사카구치의 이런 시도는 아리스토텔레스 프로젝트 팀이 직접 제안한 것은 아니었다. 연구자들은 그의 투병 사실을 공유하라고 조언하지 않았다. 다만 '심리적 안전감'의 중요성을 강조했을 뿐이다. 이는 팀원들이 자신의 생각을 말하거나 실수를 인정할 때, 그로 인한 불이익이나 부정적 반응을 걱정하지 않아도 된다는 믿음이 서로 간에 있음을 의미한다. 조직 행동학자 에이미 에드먼슨은 그의 저서 『두려움 없는 조직』에서 심리적 안전감을 "사람들이 자신을 표현하고 진정한 모습으로 행동하는 것을 편안하게 느끼는 분위기"라고 정의했다.[3] 즉 직장이라는 공간 안에서도 있는 그대로의 나로 인정받을 수 있다는 신뢰가 구성원들 사이에 존재함을 뜻한다.

아리스토텔레스 프로젝트는 고성과 팀들의 여러 공통점을 밝혀냈지만, 그중에서도 심리적 안전감이 가장 핵심적인 요인으로 드러났다.[4] 연구 결과, 심리적 안전감이 높은 팀의 구성원들은 회사에 더 오래 남고, 더 높은 수입을 얻으며, 다양한 아이디어를 수용하고, 경영진에게 더 유능한 인재로 평가받는 경향이 있었다. 이 개념

> **누군가의 행동을 인정하고 지지할 때, 대인관계의 위험은
> 줄어들고 심리적 안전감은 높아진다.**

은 구글에만 국한된 것이 아니다. 수십 년 전부터 존재해온 심리적 안전감은 의료 현장부터 제조업, 교육, IT 분야에 이르기까지 다양한 조직 연구를 통해 그 효과가 입증되어왔다. 혁신 촉진, 직원 참여도 향상, 정신건강 증진, 팀 성과 개선, 이직률 감소 등 여러 방면에서 긍정적 영향이 확인된 것이다.[5]

사카구치가 심리적 안전감을 구축한 방식은 이 책의 내용과 일맥상통한다. 그는 자신이 원하는 행동(솔직한 소통)을 먼저 보여주고, 다른 이들에게도 같은 기회를 제공한 뒤, 그들의 솔직한 표현을 인정하며 지지했다. 물론 그가 얼마나 효과적으로 팀원들을 지지했는지는 정확히 알 수 없다. 하지만 그의 목표가 구성원들에게 "누군가가 자신을 이해하고 있다"는 느낌을 주는 것이었고, 이후 팀의 소통이 개선되었다는 점을 고려하면, 어느 정도 성공했다고 볼 수 있다. 최소한 대부분의 팀원이 자신의 솔직한 이야기를 나눈 것에 대해 거부당하거나 불이익을 받았다고 느끼지는 않았을 것이다.

모든 팀이 사카구치의 팀처럼 깊은 수준의 솔직함을 나눠야 한다고 말하지는 않겠다. 다만 한 가지 강조하고 싶은 점은, 심리적 안전감을 만드는 핵심이 상대방을 인정하고, 이를 보여주고(모델링),

강화하는 것이라는 사실이다.

정서적 공감으로 업무 성과를 높이는 방법

직장에서 활용할 수 있는 가장 경제적이고, 긍정적이며, 유연한 강화 방법은 상대방을 인정하고 공감하는 것이다. 신입 사원부터 임원진까지, 동료나 고객, 관리자 등 누구에게나 효과가 있으며, 새로운 아이디어 제안부터 일상적인 업무 협조까지 모든 행동을 강화할 수 있다. 하지만 연구 결과에 따르면, 직장에서는 이러한 인정과 공감이 심각하게 부족한 실정이다. 2017년 갤럽 조사에서는 직장인 10명 중 3명만이 자신의 의견이 직장에서 매우 중요하게 받아들여진다고 답했다.[6] 3년 후 카탈리스트의 조사에서는 여성 응답자의 절반 가까이가 화상 회의에서 의견 개진에 어려움을 겪고 있다고 답했으며, 5명 중 1명은 자신의 의견이 무시되거나 간과된다고 응답했다.[7]

직장에서 상대방을 인정하고 공감하는 일이 부족한 것은 어쩌면 당연해 보인다. 직원들은 급여를 받고 일하며, 정기적인 성과 평가를 받는다. 이런 평가 문화에서는 인정보다 칭찬이 더 자연스럽게 여겨진다. "잘했어", "정말 수고했어", "훌륭한 발표였어" 같은 칭찬은 긍정적 평가를 직접적으로 전달하기 때문이다. 또한 전문성을 중시하는 직장 문화에서는 개인보다 '업무 성과'에 초점이 맞춰지기 마련이다.

칭찬 자체는 문제가 되지 않는다. 물론 누군가 칭찬받는 것을 인생의 유일한 목표로 삼는다면 문제가 되겠지만, 일반적인 칭찬은 건강하고 유익하다. 칭찬은 강력한 동기부여가 되며, 공감과 함께 사용하면 더욱 효과적이다. 나는 기업 고객들에게 "업무는 칭찬으로, 사람은 공감으로 대하라"고 조언한다. 다만 칭찬을 너무 자주 하거나 진정성 없이 사용하면 형식적인 말에 그칠 수 있다. 직장에서 이런 형식적인 소통이 흔하다고 해도, 그것만으로는 진정한 동기부여가 되지 않는다.

1,500명 이상의 직원을 대상으로 한 연구에 따르면, 상사가 자신의 개인적인 면에도 관심을 보일 때 직원들의 '업무 몰입도가 세 배 이상 높아지는' 것으로 나타났다.*8 하지만 실제로 그런 관심을 보인다고 느끼는 직원은 3분의 1도 되지 않았다. 12개국 9천 명 이상을 대상으로 한 또 다른 조사에서는 94퍼센트가 공감 능력을 "건강한 직장 문화의 필수 요소"라고 답했다. 하지만 전 세계적으로 공감 교육을 제공하는 기업은 절반도 되지 않는다. 흥미로운 점은 이런

---

*갤럽의 2022년 조사 결과, 직원들의 몰입도가 높은 기업은 그렇지 않은 기업보다 23퍼센트 높은 수익을 기록했으며, 결근과 이직, 사고는 더 적고 고객 충성도는 더 높았다. Gallup, *State of the Global Workplace Report* [Gallup, 2022], accessed March 1, 2023, https://www.gallup.com/workplace/349484/state-of-the-global-workplace2022-report.aspx

교육을 제공하는 기업의 직원들이 더 높은 업무 몰입도를 보인다는 것이다.[9]

상사나 동료들은 칭찬이면 충분하다고 여기겠지만, 동기부여는 칭찬만으로 이루어지지 않는다. 지난 30년간의 임상 연구가 보여주듯, 진정한 공감과 인정이 실질적인 변화를 만들어낸다. 이는 창의성과 참여를 촉진하는 문화를 만들 뿐 아니라, 구체적인 행동 개선도 이끌어낸다. 직장에서 특히 다음과 같은 상황에서 공감이 효과적이다.

- 기대 이상의 성과나 긍정적인 변화를 보일 때
- 어려움 속에서도 끈기를 보이거나, 다른 격려가 부족한 상황에서 계속 노력할 때
- 실수를 인정하고, 도움을 요청하며, 피드백을 제공하는 등 심리적 안전감을 높이는 행동을 할 때

이런 상황에서 공감이 어떻게 긍정적인 변화를 이끄는지, 실제 사례로 확인해보자. 사례들 중 하나만 실명을 사용했음을 밝힌다.

1. 기대 이상의 성과를 보이는 동료 지지하기

내담자 팜은 드와이트라는 동료의 태도 문제를 지적해야 하는 상황이었다. 다른 팀원들이 모두 꺼리는 바람에 그녀가 맡게 된 일이

었다. 팜의 말에 따르면 드와이트는 "거만하고 성급한" 성격이었다. 바로 그런 성격 때문에 누군가 피드백을 해야 했고, 또 그 때문에 아무도 나서려 하지 않았다. 그녀는 그가 책임을 회피하고 다른 사람을 탓하거나 심지어 화를 낼 수도 있다고 예상하며 대화를 시작했다. 하지만 예상과 달리 드와이트는 방어적인 태도를 보이지 않고 신중하게 경청했다. 팜은 "좋은 대화였어요"라는 칭찬으로 대화를 마쳤다. 그가 보여준 수용적 태도를 긍정적으로 강화하고자, 팜은 이후 이메일을 통해 따로 마음을 전했다.

드와이트, 그날 대화할 때 당신이 열린 마음으로 잘 들어주어서 깊은 인상을 받았어요. 저라면 그렇게 어려운 피드백을 그토록 이해심 있게 받아들이기 힘들었을 것 같아요. 정말 감동받았습니다.

2. 동기부여가 제한된 상황에서 지속적인 성장 만들어내기

올해 초, 글쓰기가 막막해진 나는 같은 이름을 가진 편집자 캐럴라인에게 고민이 담긴 긴 이메일을 보냈다. 책의 원고 구성을 전면적으로 수정하려 한다는 내용을 자세히 설명하고 마지막에 이렇게 덧붙였다.

이 책이 엉망이 될까 봐 정말 불안합니다. 완전히 망하면 어떡하죠? 그렇게 될 것 같다면 꼭 말씀해주세요. 절대 기분 나쁘지 않을 테니까요. 저는 스스로의 감정을 잘 이해하고 받아들일 줄 아는 사람이라, 상처를 받더라도 그것을 있는 그대로 인정하면서 마음을 다스릴 수 있거든요. ^^;

다음은 캐럴라인이 보내온 답장이다.

먼저, 제가 원고를 거의 다 검토해봤는데 아무리 꼼꼼히 살펴봐도 문제가 될 만한 부분을 찾을 수 없었어요. 원고 전체를 완전히 새로 쓰시지 않는 한, 망할 가능성은 전혀 없습니다.

그리고 한 가지 더 확실히 말씀드리고 싶은 것은, 지금 시점에서 글이 엉망이라고 느끼시는 것이 극히 자연스럽다는 점입니다. 모든 작가들이 이 단계에서 똑같은 불안을 경험하세요. 오히려 선생님께서 지금 이런 생각이 들지 않으셨다면 제가 더 걱정했을 거예요. 지금 겪고 계신 불안감은 불편하지만, 피할 수 없는 문학적 성장통이나 다름없어요.

이 이메일은, 업무는 칭찬하고 감정은 공감해주는 방식을 완벽하게 보여주는 사례다. 캐럴라인의 이러한 답장 덕분에 나는 침체에서 벗어나 글쓰기의 리듬을 되찾을 수 있었다. 그녀는 내가 대인관계에서 용기 있는 시도를 할 수 있게 용기를 북돋워주었다. 솔직한 피드백을 요청하고, 감정을 드러내며, 유머를 활용하도록 격려해주었다. 그녀의 지지 덕분에 '진정한 나'로서 대화를 이어가고 싶은 마음이 더욱 커졌다.

3. 동료의 건설적인 행동 지지하기

정신건강 관련 프로젝트를 함께 진행하던 이사 마이클이, 일부 팀원들에게는 특권의식으로 비칠 수 있는 의견을 전달해온 적이 있었다. 나는 고민 끝에 내 불편한 감정을 표현하고 우려를 전달하는 이메일을 보내기로 했다. 이사와의 관계가 소원해질 수 있는 위험이 있었지만, 감수할 만한 일이었다. 그는 즉시 다음과 같은 답장을 보내왔다.

제가 이메일로 누군가의 기분을 상하게 했을까 봐 걱정되어 하루 종일 답장만 기다리게 되는 것을 꺼리는 사람이라, 당신의 메일을 받자마자 바로 답장드립니다. 급하게라도 빨리 회신하고 싶었습니다.

1. 당신의 피드백은 제게 불쾌하지 않았습니다. 오히려 제가 몰랐던 점을 일깨워주었어요.
2. 이제야 제 의견이 얼마나 배려가 부족했는지 깨달았습니다.
3. 제가 그런 식으로 말했다는 것이 부끄럽습니다. 더구나 당신에게 상처를 주었다고 생각하니 정말 마음이 좋지 않네요. 이 말씀을 꼭 먼저 전하고 싶었습니다. 조만간 더 자세한 내용으로 다시 연락드리겠습니다!

마이클은 내가 제기한 문제의 민감성을 감안할 때, 신중한 답변이 필요하다는 점을 잘 알고 있었을 것이다. 하지만 그가 보낸 메시지는 누군가의 검토를 거친 공식적인 답변이 아니라, 가식 없이 자신의 마음을 직접 담은 진솔한 반응이었다. 여기서 중요한 점은, 누군가의 행동을 인정하고 지지하기 위해 반드시 기대하는 행동들을 세세하게 정리할 필요는 없다는 것이다. 당신의 감정이 그런 순간을 포착하는 단서가 되어줄 것이다. 팜은 드와이트의 반응에 놀라움을 느꼈고, 캐롤린은 내 상황에 깊이 공감했다. 동료의 말이나 행동이 마음에 와닿았다면, 바로 그때 진심으로 인정하고 지지해주는 것이 중요하다. 주목할 점은, 내가 추측했던 마이클의 감정처럼 강한 부정적 감정 역시 누군가에게 공감적 이해가 필요하다는 신호가 될 수 있다는 것이다. 우리는 보통 다른 사람이 의도적으로 상처를 줄 때 방어적이 되지만, 때로는 누군가가 자신에게 상처가 될 만한 우리의 어떤 면을 얘기하려 할 때도 비슷한 불편함을 느낄 수 있다.

누군가 우리를 비난할 때면 자연스럽게 오해받는다는 감정과 분노가 일어난다. 이는 우리의 본능적인 반응이다. 이런 감정들은 다른 이에게 상처를 준 것에 대한 괴로움과, 그것이 우리의 성격, 관계, 업무에 미칠 영향에 대한 불안이 뒤섞인 것이다. 이런 불편한 감정이 들면 우리는 자연스럽게 자신을 변호하는 말부터 하게 된다("왜 이렇게 예민하게 구는 거야!", "그런 의도가 아니었다고!"). 그러나 이런 불편한 감정과 생각이야말로 진실을 마주하는 실마리가 될 수 있다. 상대가 오해했거나 과하게 반응했을 수도 있지만, 그 잘못을 지적하는 건 쉽고도 비생산적인 대응일 수 있다. 상대의 해석에 동의하지 않더라도, 솔직한 피드백을 원한다면 불편한 감정 역시 열린 마음으로 받아들일 필요가 있다.

마이클의 사례를 마지막으로 선택한 이유는 이번 장의 핵심 주제인 심리적 안전감, 인정을 통한 성장, 그리고 다양성과 포용 사이의 관계를 잘 보여주기 때문이다. 이제 이 관계에 대해 더 자세히 살펴보자.

포용, 그 너머의 가치

한 집단에 소속된다는 것은 단순히 그 집단의 일원이 되는 것 이상을 의미한다. 어떤 기업이 채용 과정에서는 차별을 보이지 않더라도, 소수 인종에게 지속해서 낮은 임금을 지급하거나 미묘한 차별을 묵인하여 그들이 소외감이나 무시당하는 느낌을 받게 할 수 있다. 진정한 포용이란 단순히 말할 기회를 주는 것이 아니라, 그 목소리를 진심으로 듣고 받아들이는 태도까지 포함한다. 전형적으로 서구 기업들은 표면적인 지표("우리가 유색인종 여성을 충분히 채용하고 있는가?")에만 집중해왔지, 실제 경험("우리가 채용한 직원들이 진정으로 환영받고 있다고 느끼는가?")에는 관심을 두지 않았다. 과거에도, 지금도 많은 조직은 수용을 장려하기보다 오히려 다양성을 불편한 존재로 다루어왔다. 최근까지도 "나는 피부색을 보지 않아"*

라는 말이 진보적인 관점으로 여겨졌고, 대부분의 조직은 소수자 집단이 마치 용광로처럼 다수자 집단에 자연스럽게 녹아들 것이라는 잘못된 믿음을 가지고 있었다. 그러나 이 '용광로'라는 은유 자체가 포용이라는 개념을 얼마나 오도하고 왜곡해왔는지를 보여준다.

시간이 흐르면서 포용을 이루는 방법은 우리의 차이를 무시하는 것이 아니라, 그 차이를 있는 그대로 인정하는 것임이 분명해지고 있다. 나아가, 상대가 진심으로 받아들여졌다고 느낄 수 있도록 이해와 공감이 필요하다는 점을 점점 더 많은 이들이 인식하기 시작했다. "흑인의 생명도 소중하다Black Lives Matter"나 미투 운동 이후로 기존 체제가 외면했던 경험들을 인정하라는 요구가 증가하고 있다.

현재 조직들이 직면한 가장 큰 걸림돌은 두려움이다. 사람들이 다양성과 포용에 관한 대화를 피하는 것은 그것이 바람직하다고 생각해서가 아니라, 이해 부족으로 상황을 악화시킬까 봐 두려워하기 때문이다. 이 두려움이 여전히 장애물이기는 하지만, 나는 그 안에서 변화의 조짐을 본다. 사람들이 이제는 포용을 어떻게 말하고 실천할지, 상처를 주지 않으면서도 진심을 전할 방법을 고민하고 있기 때문이다. 역사적으로 볼 때 이런 시기가 얼마나 있었던가? 요즘 내가 사는 동네 서점에서는 마치 황금 티켓이라도 들어 있는

---

* 피부색이라는 단어는 성별, 나이, 장애, 신경 다발성neurodiversity 등으로 대체될 수 있다.

것처럼 다양성과 포용을 다룬 책들이 불티나게 팔리고 있다. 모든 사람이 자신이 공감할 수 없는 경험을 어떻게 이해하고 표현할지 고민하는 것 같다. 이는 곧 상대의 경험을 완전히 이해하거나 공감하지 못하더라도 어떻게 그들의 입장을 인정하고 존중할 수 있을지에 대한 고민인 셈이다.

이쯤에서 독자들에게 질문을 던지고 싶다. 지금까지 '공감의 기술'을 잘 배워왔으니, 앞서 제기한 고민에 대한 해답을 찾아보면 어떨까? 힌트를 주자면, 이해의 단계를 떠올려보면 된다. "마음챙김으로 시작하기"라고 생각했다면 정답이다!

나는 다양성과 포용이라는 복잡한 주제를 몇 가지 기술로 단순화하고 싶지는 않다. 이 문제에는 고려해야 할 요소가 너무나 많기 때문이다. 하지만 변증법적 관점에서, 이러한 복잡성 속에서도 어느 정도의 실용적 단순함을 찾고 싶다. 수용의 첫걸음은 상황을 인식하고 그 인식을 분명히 표현하는 것이다. 마음챙김의 핵심 요소인 '주의 기울이기'와 '따라 하기'가 여기에 도움이 된다. 이러한 태도는 상대의 경험을 더 깊이 이해하도록 돕는다. 물론 이것이 교육이나 문화적 이해를 완전히 대체할 수는 없지만, 진정한 이해와 공감으로 나아가는 의미 있는 첫걸음이 될 수 있다.

이 주제를 마무리하며 리더와 영향력 있는 위치에 있는 분들에게 특별히 당부드리고 싶다. 조직 내에서 공감적 소통 기술을 적극적으로 활용해주시기를 바란다. 미국 34개 대학 2만여 명의 학생들을 대상으로 한 연구에 따르면, 교직원들이 보여주는 관심과 지지가 학생들의 소속감을 높일 뿐만 아니라, 놀랍게도 그들이 겪는 차별과 편견의 상처까지 치유하는 효과가 있는 것으로 밝혀졌다.*[10] 연구진의 말을 빌리면, "이러한 인정 경험은 교육 환경에서 자존감과 가치를 높여, 학생들이 자신의 사회적 정체성에 대한 미묘한 차별이나 적대감을 경험하더라도 회복력을 유지하도록 돕는다".[11] 한편, 구성원들의 감정을 잘 이해하고 소통하는 관리자는 직속 부하 직원들에게 다양성과 포용성을 더 잘 지지해주는 상사로 여겨지기도 했다.[12] 한 연구자의 표현처럼 "진정성 있는 열린 수용의 한 걸음이, 수십 개의 제도나 교육 프로그램보다 더 큰 변화를 만든다."[13]

이러한 연구 결과들은 인상적이지만, 가장 주목할 점은 따로 있다. 그것은 우리가 이미 알고 있는 사실, 즉 권한을 가진 사람들의 영향력이 실로 막강하다는 점을 다시 한번 확인해준다는 것이다. 물론 이는 다른 구성원의 영향력이 없다는 뜻이 아니다. 다만, 채용과 해고, 승인과 거절을 결정할 수 있는 위치에 있는 이들에게는 포용과 수용 그리고 인정과 지지를 실천해야 할 특별한 책임이 있다는 점을 강조하고 싶다.

---

*이 논문의 저자들에 따르면 '학문적 타당화academic validaiton'는 대학생으로서 학업을 익힐 내적 능력을 긍정해주는 것이다. 이런 타당화의 행동 중에는 학생들에게 질문과 참여를 격려하고 학생들의 진전에 대한 관심과 우려를 보여주는 식의 '주의 기울이기'도 포함되어 있다.

18장

회복력을 높이는
자기 인정의 기술

이상한 역설이지만, 내가 나 자신을 있는 그대로 받아들일 때
비로소 나는 변화할 수 있다.
— 칼 로저스, 『진정한 사람 되기: 상담의 원리와 실제』

새해 전날 밤, 나는 집에서 홀로 글을 쓰고 있다. 매트와 하바나는 워싱턴주의 멋진 친척들을 만나러 떠났다. 나도 함께하고 싶었지만 갈 수 없었다. 전에 비행기를 탔다가 다발성 경화증 발작을 겪은 적이 있었기 때문이다. 여기서 분명히 짚고 넘어가야 할 점은, 다발성 경화증 발작은 단순한 증상의 반복이 아니라, 증상이 심해지거나 아예 처음 겪는 증상이 나타나는 식으로 진행되곤 한다. 쉽게 말해 컴퓨터에 물을 쏟은 것과 비슷한데, 다만 여기서는 알 수 없는 환경적 요인이 '물'이고 당신의 뇌가 '컴퓨터'라는 차이가 있을 뿐이다.

지난달에도 갑작스러운 발작을 겪었기에, 또다시 그런 위험을 감수할 수는 없었다. 차로 시애틀까지 가는 것도 고려해봤지만, 이전 발작 후 아직 근경련이 완전히 회복되지 않아 오래 앉아 있기가 힘들었다. 30분 정도 키보드를 두드리다가 멈추고 팔굽혀펴기와 제자리 뛰기를 반복하는 게 최선이었다. 이런 상태에서 시애틀까지 차로 간다는 건, 아무리 낙관적으로 보아도 앞으로 2년은 더 회복되어야 가능한 일이다. 게다가 도중에 차를 세우고 이상한 스트레칭을 하다가 어디론가 끌려갈지도 모른다.

글을 쓰면서 내 안에 스며드는 어둠을 느낀다. 그것이 가슴에서 소용돌이치고, 목을 조이며, 눈 안쪽을 짓누르는 것이 느껴진다. 데이브 매슈스 밴드의 노래 가사가 머릿속을 맴돈다. "당신은 왜 그렇게 다른가요? 왜 그러는 건가요?"[1]

이렇게 내 경험을 털어놓는 것이 조금 조심스럽다. 데이브 매튜스 밴드를 아직도 듣는다는 사실 때문만은 아니다. 이런 책들은 독자와 공감대를 형성해야 하는데, 나처럼 독특한 증상과 한계를 가진 사람을 본 적이 없기 때문이다. 그럼에도 내 이야기를 나누기로 한 것은, 모든 사람이 부정적 감정과 그것을 증폭시키는 자기 부정적 생각으로 힘들어한다는 사실을 알기 때문이다.

우리는 종종 불편한 감정과 나쁜 것을 동일시하곤 한다. 하지만 외로움이나 불안을 느끼는 것은 잘못되거나 비정상적인 것이 아니다. 누구나 상처받을 수 있고, 모든 사람이 저마다의 특정 시기에 그런 아픔을 경험한다. 흥미롭게도 우리가 자신을 부정하는 방식은 놀라울 정도로 비슷하다. 좌절을 겪으면 부정적 핵심 신념(자신과 타인, 세상에 대한 가장 근본적인 믿음—옮긴이)이 작동하기 시작한다. 이러한 부정적 핵심 신념은 우리가 마음 깊은 곳에서 진실이라고 아는 자아상을 부정하는 것과 같다. 다시 말해, 이런 신념들이 실제로는 잘못된 것임에도 우리는 그것을 진실이라고 믿으려는 강한 경향이 있다. 이런 신념들은 주로 어린 시절의 상처에서 비롯되며, 정체성의 핵심을 이루는 경우가 많아서 이를 바꾸려는 시도(치료사의 노력)는 보기 딱할 만큼 힘들다.[2]

부정적 핵심 신념은 그것에 영향을 준 경험, 문화, 양육만큼이나 다양할 것 같지만, 실제로는 그렇지 않다. 연구에 따르면 사람들이 자신에 대해 보이는 부정적 신념은 주로 세 유형으로 나타난다. 무력감("난 자신감이 없어"), 결함감("나는 부족한 사람이야"), 무가치감("나는 남에게 짐이 되는 사람이야").[3] 각자의 경험은 다르지만, 우리가 느끼는 감정과 자신을 부정하는 방식은 놀랍도록 비슷하다.

이제 우리가 다룰 주제는 바로 이러한 자기 부정의 다양한 형태들이다. 나 역시 구차하게 내 건강 문제를 언급하며 불편한 감정을 전하고 싶진 않았다. 하지만 이야기를 거짓으로 지어내거나, 이미 모든 것을 극복한 것처럼 회고하고 싶지도 않았다. 첫째로, 나는 완벽함보다는 진정성을 보여주고 싶었다. 둘째로, 나는 현실적인 해결책을 추구하는 사람이라, 어려운 과정은 건너뛰고 좋은 결과만 여러 각도에서 보여주는 유튜브 영상처럼 내 이야기를 포장하고 싶지 않았다.

새해 전날 밤의 고독이 실제적인 것처럼, 그 감정을 증폭시키는 '자기 부정' 역시 진짜다. 이 마지막 장에서는 자기 부정의 현상을 살펴보고, 이를 자기 수용으로 바꾸는 방법을 알아보려 한다. 지금까지 배운 이해의 기술을 활용해 마음챙김, 이해, 관심의 초점을 후회와 절망 같은 힘든 감정들로 돌려보자. 인정은커녕 마주하는 것조차 위험하게 느껴질 수 있는 그런 감정들 말이다.

자기 부정의 덫에서 벗어나기

실수를 인정하는 것과 자신을 부정하는 것은 전혀 다르다. 자기 부정은 자신의 실수나 약점에 대해 가혹하게 비판하거나("난 정말 바보야"), 그것을 성격적 결함으로 일반화할 때("이러니까 사람들이 날 싫어하는 거야") 일어난다. 자신의 감정과 내면의 경험을 비판하고, 무시하고, 경시하고, 의심하는 것 역시 자기 부정의 한 형태이다. 불편한 감정을 거부하는 것은 그것을 없애기 위한 노력이지만, 고통은 그렇게 순순히 물러나지 않는다. 외면해도 찾아오고, 문을 잠가도 어떻게든 스며든다. 오히려 수치심, 분노, 자기혐오라는 '친구들'을 데려올 뿐이다.

이런 부정적 감정들의 가상 파티에 대응하며, 우리는 흔히 생각이나 감정, 행동을 정당화하려 든다. 그 감정을 일으킨 상황은 회피한 채, 스스로에게 이상한 방어적 태도를 보인다. 결국 겉으로는 자기성찰처럼 보이지만 실제로는 전혀 그렇지 않은 반추의 악순환에 빠진다. 자기 성찰이 의도적이고 비판 없는 관찰이라면, 반추는 강박적이고 통제하기 어려우며 자책으로 가득하다. <u>전자는 성장을 돕지만, 후자는 성장을 막는다.</u>

반면 자기 수용은 고통과, 그 고통을 불러일으킨 실수, 충동, 강한 욕구, 중독, 일탈, 약점에 대한 반응을 받아들이는 것이다. 내면의 경험을 의심하거나 축소하는 대신 있는 그대로 인정한다. 여러 연구에서 밝혀졌듯, 자기 수용과 자기 연민은 무분별한 자기 동정과는 다르며, 오히려 반추와 불안을 줄이는 데 긍정적인 영향을 미친다.[4] 자신을 수용하는 사람은 그렇지 않은 사람보다 잘못된 행동을 고치려는 동기가 더 강하고, 자신의 약점을 변화 가능한 것으로 인식할 가능성이 더 높다.[5]

3부에서 언급했듯 다시 한번 강조하자면, 과도한 처벌은 관계뿐만 아니라 처벌받는 사람의 행복에도 큰 상처를 준다. 여기서 말하는 처벌에는 자신에게 가하는 것도 포함된다. 죄책감이나 슬픔, 실망은 단지 스스로를 괴롭히는 감정일 뿐, 실수로부터 배우는 데 반드시 필요한 요소는 아니다. 더 나은 삶을 위해서 굳이 자신을 비난하며 살아갈 필요는 없다. 안타깝게도 이제 자기 부정은 마치 우성

유전자처럼 대물림되고 있다. 우리 대부분이 어느 정도는 자기 부정으로 고통받고 있으며, 다만 그 정도와 이를 다루는 기술이 있느냐 없느냐에 차이가 있을 뿐이다.

내면의 목소리에 귀 기울이기

자기 수용은 당신의 감정과 경험을 마음챙김, 이해, 공감을 통해 있는 그대로 받아들이는 과정이다. 내가 개발한 '인정의 사다리' 프레임은 크리스토퍼 거머와 크리스틴 네프의 자기 연민 연구, 그리고 변증법적 행동치료의 고통 감내 기술을 기반으로 했다.[6]

이번에는 수용의 대상이 자기 자신이므로, 이 단계 중 둘은 적용되지 않는다. 자신의 마음을 읽는 것은 큰 의미가 없으니 '마음 읽기' 단계는 생략해도 된다. 이미 알고 있는 자신의 이야기를 듣는 것도 특별한 깨달음을 주지 않으니 '진심 보여주기' 단계 역시 마찬가지다.

남은 여섯 가지 기술(주의 기울이기, 따라 하기, 맥락 파악하기, 입장 바꿔보기, 감정 나누기, 행동 보여주기)이 자기 수용의 단계가 된다. 자기 수용을 실천할 때는 편한 기술부터 시작하는 대신, 반드시 마음챙김으로 시작해 위 순서대로 진행해야 한다.* 마음챙김은 시작점이 되는 기술이지만, 집중이 흐트러지거나 부담이 느껴질 때는 언제든

다시 마음챙김으로 돌아와도 좋다.

특정 기술을 자신에게 적용하는 것이 어색하고 불편하게 느껴진다면, 그것이 바로 이 훈련이 필요한 이유임을 기억하라. 그 불편함을 견디고 넘어설 수 있으려면 시간과 인내가 필요하다. 다른 모든 새로운 기술이 그렇듯, 연습을 거듭할수록 자연스러워질 것이다.

이어지는 내용에서는 이 기술들을 나 자신에게 먼저 적용해보면서 구체적인 방법을 보여주겠다. 나는 하나의 감정만을 다루지만, 당신이 연습할 때는 여러 감정에 주목해도 좋다. 이 장의 마지막에 있는 '자기 수용 연습하기' 부분에서, 지금부터 설명할 여섯 단계를 따라 직접 실습해보기 바란다.

마음챙김으로 시작하는 자기 이해

자기 수용에서의 마음챙김은 감정을 증폭시키지 않으면서 있는 그대로 느끼도록 돕는 과정이다.

---

*세심한 독자라면 눈치챘을 텐데, '이해의 단계'에서는 '감정 나누기'가 '행동 보여주기' 뒤에 있지만, 여기서는 그 순서가 바뀌어 있다. 다른 사람을 이해하고 공감할 때는 각 단계 안에서 순서를 자유롭게 바꿔도 좋다. 각 단계 세트는 난이도와 효과의 강도에 따라 배열되어 있지만, 세트 내의 개별 기술들은 특정 순서를 고집할 필요가 없다. 하지만 자기 자신을 수용할 때는 순서가 매우 중요하며, 특히 '감정 나누기'가 '행동 보여주기'보다 먼저 와야 한다. 자기 수용의 과정에서는 감정과의 접촉이 선행되어야 행동 변화가 가능하기 때문이다.

1단계: '주의 기울이기'

주의를 기울일 때는 비언어적 표현을 활용하고, 경청하며, 인식을 높이는 질문을 던진다. 이때 자신에게 주의를 기울인다는 신호를 보내기보다는, 바로 수용하는 자세를 취하는 것이 좋다. 자기 자신에게는 일반적인 비언어적 행동보다 '손바닥 펴기', '근육 이완하기', '깊은 호흡하기'가 더 효과적이다. 이러한 신체적 신호는 우리 몸이 방어 태세를 취할 때 나타나는 '투쟁-도피-얼어붙기' 반응을 줄여준다. 신경계는 생체 피드백이라는 놀라운 경로를 통해 긴장을 풀고 자기방어적 태도를 완화해도 된다는 메시지를 받아들이기 시작한다.

나는 지금 등을 구부리고 다리를 꼬고 앉아 타이핑을 하고 있다. 이제 내 신경계에 "진정하자"는 메시지를 보내려 한다. 특별한 긴장이나 저항은 느끼지 못하고, 앞서 말한 소용돌이치는 어둠만 느껴진다. 일단 팔짱을 끼고 온몸에 힘을 주어 20~30초간 유지한 후 이완하기로 한다. 이는 치료사들이 내담자의 무의식적인 근육 긴장을 풀어주기 위해 자주 사용하는 방법이다. 이제 손바닥을 위로 펼치고, 꼬았던 다리를 풀며 복부로 깊게 숨을 들이쉬고 내쉬는 복식호흡을 10번 해본다. 자, 시작해보자.

방금 끝냈다. 그런데 놀랍게도 전에 긴장이 없다고 했던 내 말은 완전한 거짓이었다. 실제로는 무척 긴장하고 있었다. 게다가 너무 세게 힘을 주었는지 등까지 아프다.

독자들에게: 너무 세게 힘을 주지 마세요.

나 자신에게: 너무 힘을 준 것을 자책하지 말자.

이제 '주의 기울이기'의 경청 단계로 들어가자. 여기서는 당신의 경험 핵심에 더 가까이 다가가는 질문을 던져야 한다. 자기 자신을 대할 때, 그 핵심은 항상 감정이다. 그러니 "이 문제가 왜 중요한가?"보다는 "지금 내가 느끼는 감정은 무엇인가?"라는 질문이 훨씬 적절하다. 막상 해보면 쉽지 않다. 감정은 마치 허술하게 관리되는 SNS 계정과 같다. 진짜 감정이 "지금 마음이 아파" 혹은 "짜증 나"라고 올린 직후, 자기비판이라는 해커가 계정에 침입해 "난 바보야" 같은 글을 대신 띄우는 식이다. 우리는 종종 이 비판을 감정으로 착각한다. 하지만 그것은 감정이 아니라, 감정에 대한 반응일 뿐이다. 진짜 감정에 주의를 기울이기 위해서는, 비판, 해석, 투사처럼 감정처럼 보이지만 실은 생각에 불과한 것들을 걸러내야 한다. 감정은 머리로 '이해'하는 것이 아니라, 몸으로 '느끼는' 것이다. 내 몸에서 지금 어떤 감정이 느껴지는지 조용히 관찰해보자. 그 감정이 어떤 것인지 알게 되면, 그 느낌에 이름을 붙여주는 것이 중요하다. 그래야 비판의 목소리와 진짜 감정을 구분할 수 있다.

나는 눈을 감고 그동안 무시하려 했던 소용돌이치는 어둠을 설명할 감정을 찾아본다. 가장 먼저 "난 쓸모없는 사람이야"라는 생각이 떠오른다. 이건 비판이다. "아니야, 그렇지 않아." 내가 부정하자 비판이 반박한다. "맞아. 넌 다른 사람은 잘하는 걸 못 하잖아. 영화 한 편도 끝까지 못 보잖아. 쓸모없는 게 맞아." 나는 나 자신에게 감정을 키우지 말고 그저 느끼라고 일러준다. 비판적인 생각이 구름처럼 지나간다. 나는 내 몸에, 가슴속에서 부풀어 오르는 아픔에, 눈물이 고이는 눈가에 집중한다. 가슴속에서 느낌이 전해진다. 가만히 앉아 있는데도 무너지는 듯한 느낌. 이 감정은 절망이다.

2단계: '따라 하기'

당신의 마음은 감정(예: 절망)을 알아차리자마자 그것을 숨기고 당신을 공격하기 위해 특수부대급 생각들을 동원한다. 이 생각들은 강력한 무기(어린 시절 기억, 당신의 부족함에 대한 상세한 분석, 우울한 노래 가사 등 감정을 다른 곳으로 돌릴 수 있는 모든 것)를 사용하여 교묘하게 그 감정을 증폭시킨다. 이럴 때는 주의 깊은 관찰을 유지하기 위해 감정을 따라가거나 말로 표현하는 것이 도움이 된다. 감정을 소리 내어 말하거나 글로 쓰면 뇌의 여러 영역을 자극해, 감정을 더 분명히 인식하고 처리하는 데 효과적이다. 감정에 과도하게 빠져들지 않도록, 표현 방식은 약간 조정할 필요가 있다. "나는 화가 났어" 대신 "이것은 분노야"라고 말해보자. 주어를 '나'에서 '이것'으로 바꾸는 것만으로도 감정과의 건강한 거리두기가 가능해진다. 자기 수용은 자기 자신을 중심에 두지만, 동시에 고통 속에서도 인간으로서의 보편성을 인식하게 해준다. 감정을 이야기하다 보면, 그 감정이 오직 나만의 고유한 고통처럼 느껴질 수 있다. '내 증상과 한계는 너무 독특해서 아무도 이해하지 못할 거야' 같은 생각이 들 수 있다. 그러나 이런 착각 이면에도, 우리는 모두 인간이라는 공통의 조건 속에서 감정을 경험하고 있다. 자신의 감정에 주의를 기울이고 그것을 따라가는 과정은, 바로 그 공통된 인간성에 닿기 위한 첫 걸음이 될 수 있다.

내가 절망을 알아차리자마자 생각들이 몰려온다. '너에겐 먹을 것이 가득한 냉장고와 맥북이 있잖아. 네가 진짜 절망을 알겠어?' 기억들도 밀려든다. 15년 전 오빠가 보낸 이기적이라는 비난의 이메일. 오전 11시에 완전히 지쳐 누워 있을 때 창문으로 쏟아지던 캘리포니아의 눈부신 햇살과 이웃들이 장보고 돌아오며 떠들던 소리. 나는 속으로 '이것은 절망이다'라고 되뇌며 감정을 과장하지 않고 있는 그대로 느끼려 애쓴다. 말처럼 쉽지는 않다. 감정에 대한 생각들이 계속 집중을 방해한다. 휴대폰 메모장에 '이것은 절망이야'라고 적어본다. 소리 내어 반복한다. 마침내 생각과 감정 사이에 거리가 생긴다. 감정을 느끼는 데 집중할수록 생각들이 희미해진다.

이해하기: 이런 감정이 드는 이유 탐색하기

<u>이해</u>의 기술은 수치심이나 자책에 빠지지 않고, 감정이 생긴 이유와 맥락에 주의를 기울이는 것이다. 중요한 건 '잘못'이 아니라 '사실'에 집중하는 것이다. (참고: '맥락 파악하기'와 '입장 바꿔보기'는 구분해 설명하지만, 실제로는 상황에 따라 자유롭게 활용해도 된다.)

3단계 및 4단계: '맥락 파악하기'

'맥락 파악하기'는 어떤 반응이 일어나게 된 인과관계를 살펴보는 것이다. 자기 수용에서는 당신의 감정이 주된 반응이므로, 그 감정을 유발하거나 악화시킨 과거의 사건, 잘못된 생각, 제약 등의 상황을 고려해야 한다. 여기서 '과거'는 동료의 무례한 이메일을 받은 일이나 식사를 거른 것, 불면 등 최근의 부정적 경험도 포함한다.

이 단계에서는 내면의 비판적 생각을 곧이곧대로 믿지 않는 것이 중요하다. 그 생각들이 사실일 수도 있지만, 종종 왜곡된 정보일 수 있기 때문이다. 하지만 그런 생각이 든다고 자책할 필요는 없다. 단지 그것의 존재와 영향력을 인정하고 넘어가면 된다. '맥락 파악하기'는 그 감정에 대해 자신이나 타인을 탓하지 않으면서, 그 감정을 키운 상황을 있는 그대로 받아들이는 것이다.

나는 혼자만의 시간을 즐기는 편이다. 사람들의 대화 소리보다 키보드

소리가 더 좋다. 그런데 왜 절망감을 느끼는 걸까? "내게 다발성 경화증이 있다"는 사실이 분명 이유 중 하나일 것이다. 힌트를 찾기 위해 지금까지 쓴 글을 다시 읽어본다. 흥미롭게도, 내가 적었던 생각들과 기억들이 이 절망감의 또 다른 원인인 것 같다. 내가 이기적이고 감사할 줄 모르며, 지나치게 예민한 사람이라서 그런 건지도 모른다. (변명하지 마.) 방금의 생각은 사실이 아니다. 그렇다면 진짜 사실은 무엇일까?

- 나는 자발적으로 집에 혼자 있는 것이 아니다. 장거리 이동은 지금의 건강 상태에서 위험하다. 그리고 나는 실제로 고통을 겪고 있다. 고통은 대개 절망감을 동반한다. #신체적_제약
- 증상들 때문에 수년간 하고 싶은 일들을 포기해야 했다. 실망은 시간이 지난다고 저절로 사라지지 않는다. #과거의_경험
- 나는 이런 장애로 힘들어하는 것에 대해 스스로를 심하게 비난해왔다. 문제가 있다는 이유로 내게 근본적인 결함이 있다고 단정 지은 것 같다. #잘못된_생각

알고 보니 처음 든 생각(다발성 경화증이 있다는 사실)이 맞았다. 나는 수용이 한 번의 성공으로 끝나는 것이 아니라 지속적으로 연습해야 하는 일임을 끊임없이 상기한다. "내 이름은 캐럴라인 플렉이고, 나는 다발성 경화증 환자이다."

3단계 및 4단계: '맥락 바꿔보기'

앞서 '맥락 바꿔보기' 장에서 나는 상대를 더 잘 이해하고 공감하기 위한 방법으로 '황금률 접근법'을 활용하여 상대의 입장이 되어 볼 것을 권했다. 그러나 당신 자신의 경험을 다룰 때는 그 반대의 접근법이 필요하다. 즉 자신이 느끼는 감정에서 인간성을 발견하는 것이다. 우리는 흔히 질투, 분노, 절망 같은 부정적인 감정을 자신의 성격적 결함이라 여기고 용납하지 못한다. 하지만 이러한 감정들은 누구나 느끼는 정상적인 인간적 감정이다. 물론 감정에 따라 행동하는 방식은 문제가 될 수 있지만, 그 감정을 느꼈다는 이유만으로 자신을 비난하거나 잘못되었다고 생각할 필요는 없다.

자신의 감정을 보다 객관적으로 바라보려면, 먼저 자신 안에 내재된 완벽주의적인 기준과 기대의 이면을 들여다보라. 다음과 같은 질문을 던져보는 것이다. "친구가 이런 상황에서 나와 같은 감정을 느낀다면, 나는 그 친구를 비난할까? 만약 사랑하는 사람이 내 상황에 처해 있다면 나는 그에게 어떻게 반응할까?"

나는 스스로에게 이렇게 묻는다. "크론병을 앓는 형부 조가 병의 증상 때문에 장거리 여행을 하지 못하고 절망감을 느낀다면, 나는 그를 부정적으로 판단하거나 비난할까?" 본능적으로 즉각 "아니!"라는 답이 나온다. 오히려 그런 비난은 형부에 대한 나의 태도와는 너무 동떨어지고, 무례하게 느껴진다. 내가 형부의 절망을 이해할 수 있다면, 내 절망은 왜 이해받을 수 없다고 느끼는 걸까? 여기서 내 안의 목소리가 반박한다. "그래도 넌 심리학자잖아." 잠깐만, 이봐 머리야, 그게 대체 무슨 소리인지 설명 좀 해봐. 그러자 다시 목소리가 말한다. "글쎄, 너는 절망 같은 감정쯤은 졸업했어야 하는 거 아니냐는 뜻이지." 아니, 그렇지 않다. 심리학자라고 절망감을 느끼면 안 되는 것이 아니다. 다른 심리학자가 나와 같은 상황에서 절망을 느낀다고 해서 내가 그를 비난할까? 이번에도 본능적으로 "아니!"라는 대답이 나온다. 이제 그 목소리는 이렇게 말한다. "너는 다른 심리학자들과는 다르고 더 약하잖아." 나는 잠시 <u>마음챙김 기술</u>로 돌아가기로 한다. "네가 그렇게 나올 줄 알았어." 마음챙김의 시선으로 다시 상황을 바라보니, 다음과 같은 사실들이 명확해졌다.

- 나는 내 가족이나 동료가 절망을 느껴도 결코 비난하지 않을 것이다.
- 절망감은 누구나 느낄 수 있는 감정이며, 심리학자라고 다르지 않다.
- 다른 사람이 내 입장이라면 나는 분명 그를 이해하고 공감할 것이다.

여기까지 생각이 이르자 나는 비로소 절망감의 근원을 알게 되었고, 이런 상황에서 내가 절망을 느끼는 것이 매우 자연스러운 반응이라는 확신이 거의 95퍼센트까지 차오른다.

공감 기술: 자신에게 다정해지는 방법

공감은 당신의 고통에 다정하게 응답하며, 건설적인 방향으로 이끌어주는 기술이다. 자신에게 공감한다는 개념이 낯설게 느껴진다면, 연민이나 연민적 공감으로 이해해도 좋다. 폴 에크먼은 연민을 공감의 한 형태로 보며, 이는 고통을 마주하고 그것을 덜어주려는 자연스러운 움직임이라고 설명한다.[7]

5단계: '감정 나누기'

타인과의 소통에서 감정 표현은 상대의 이야기와 경험에 대한 반응이다. 마찬가지로 자신을 향할 때도 마치 오랜 친구를 대하듯, 내 모습을 떠올리며 따뜻하게 등을 토닥여주는 장면을 그려본다. 이러한 감정 표현은 말과 몸짓을 통해 이루어진다. (주의할 점: '자기 대화는 유치하다'는 평계로 감정 표현을 건너뛰지 말자. 우리는 이미 수십 년간 자신과 대화를 해왔다. 다만 그동안 그리 친절하지 않았을 뿐이다.)

포옹, 손잡기, 등 토닥임과 같은 신체 접촉은 타인에 대한 관심을 보여주는 가장 자연스러운 방법이다. 자기 공감에서도 이와 비슷한 동작으로 스스로를 위로하길 권한다. 개인마다 몸과 맺는 관계가 다르므로, 여러 동작을 시도해보며 자신에게 가장 편안하고 힘이 되는 방법을 찾으면 된다. 다음과 같은 방법들을 시도해볼 수 있다.

- 스스로를 안으며 팔을 부드럽게 쓰다듬기
- 심장 위에 손을 올리기
- 어깨에 손을 얹거나 가볍게 두드리기
- 한 손으로 다른 손을 살며시 감싸기

자기 대화에서는 단순하고 따뜻한 말을 사용하도록 하자. "난 충분히 괜찮고 똑똑해. 모두가 날 좋아해"와 같은 자기 확신용 문구는 피하는 것이 좋다. 감정을 바꾸려 하기보다는, 있는 그대로를 다정하게 받아들이는 자세가 중요하다.* 예를 들면 이렇게 말한다.

- 너 정말 힘든 상황이구나.
- 그랬던 너를 용서할 수 있어.
- 바꿀 수 없는 것도 받아들일 수 있어.
- 사랑한다.

오른손을 어깨에 올리면 곧바로 안정감이 느껴지고 마음이 열린다. 아마도 오랫동안 이 동작을 따뜻함과 연결지어온 덕분일 것이다. 자기 공감을 할 때는 마음 깊은 곳에서 우러나오는 따뜻한 이해와 위로를 자신

---

*바꾸려 애쓰지 않으면서 그 감정에 다정하게 반응하면, 결국 감정은 더 나은 방향으로 변하게 된다. 그러나 기분을 억지로 좋게 만들려고만 하면, 자기 자신이 그 속임수를 알아차리게 되어 효과가 없다.

에게 건넨다. 그 여인이 나라는 것을 알지만 얼굴은 보지 않으며, 절망에 빠진 누군가를 자연스럽게 공감할 수 있는 거리를 유지한다. "그냥 흘러가게 두자"라고 그녀에게 말한다. 가끔은 "사랑해"라고 말하며 나를 다독이기도 하지만, 지금은 그보다 "그냥 흘러가게 두자", "그대로 둬도 괜찮아"라는 말을 따뜻하고 확신에 찬 목소리로 되뇌인다.

6단계: '행동 보여주기'

감정을 진심으로 받아들인다면, 그에 맞는 진정성 있는 반응이 필요하다. 자기 진정과 의미 찾기는 그 대표적인 방법이다. 자기 진정은 오감을 활용한다. 따뜻한 차를 마시거나, 목욕을 즐기거나, 촛불을 켜거나, 공간을 정돈하거나, 마음을 풀어주는 음악을 듣는 것처럼 말이다. 이는 고통을 부정하거나 과장하는 게 아니라 더 견딜 만하게 만드는 과정이다.

마치 절망에 빠진 누군가를 돕듯, 나는 일어나 차를 준비하기로 한다. 패디왁스의 요세미티향 향초를 켜고, 폭신한 스퀴시멜로 인형도 가져오고, 쇼팽도 틀고, 벽난로도 켠다. 다시 자리에 앉으니 마음이 차분해진다. 뜨거운 차를 쏟아 놀란 목소리로 음악을 틀려다가, 구글 홈이 쇼팽Chopin을 '젓가락 행진곡Chopsticks'으로 오해해 최대 볼륨의 소음이 울려 퍼지는 등 예상치 못한 소동이 벌어졌지만, 그래도 기분이 한결 나아지고 평온해진다.

부정적 감정과 경험에서 의미를 발견하려면, 먼저 그것을 인정하지 못하게 만드는 자기 비난을 줄여야 한다. 나는 고통을 하나의 에너지로 본다. 이 에너지는 건설적으로도, 파괴적으로도 쓰일 수 있지만, 에너지 자체는 중립적이다. 상처가 되는 경험도 받아들여야만 그것이 우리를 어디로 이끌지 결정할 수 있다. 부정적 감정을 방치하면 대개 자기 파괴적 행동으로 이어진다. 감정에 휘말리는 것을 지나치게 두려워하다 보면, 오히려 그것을 피하려는 시도에 휘말리게 된다.

고통을 받아들인다고 해서 그것이 당신을 완전히 지배하게 둔다는 것은 아니다. 오히려 수용을 통해 당신이 고통의 의미를 정할 수 있다. '행동 보여주기'는 그동안의 따뜻한 감정들을 삶에 의미 있는 방식으로 바꾸어준다. 잊고 있던 악기를 연주하거나, 관심 있는 주제의 글을 읽거나, 누군가를 위해 쿠키를 굽거나, 다른 이들에게 도움이 되길 바라며 자기 이해에 관한 글을 쓰는 것과 같다. 그 행동의 크기는 중요하지 않다. 그저 자신에게 의미 있는 일을 향해 예상치 못한 한걸음을 내딛는 것이면 충분하다.

글쓰기도 좋지만, 내 마음은 지난 7월 펫코에서 만난 여성에게 연락하라고 말하고 있다. 그녀는 유기동물의 입양을 돕는 비영리 단체를 운영하는데, 나는 그동안 관리 업무를 도울 수 있을지 물어보고 싶었다. 벌써 6개월이나 미루어왔다. 왜 이렇게 망설였는지 나도 모르겠다. 지금도 이메일을 쓰고 싶지는 않다. 피곤하고 힘들고 여러 가지 이유가 있지만…… 에라, 모르겠다. 그냥 써보자.

(중략) 이메일을 보내고 왔다. 목요일과 일요일 저녁에 하바나와 함께 일하겠다고 제안했다. 이 말도 꼭 하고 싶다. 지금 기분이 정말 좋다고. 진심으로. 막상 이메일을 쓰고 나니 생각만큼 힘들지 않았다. 오히려 내 가능성을 다시 발견했다. 비행기는 못 타도 여전히 반려동물 화장실은 청소할 수 있다는 것처럼.

자기 공감 연습하기: 스스로를 이해하고 돌보는 방법

마음이 불안하거나 취약한 상태일 때 자기 공감을 실천해보라. 각 단계를 정확히 기억하고 집중력을 유지하며 진행할 수 있을 때까지, 아래 표의 질문들에 대한 답변을 글로 써보길 권한다. 연습 중 주의가 흐트러질 때는 마음챙김 기법으로 다시 집중하라.

정체성과 연결성에 대한 글쓰기의 도전

모든 작가가 그렇듯 나도 문학계의 미용사와도 같은 이들의 도움으로 글을 다듬어왔다. 이들은 열정을 가지고 세심하게 글을 검토해주었고, 내가 저지른 수많은 편집상의 실수도 인내심 있게 지적해주었다. 하지만 시간이 갈수록 이들이 지쳐가며 반복해서 지적하는 문제가 하나 있었다. 바로 대명사의 불일치였다. 물론 나는 한 사람의 정체성을 심각하게 훼손할 수 있는 성별 대명사에서는 실수하지 않았다. 내 문제는 'I'와 'you'의 혼용에 있었다. 'they'와 'we'를 뒤섞어 쓰곤 했고, 문장 앞에서는 'I'로 시작했다가 뒤에서는 'you'로 끝나는 경우가 많았다.

이런 문제가 계속되자 '대명사 불일치'라는 지적은 점차 '대명사'로 줄어들더니, 급기야 '대명사!!!!!'로 변해갔다. 아무리 피드백을 받아도 같은 실수를 반복하는 나를 보며 편집자들은 답답함을 감추지 못했다.

I/you 대명사를 혼용하는 이 습관은 수년 전부터 시작된 것 같다. 하지만 이것이 정말 단순한 습관일까? 비록 말실수나 오타의 심리학 전문가는 아니지만, 내 마음 한구석에서는 "우리는 모두 동등하다"는 메시지를 전하기 위해 무의식적으로 대명사를 섞어 쓰고 있다고 믿고 싶어 한다. 다소 부끄러운 해석이지만, 시간이 갈수록 이 생각은 더욱 설득력을 얻었다.

타인을 이해하는 방법을 탐구하면서, 나는 '부부', '상사와 직원', '전문가와 동물'처럼 경계를 나누기보다, 사람들 사이의 연결에 더 주목하게 되었다. 예전에는 '당신'과 '나' 사이의 수많은 협곡만 보였지만, 이제는 그 협곡들을 잇는 다리가 놓인 아름다운 계곡이 보

단계	핵심 질문		실천 방법
마음챙김: 지금 내가 느끼는 감정은 뭘까?	1단계: 주의 기울이기		• 온몸의 근육을 천천히 긴장했다 풀면서 깊은 숨을 들이마시고 내쉬기 • "지금 나는 어떤 감정을 느끼고 있나?" 물어보며 그 감정이 몸 어디에서 느껴지는지 살피고, 감정에 이름 붙이기('답답한', '두려운', '슬픈' 등)
	2단계: 따라 하기		• 떠오르는 여러 생각은 잠시 내려두고 지금의 감정에 주의를 기울이기 • "아, 이것이 [내가 찾은 감정]이구나"라고 조용히 되뇌거나 적어보기
이해하기: 내가 이런 감정을 느끼는 이유는 뭘까?	3단계 및 4단계: 맥락 파악하기와 입장 바꿔보기		• 이 감정이 어디서 왔는지 살펴보기: 최근에 있었던 일, 오래된 기억, 잘못된 생각이나 편견, 현재의 어려움 등 • 친구의 입장이 되어보기 　– "친구가 이런 감정을 느낀다면 내가 비난할까?" 　– "내가 친구라면 어떤 말을 해주고 싶을까?"
공감: 나 자신에게 관심과 연민을 보여 줄 수 있는 방법은 뭐가 있을까?	5단계: 감성 나누기		• 자신을 다정하게 토닥여주기 　– 심장 위에 손을 살며시 올리기 　– 스스로를 부드럽게 안아주며 팔을 쓰다듬기 　– 배에 손을 올리고 가만히 있거나 부드럽게 문지르기 　– 한 손으로 다른 손을 포근하게 감싸안기 • 친구에게 하듯 따뜻한 말을 건네기 　– "사랑해" 　– "정말 힘들었구나" 　– "잘 견디고 있어"
	6단계: 행동 보여주기		• 오감으로 마음 달래기 　– 따뜻한 차 한 잔 마시기 　– 좋아하는 음악 듣기 　– 향초 켜기 • 의미 있는 일 하나 선택하기 　– 누군가에게 안부 전하기 　– 그림 그리기나 글쓰기 　– 산책하기 　– 관심 있던 책 펼쳐보기 ※ 미리 계획하지 않았던 새로운 활동 시도

| 도표 6 | **자기 공감 실천을 위한 질문들**

인다. 내 아픔은 당신의 아픔이 되고, 타인을 이해하는 것은 우리를 치유하며, 자신을 이해하는 것은 다른 이들에게도 도움이 된다. 대명사를 혼용했던 것은 이런 연결성을 강조하려는 무의식의 표현이었을지도 모른다. 물론 단순히 부주의한 글쓰기 때문이었을 수도, 아니면 일종의 반항이었을 수도 있다.

여러 출판 관계자들에게 도서 제안서를 보여주었을 때, 일부는 이 책이 타인, 아니 더 정확히는 타인의 '수용'을 강조한다는 점을 우려했다. 흥미롭게도 타인의 변화를 다루는 부분은 아무도 문제 삼지 않았다. 사실 그런 주제의 책들은 아침 메뉴처럼 잘 팔린다. 문제는 독자들이 수용이라는 주제에 매료될 수 있을지였다. 자기계발 분야에서 타인을 이해하는 법을 다룬 책이 성공할 수 있을까? 나는 그렇다고 확신했다. '수용이 변화를 만든다'는 이 책의 중심 철학이, 내가 그 질문에 확신을 가지고 답할 수 있었던 이유였다. 타인을 받아들이는 것이 곧 자기 성장의 한 형태라는 점도 마찬가지다. 독방 수감과 사회적 고립이 고문으로 여겨지는 이유는 타인과의 연결이 우리의 성장과 안정에 그만큼 필수적이기 때문이다. 타인을 이해하지 못하는 것은 독방 다음으로 확실한 고립의 지름길이기도 하다.

수용이 변화만큼 매력적으로 보이지 않을 수도 있다는 의견을 이해하려 노력했지만, 솔직히 말해 공감할 수 없었다. 그것은 내 진심이 아니라, 남의 목소리를 빌린 말에 불과했다. 나는 지금도 믿는다. 수용과 변화는 동전의 양면이며, 타인과의 관계를 개선하려는 시도가 종종 자신과의 관계를 변화시키는 가장 효과적인 방법이라고. 그리고 때로는 당신과 나 사이의 경계가 흐려지는 경험이야말로, 삶을 더 나은 방향으로 이끄는 계기가 되기도 한다고. 그리고 무엇보다, 타인을 이해하는 것이 자신에게 도움이 되고, 자신을 이해하는 것이 타인에게 도움이 된다는 것을 아는 당신과 같은 독자들을 믿는다.

헌신적인 편집자들 덕분에 대명사 실수는 모두(아마도) 바로잡혔다. 하지만 그 실수들이 담고 있던 메시지는 여전히 남아 있기를 바란다. 마지막으로, 내 연구에 영향을 준 사상들을 보여주기 위해, 내 관점을 잘 대변하고 지금도 나에게 영감을 주는 인물들의 말을 남긴다.

> 타인을 위해 살며 사랑을 나눌수록, 우리는 더 깊은 인간성을 발견하고 더 큰 성장을 이룬다.
>
> — 빅터 프랭클[8]

> 개인의 경계를 넘어 서로 하나로 이어지는 순간, 우리는 완전해진다.
>
> — 에이다 리몬[9]

> 있는 그대로를 받아들일 때 비로소 새로운 길이 열린다.
>
> — 마샤 리네한[10]

맺음말

나는 내 편이 될 권리가 있다

　나는 가슴이 없다. 정확히는, 있지만 내 것이 아니다. 2023년 여름 양측 유방절제술로 제거된 자리에 식염수 보형물이 들어앉아 있다. 그리고 유방암 진단도 받았다. 이 책의 마지막 페이지를 완성하고 정확히 1주일 후의 일이었다.
　항암치료를 받으며 원고를 다듬는 시간은 비현실적이었다. "이 병이 내게서 앗아가려 하는 것들을 지켜내고 싶은 절박한 마음이 들었다"와 같은 문장은 머리카락이 한 움큼씩 빠지는 상황에서 감동보다는 불길한 예감으로 다가왔다. 글에서 털어놓은 힘든 경험들이 너무나 멀게 느껴져 당황스럽기도 했다. 물론 다발성 경화증은 여전히 진행 중이지만, 이 진단은 이제 오래된 이야기이다. 발작은 매번 다르게 찾아오지만, 나는 이 병을 잘 알고 있고 대부분 눈치채지 못하게 할 만한 효과적인 대처법도 마련해두었다. 마치 늑대인간처럼 증상이 나타날 때마다 조용히 사라졌다가 평소 모습으로 돌아오곤 했다. 이런 독립적이고 체계적인 대처 덕분에 엄마이자 심리학자라는 두 가지 직분에 충실할 수 있었다. 성인이 된 후 대부분의 시간을 나는 돌봄을 받기보다는 주는 사람으로 살아왔다.

하지만 암은 이 모든 것을 바꾸어놓았다. 우울증과 다발성 경화증은 다행히도 혼자 감당하며 필요할 때 숨길 수 있었지만, 암은 밝은 미소나 상담 중간중간 숨어들 수 있는 책상 밑 임시 은신처로도 가릴 수 없었다. 생애 처음으로, 겉으로 보이는 내 모습이 실제 느끼는 것만큼이나 좋지 않았다. 농산물 가게 안으로 들어설 때마다, 가슴에 달린 배액관과 항암치료로 하얗게 변한 얼굴은 누구의 눈에도 뚜렷했다. 사람들은 더 이상 다발성 경화증 얘기를 들었을 때처럼 "그래도 건강해 보인다"는 말을 하지 않았다. 그 대신 유기동물 보호소의 동물을 보듯 안타까운 눈빛으로 바라보았.

다행히도 도움을 받는 입장이 되어도 이 책에서 주장한 관점은 변함없었다. 오히려 암은 내 신념을 더욱 굳건하게 했다. 고통을 통해 타인과 교감하고, 그들의 마음을 이해하며 의미를 찾는 것이야말로 우리가 깨달음에 가장 가깝게 다가가는 길이라는 믿음이 더욱 강해졌다. 다만 지난 몇 달간의 깨달음을 안고 원고를 다시 읽어보니, 두 가지 중요한 점이 부족했음을 발견했다. 첫 번째는 자기 이해가 외부의 부정적 시선으로부터 우리를 지키는 방패가 된다는 점이다.

내담자부터 의사들, 그리고 최근 숙모가 3기 암 진단을 받은 이

옷에 이르기까지, 내 상황을 아는 모든 이들이 마치 전문가인 양 조언을 건넸다. "항암치료 첫 주가 제일 힘들어요", "사촌 말로는 유방 절제술 후에는 손잡이 달린 샤워기를 써야 한대요", "병원에서 주는 진통제는 꼭 드세요." 때로는 이런 말들이 명령처럼 들리기도 했다. 담당 종양전문의는 항암치료 기간 동안 최소 4개월의 휴직을 권하며, 스탠퍼드 병원 환자라면 당연히 유급 병가를 써야 한다는 듯이 말했다. 수술 후 8주 동안은 심박수를 올리지 말라는 주의 사항도 덧붙였다. 아이스크림 가게에서는 주문하려는 찰나, 가족 중 한 명이 황급히 "이 사람은 물만 주세요"라고 말하고는 작은 목소리로 "당분은 암을 키운대"라고 속삭였다. 마치 영화에서 "자연스럽게 행동해"라고 말할 때처럼 어색한 톤으로.

대체로 사람들의 조언과 통찰에 감사한 마음이다(물론 아이스크림을 앞에 두고 방해할 때는 제외하고). 문제는 모두가 옳은 행동이 무엇인지 너무나 확신에 차 있어서, 만약 내가 자기 이해를 미리 연습하지 않았다면 나에게 진정으로 필요한 것이 무엇인지 구별하기 어려웠을 것이라는 점이다. 나는 밤이 되면, 아니 솔직히 말해 한낮에도 포근한 이불 속에 파묻혀 내면의 목소리에 귀를 기울인다. 자기 이해의 단계를 하나씩 밟아가며 감정의 상태와 이유를 살피고, 앞으로 나아갈 방향을 찾는다. 때로는 다른 이들의 지혜를 받아들이기도 하고, 때로는 그들의 의견과 반대로 행동하기도 한다. 어느 쪽을 선택하든 내 결정에 확신이 선다.

자기 이해는 세상이 당신의 감정을 "잘못되었다"고 단정 지을 때 자연스레 찾아오는 부정적 감정으로부터 우리를 지켜준다. 한 예로, 항암치료 후 72시간 동안 겪는 정체성 상실을 들 수 있다. 이때의 나는 마치 내 몸에서 빠져나와 나를 관찰하고 있는 듯한 기분이 든다. 매트가 증언할 수 있겠지만, 심리학자인 나조차도 이 감각을 정확히 설명하기 어렵다. 굳이 표현하자면 불안한 동요와 자기 이질감이 뒤섞인 상태라고나 할까. 이럴 때면 고양이도 더 이상 귀엽지 않고, 코미디도 짜증 나며, 모든 것이 따분하게 느껴진다. 우울하거나 무관심해지기보다는 그저 멍해진다. 내가 나라는 유일한 증거는 평소의 내가 아니라는 것을 인식하고 있다는 점뿐이다.

담당 종양전문의가 준 항암치료 부작용 안내서 어디에도 갑자기 새끼 고양이가 귀엽지 않게 된다는 내용은 없었다. 이런 정체성 상실에 대해 말하면 의료진들은 하나같이 "처음 듣는 얘기네요"라며 서둘러 화제를 돌렸다. 다시 말해 "그건 정상이 아니다"라고 말하는 것이나 다름없었다.

자기 이해가 없었다면 나도 스스로를 의심했을 것이다. '항암치료 탓일까? 아니면 내게 문제가 있는 걸까?' 하지만 나는 내 감정의 정당성을 이해할 수 있었고, 다른 이들의 경험보다 내 경험을 신뢰했다. 덕분에 자기 부정의 늪에 빠지지 않을 수 있었다. 과거에는 내 반응이 과하다고 여기거나, 여성의 의료적 증상을 경시하는 사회의 시선을 그대로 받아들였을 수도 있었다. 하지만 이제는 내가 겪는 일을 있는 그대로 말할 권리가 있음을 안다. 내가 이렇게 느끼고 그 속에서 외롭지 않다면, 다른 이들도 그럴 수 있을 것이다.

그래서 자기 이해는 중요하다. 18장에서 언급했듯이 자기 이해는 자존감, 자기 연민, 자신과의 관계를 개선한다. 관계가 깊어지면 신뢰도 자라난다. 강조하고 싶은 점은, 자신을 더 잘 이해하게 되면 우리의 판단과 경험을 더 쉽게 신뢰할 수 있고, 그렇게 되면 혼란이나 부정 없이도 다른 이들의 의견을 받아들일 수 있다는 것이다.

마지막으로 살펴보고 싶은 것은 외부로부터의 이해에 관한 것이다. 이 책에서 나는 타인을 이해하는 방법과 자신을 이해하는 방법의 모범 사례를 설명했다. 다른 이들에게 이해받고 싶은 마음이 자연스러운 것임을 거듭 강조했지만, 정작 그 마음을 충족하는 방법에 대해서는 구체적으로 다루지 않았다. 사실 예전에는 이해받는 방법에 초점을 맞추면 이해하는 법을 가르치는 데 집중력이 흐트러질까 우려했지만, 이제는 생각이 달라졌다.

우리 집에서는 이해받고 싶다는 요청이 자연스러운 일상이다. 얼마 전 하바나가 새 학기에 아는 친구가 한 명도 없다며 실망했을 때, 나는 이해가 필요한지 아니면 해결책이 필요한지 물었다. 딸은 이해받고 싶다고 했고, 내가 다른 아이들과의 플레이데이트(아이들끼리 놀 수 있도록 부모끼리 정한 약속—옮긴이)를 제안하자 "엄마, 그냥 이해만 해주세요."라고 재차 강조했다. 매트와 대화할 때도 비슷하다. 일 이야기를 할 때면 내가 자꾸 조언 모드로 들어가려 해서, 매트는 자주 자신이 원하는 건 이해지 해결책이 아니라고 짚어줘야 했다. 임시보호소에서 새로운 고양이를 데려오겠다는 얘기에 매트가 걱정스러운 표정을 지었을 때, 나는 조용히 말했다. "지금은 내 선택을 이해해주기만 하면 돼."

가족 외의 사람들에게는 이해를 요청하는 일이 많지 않았다. 대부분의 성인기를 돌봄을 주는 입장으로 살아왔기 때문이다. 하지만 암 진단 이후 삶의 각본이 급변하면서, 격려의 메시지가 쏟아지기 시작했다. 대부분 통계 자료나 성공 사례로 나를 안심시키려 했다.

친구들과 가족도 나와 같은 두려움을 안고 있다. 두려움에 대한 자연스러운 반응은 그 원인을 없애려 하는 것이다. 긍정적인 수치나 투병 성공담보다 더 나은 위로가 있을까? 이런 반응은 이해할 만하고 때로는 정말 도움이 된다. 하지만 한편으로는 이런 낙관적인 태도가 오히려 고립감을 주고, 역설적으로 숨고 싶게 만든다. 물론 내 감정이 들쑥날쑥한 것도 상황을 돕지 않는다. 힘든 시기를 지나면서 깨달은 것은, 내게 이해가 필요할 때 솔직하게 말하는 것이 가장 큰 도움이 된다는 점이었다. 대부분의 지인은 이런 요청을 이해한다. 적어도 개념적으로는. 다만 어떻게 이해를 표현해야 할지 모를 수 있다. 하지만 그래도 괜찮다. 비난이 아닌 다정한 말이라면, 이해받고 싶은 사람이 구체적으로 방법을 알려주는 것도 나쁘지 않다. 다음은 내가 용기를 내어 이해를 요청했던 두 가지 경험이다.

- 어느 날, 나는 한 친구에게 말했다. "네 격려는 정말 고마워. 그런데 지금 내가 더 필요한 건, 내 감정을 있는 그대로 이해해주는 것이야." 필요해서 받은 도움들이었지만, 결과적으로 큰 도움이 되지 않았다는 죄책감이 나를 짓눌렀고, 그 마음을 가족에게 털어놓았다. 친구는 곧장 반박했다. "그게 무슨 말이야? 넌 암 환자야. 제발, 스스로를 그렇게 몰아붙이지 마." 당황한 그의 표정을 보며 설명했다. "한 달 만에 나는 모든 사람을 돕는 위치에서 모든 사람의 도움이 필요한 위치가 되었어. 나는 스스로에게 이렇게 말하려 해. 갑작스러운 변화에 힘들어해도 된다고, 안 좋은 감정을 느껴도 괜찮다고." 그제야 그는 태도를 바꾸어, 내가 이전에는 필요 없었던 도움을 이제는 받아야 하는 상황들을 예로 들며 내 감정을 인정해주었다.

- 머리카락이 빠지는 것에 슬퍼하며 울자 친구가 "괜찮아, 곧 다시 자랄 거야"라고 위로했다. 나는 부드럽게 말했다. "내게는 지금 이 슬픔과 좌절이 자연스러운 감정이라고, 누군가가 공감해주는 것이 필요해." 그러자 그녀는 살짝 웃으며 답했다. "방금 한 말은 내가 눈물이 나서 둘러댄 거야. 그렇게 예쁜 머릿결이 빠지니 얼마나 속상하겠어!"
  - 사족: 나는 머릿결이 정말 좋다.
  - 정정: 나는 머릿결이 정말 좋았다.

이렇게 요청해서 받은 이해도 나 자신의 이해만큼 귀중하고 강력한 힘을 지닌다. 실제로 매번 경험하듯, 누군가가 내 상황을 보고,

이해하고, 공감하여 받아들여줄 때면 활력이 돌아오는 것을 느낀다. 어떤 날은 타인의 이해가 메마른 입술에 물을 적시는 것처럼 절실하게 다가온다. 누군가가 나를 진정으로 바라보고, 내 현실을 있는 그대로 받아들여주는 그 순간에는 분명 특별한 무언가가 있다. 델가우디오의 표현처럼 이는 '대박 선물'[1]이다. 그리고 이 선물이 당신을 약하게 만들지 않기를 바라는 마음은 지극히 인간적인 것이다. 저명한 사회심리학자 마크 리어리가 말했듯 "인간과 다른 동물을 가장 극적으로 구분 짓는 것은 유대와 소통을 추구하는 성향이 아닌, 타인에게 받아들여지고 싶은 욕망일지 모른다."[2]

모든 변증법이 그렇듯, 자아와 타자의 관계도 '둘 중 하나'가 아닌 '둘 다'의 문제이다. 우리는 스스로의 경험을 믿고 이해하면서도, 누군가가 그 마음을 알아주길 바랄 수 있다. 혼자서 견디는 법을 알면서도, 다른 이의 따뜻한 위로에 더 단단해질 수 있다. 이해받고 싶은 감정적 욕구를 표현하면서도 건강한 관계를 유지할 수 있다. 그리고 이왕 변증법을 이야기하는 김에, 유방암과 싸우는 모든 여성에게 말하고 싶다. 당신은 가슴을 잃으면서도 여전히 가슴을 간직할 수 있다고.

당신이 이 맺음말을 읽고 있다면, '들어가는 글'부터 각주까지 모두 읽었으리라 생각한다. 다시 한번 말하지만, 당신은 나와 같은 사람이다. 이것이 우리의 마지막 만남이니, 이 책을 끝까지 읽어준 당신에게 감사를 전하고 싶다. 내 관점에 동의하건 그렇지 않건, 당신은 '주의 기울이기'(내 이야기 듣기)와 '행동 보여주기'(다른 이들은 건너뛰었을 부분까지 읽기)를 통해 내 노력을 인정해주었다. 진심으로 감사하다. 이 맺음말이 다소 산만하게 들린다면 사과드린다. 항암 치료 중인 뇌라서, 이 마지막 몇 페이지가 세스 로건이 암스테르담에서 쓴 피크닉 글처럼 들릴까 봐 걱정된다.

감사의 말

나는 이 책을 쓰는 동안 뮤지컬 「해밀턴」 사운드트랙에 푹 빠져 들었다. 하바나 역시 이 음악에 심취해서 내가 어느 방에 숨어 있든 문을 벌컥 열고 들어와 내 집중을 깨뜨리며 목청 높여 이렇게 노래했다. "당신은 왜 시간이 얼마 없는 것처럼 그렇게 글쓰기에 매달리나요?"

뮤지컬의 유명한 후렴구였는데, 내가 주말 시간을 희생해가며 글을 쓰기 시작하자 나를 놀리기에 완벽한 가사로 느껴졌던 모양이다. 아이러니하게도 나는 정확히 그 문제로 속으로 고민하고 있었다. "당신은 왜 시간이 얼마 없는 것처럼 그렇게 글쓰기에 매달리나요?" 글쓰기에 비정상적으로 집착했던 날들 후에는 포스트잇에 이 질문을 적어두곤 했다. 자신에게 이런 수수께끼 같은 메시지를 남기는 사람이 대체 누구겠는가? 나는 그런 사람이 아니었다. 적어도 전에는. 분명 그사이 무언가 변한 것이다.

나는 불안에 시달리며 원고 완성에 광적으로 매달렸다. 가까운 사람들은 내가 엄격한 마감일에 쫓기는 줄 알았다가, 편집자가 단 한 번도 원고를 재촉한 적이 없다는 사실에 충격을 받았다. 그녀는 분명히 이렇게 말했다. "계약서의 원고 인도일은 그저 출판이 무기한 미루어지는 것을 막기 위한 것일 뿐이에요. 걱정하지 마세요." 그렇다면 왜 나는 마치 시간이 다 떨어지기라도 한 듯 글쓰기에 집착했을까?

내면의 인정 효과를 굳게 믿던 나는 그 메시지를 전하고 싶은 열망에 사로잡혀 있었다. 하지만 그것만으로는 내 행동이 설명되지 않았다. 집착의 밑바닥에는 두려움이 있었다. 이 책을 끝내기 전에 죽을지도 모른다는 공포. 지금 보면 과장된 생각이지만, 당시에는 불길한 예감을 떨쳐낼 수 없어 글쓰기에 쉼 없이 매달렸다. 원고를 마무리했을 때 느낀 안도감은 단순히 일을 완수한 기쁨이 아니었다. 글을 다 써내기 전에 죽지 않았다는 안도감이었다. '휴, 죽을까 봐 걱정했던 건 그저 헛된 예감이었어!'라고 생각했다. 하지만 맺음말까지 읽은 독자라면 알겠지만, 이 안도감은 오래가지 못했다. 원고 완성 일주일 후, 나는 림프샘까지 급속히 전이된 공격적인 유방암 진단을 받았다.

글은 끝냈지만 출판을 위해서는 여전히 많은 일이 남아 있었다. 다시 한번, 시간이 부족하다는 불안감에 사로잡혔고, 이번에는 그 두려움이 현실이 되었다.

암은 삶을 새롭게 바라보게 한다. 양측 유방절제술 후 감염으로 죽음의 문턱까지 갔다. 세 번째 화학요법 후에는 심장 이상으로 심각한 패혈증이나 심부전 진단까지 받았다(나중에 둘 다 아닌 것으로 밝혀졌지만). 죽음이 코앞에 닥쳐 실제로 시간이 얼마 남지 않았을지 모른다는 현실에 직면하자, 더 이상 글쓰기는 중요하지 않았다. 오직 가족과 함께하는 시간만 갈망했다. 그들이 없을 땐 그저 혼자 구토와 설사, 수면을 반복하며 고립되고 싶었다.

암은 사람들의 진짜 모습도 드러낸다. 대부분 암 소식을 들으면 동정과 염려를 표현하지만, 이것들은 실제로 큰 힘이 되지 않는다. 진정한 성품은 '행동'을 통해, 특히 자기희생적 행동을 통해 드러난다. 이 책 출판 팀은 놀라운 재능의 소유자들이었다. 처음부터 그들의 능력은 분명했다(때로는 위압적이기까지 했다). 하지만 그들의 진정한 인간성은 내가 암을 겪는 과정에서 비로소 알게 되었다.

나는 가장 먼저 이 사람들의 '성격'에 감사 인사를 전하고 싶다. 그런 성품이 없었다면 이 책의 제대로 된 출판은 불가능했을 것이다. 캐럴라인 서턴(미래에서 온 나)은 수시로 내 불안감을 웃음으로 녹여주고, 내가 어두운 터널을 지날 때면 길을 더 잘 찾게 빛이 되어주었다. 에이버 출판사 사람들은 출간일이 단지 원고 인수가 무기한 지연되는 것을 방지하기 위한 것이라고 알려주고도, 내 암 진단 소식을 듣자 필요할 경우에 대비해 출간일을 몇 년이나 연장해주었다. 루시아 왓슨은 내가 방사선 치료로 기력을 잃었을 때도 압박감을 주지 않으려 세심하게 배려하며 원고 편집을 도와주었다. 내 출판 대리인 자일스 앤더슨은 처음에는 내가 이런 책을 써낼 능력이 있다고 믿어주었고, 이후에는 암이 이 책의 출간을 지연시킬지언정 막지는 못할 것이라고 확신해주었다. 내 오랜 조수 킬라 크론츠는 내가 무너지지 않도록 내담자를 상담하거나 글을 쓰는 일 외에 모든 것을 도맡아 해주었다. 제럴딘 로드리게스는 그녀의 어머니가 옹호했던 인정과 이타심을 직접 행동으로 보여주었다.

나의 비판적인 고양이는 의사가 화학요법 치료를 시작해야 한다고 말하는 소리를 듣고 분노하듯 그다음 날 숨을 거두었고, 아기 고양이들은 눈에 보이는 모든 것을, 농담이 아니라 정말 빵 한 덩어리까지도 먹어 치우며 떠난 고양이의 빈자리를 채우려 애썼다. 친구들과 가족들에게도 고마움을 전한다. 내가 제대로 반응하지 못했을 때도 변함없는 애정과 격려로 손을 내밀어 행동주의 법칙을 거스르며 곁을 지켜주었다.

유방암으로 이 모든 일이 일어나기 전, 나에게 영향을 준 분들에게도 감사의 마음을 전한다. 재키 골랜, 잭 로즌솔, 제니퍼 세이어스, 마샤 리네한, 젠후 시푸, 고故 클라이브 로빈스는 내 일과 삶의 틀을 세우는 데 중요한 역할을 했다. 인정의 기술에 뛰어나 친구가 될 수밖에 없었던 동료들, 벳시 홀름버그, 카트리나 블룸퀴스트, 도리안 헌터, 재러드 미촌스키, 줄리아 히치, 클라라 독톨레로, 앤절라 데이비스, 사노 잭, 수 우흠, 줄리 리더, 할 린 미칼리, 서맨사 퍼드우드, 진 제이컵, 제니퍼 남, 몰리 월시, 고故 아예렛 카탄에게도 오랜 우정에 감사드린다. 편집 과정을 함께 빛내준 최고의 팀에게, 특히 앤드리아 세인트 오번, 크리스티 와그너, 마리아 틸든, 그리고 우리 가족의 진짜 작가인 내 동생 제프에게 특별한 감사를 전한다.

가장 소중한 매트와 하바나에게는 일부러 마지막으로 감사를 표한다. 매트는 우리의 사적인 대화를 공개하도록 허락해주었을 뿐 아니라, 내 원고를 한 페이지도 빠짐없이 읽어주고, 수술 후 배액관을 비워주고, 밤낮으로 편집을 도와주고, 하바나의 여름 캠프를 챙기고, 내가 어려워하는 일러스트레이터 작업을 도와주었다. 내가 시간이 부족한 것처럼 글을 쓰는 동안뿐만 아니라, 정말로 시간이 얼마 남지 않을지도 모르는 두려움에 사로잡힌 암울한 시간 동안에도 헤아릴 수 없는 방식으로 함께해주었다. 매트, 당신을 칭찬할 때면 캐럴라인 서턴이 했던 말이 떠오른다. "그렇게 좋은 남자와 살다 보면 가끔은 너무 받기만 하는 것 같아 미안하지 않나요?" 나는 정말 그래요, 매트.

하바나, 이 책은 "네가 살아갈 세상을 더 안전하고 건강한 곳으로 만들기 위한" 내 노력의 결실이란다. 이 책을 너에게 바친다.

추신: 인정에 관한 책을 엄마가 먼저 출간해서 미안하다. 네 책의 삽화가 더 멋진데 말이야.

부록

인정의 사다리: 실천 가이드

단계	핵심 기술	실천 방법
마음 챙김	**'주의 기울이기'** 비판하지 않고 이해하려는 자세로 경청하기	• 4가지 기본 자세 실천: 자연스러운 눈 맞춤, 적절한 거리 유지, 이해를 표현하는 제스처, 적극적인 경청 태도 • A 게임으로 깊이 이해하기 – "이 의견을 더 잘 표현할 방법은?" – "이 주장이 상대에게 왜 중요할까?" • 적절한 질문과 의견 나누기
	'따라 하기' 상대의 말과 행동에 맞추어 반응하며, 그들의 감정과 표현 존중	• 상대의 말을 자연스럽게 되받아주기 • 상대의 태도를 존중하며 맞추기 • 말투와 어조에 맞춰 반응하기
이해	**'맥락 파악하기'** 더 넓은 맥락에서 상대의 반응 이해하기	• 행동의 타당성을 다음 관점에서 검토 – 과거 경험의 영향 – 잘못된 정보나 오해 – 현재의 한계나 제약 • 전체적인 상황 고려하기
	'입장 바꿔보기' "누구라도 이런 상황이라면 비슷하게 반응했을 것"이라고 전달	• 관계에 따른 시점 선택 – 동료/전문가: 1인칭 관점 – 상황을 잘 모를 때: 3인칭 관점 • 적절할 때 긍정적 평가 더하기 – "대부분의 사람보다 잘 대처하고 있어요"
	'마음 읽기' 상황을 고려한 상대의 생각과 감정 표현	• A 게임과 공감적 접근 활용 • 관계의 깊이와 확신 정도에 따라 표현 방식 조절

공감	'행동 보여주기'
	상대를 위해 직접
	개입해준다
		• 직접 도움이 필요할 때
		  – 필요한 자원 확인
		  – 자립 가능성 점검
		  – 가치관 충돌 여부 검토
		• 스스로 할 수 있을 때
		  – 지지하는 마음 유지
		  – 적절한 거리 두기

	'감정 나누기' 상대의 이야기에 마음을 열고 진심 어린 공감 표현	• 진정성 있는 비언어적 표현 • 공감되는 생각을 구체적으로 표현 • 감정에 정확한 이름 붙이기
	'진심 보여주기' 상대의 반응이나 상황에 공감이 되는 당신 자신의 얘기를 털어놓는다	• 특별한 경험보다는 함께 나눌 수 있는 공통된 감정에 집중 • 내 경험을 나눈 후에는 상대의 이야기로 자연스럽게 돌아옴 • 상대의 마음을 살피며 단계적으로 경험을 나눔 • 경험을 나누기 전에 서로 편안한 상태인지 확인

주

들어가는 글

1. Marsha M. Linehan et al., "Dialectical Behavior Therapy versus Comprehensive Validation Therapy plus 12.Step for the Treatment of Opioid Dependent Women Meeting Criteria for Borderline Personality Disorder," *Drug and Alcohol Dependence* 67, no. 1 (June 1, 2002): 13-26, https://doi.org/10.1016/s0376-8716(02)00011-x.

1장 "그래, 네가 맞아"— 한마디로 바뀌는 관계의 법칙

1. James A. Blumenthal et al., "Exercise and Pharmacotherapy in the Treatment of Major Depressive Disorder," *Psychosomatic Medicine* 69, no. 7 (September 1, 2007): 587-96, https://doi.org/10.1097/psy.0b013e318148c19a.

2. Marsha M. Linehan et al., "Cognitive-Behavioral Treatment of Chronically Parasuicidal Borderline Patients," *Archives of General Psychiatry* 48, no. 12 (December 1, 1991): 1060-64, https://doi.org/10.1001/archpsyc.1991.01810360024003; Shuyan Chen et al., "Effects of Dialectical Behaviour Therapy on Reducing Self-Harming Behaviours and Negative Emotions in Patients with Borderline Personality Disorder: A Meta-Analysis," *Journal of Psychiatric and Mental Health Nursing* 28, no. 6 (December 1, 2021): 1128-39, https://doi.org/10.1111/jpm.12797.

3. Ethan H. Mereish, Conall O'Cleirigh, and Judith Bradford, "Interrelationships Between LGBT-Based Victimization, Suicide, and Substance

Use Problems in a Diverse Sample of Sexual and Gender Minorities," *Psychology, Health & Medicine* 19, no. 1 (March 27, 2013): 1-13, https://doi.org/10.1080/13548506.2013.780129; Kristen Clements-Nolle et al., "HIV Prevalence, Risk Behaviors, Health Care Use, and Mental Health Status of Transgender Persons: Implications for Public Health Intervention," *American Journal of Public Health* 91, no. 6 (June 1, 2001): 915-21, https://doi.org/10.2105/ajph.91.6.915; Ann C. Haas et al., "Suicide and Suicide Risk in Lesbian, Gay, Bisexual, and Transgender Populations: Review and Recommendations," *Journal of Homosexuality* 58, no. 1 (December 30, 2010): 10-51, https://doi.org/10.1080/00918369.2011.534038.

4. Marsha M. Linehan, "Validation and Psychotherapy," in *Empathy Reconsidered: New Directions in Psychotherapy*, eds. A. C. Bohart and L. S. Greenberg (Washington, DC: American Psychological Association, 1997), 355, https://doi.org/10.1037/10226-016.

5. Walter E. B. Sipe and Stuart J. Eisendrath, "Mindfulness-Based Cognitive Therapy for Treatment-Resistant Depression," in *Mindfulness-Based Treatment Approaches: Clinician's Guide to Evidence Base and Applications*, 2nd ed., ed. Ruth Ware (Waltham, MA: Academic Press, 2014), 61-76.

6. Alec L. Miller, "Introduction to a Special Issue Dialectical Behavior Therapy: Evolution and Adaptations in the 21st Century," *American Journal of Psychotherapy* 69, no. 2 (January 1, 2015): 91-95, https://doi.org/10.1176/appi.psychotherapy.2015.69.2.91.

7. Weight Watchers, "Oprah's 2020 Vision Tour Visionaries: Lady Gaga Interview," YouTube, January 9, 2020, https://www.youtube.com/

watch?v=f8iNYY7YV04.

8. Marsha M. Linehan, *DBT Skills Training Handouts and Worksheets*, 2nd ed., "Distress Tolerance Handout 11: Radical Acceptance" (New York: Guilford Publications, 2014).

9. Jon Kabat-Zinn, *Full Catastrophe Living: Using the Wisdom of Your Body and Mind to Face Stress, Pain, and Illness* (New York: Bantam Books, an imprint of Random House, 1990). 존 카밧진, 『마음챙김 명상과 자기치유: 삶의 재난을 몸과 마음의 지혜로 마주하기』

10. Jon Kabat-Zinn, "An Outpatient Program in Behavioral Medicine for Chronic Pain Patients Based on the Practice of Mindfulness Meditation: Theoretical Considerations and Preliminary Results," *General Hospital Psychiatry* 4, no. 1 (April 1, 1982): 33-47, https://doi.org/10.1016/0163-8343(82)90026-3; Jon Kabat-Zinn, Leslie Lipworth, and Robert G. Burney, "The Clinical Use of Mindfulness Meditation for the Self-Regulation of Chronic Pain," *Journal of Behavioral Medicine* 8, no. 2 (June 1, 1985): 163-90, https://doi.org/10.1007/bf00845519.

11. Jon Kabat-Zinn et al., "Effectiveness of a Meditation-Based Stress Reduction Program in the Treatment of Anxiety Disorders," *American Journal of Psychiatry* 149, no. 7 (July 1, 1992): 936-43, https://doi.org/10.1176/ajp.149.7.936.

12. Jon Kabat-Zinn, *Wherever You Go, There You Are: Mindfulness Meditation in Everyday Life* (New York: Hyperion, 2005), 4; Shian-Ling Keng, Moria J. Smoski, and Clive J. Robins, "Effects of Mindfulness on Psychological Health: A Review of Empirical Studies," *Clinical Psychology Review* 31, no. 6 (August 1, 2011): 1041-56, https://doi.org/10.1016/j.cpr.2011.04.006. 존 카밧진, 『당신이 어디를 가든 거기엔 당신

이 있다.』

13. Linehan, "Validation and Psychotherapy," 358.
14. Linehan, *DBT Skills Training*, 110-11.
15. Scott D. Stanley, Howard J. Markman, and Susan L. Blumberg, "The Speaker/Listener Technique," *The Family Journal* 5, no. 1 (January 1, 1997): 82~83, https://doi.org/10.1177/1066480797051013.
16. Kerry Patterson et al., *Crucial Conversations Tools for Talking When Stakes Are High*, 2nd ed. (New York: McGraw Hill Professional, 2011), 164.
17. Tom Bunn, "Megaphone Parenting Can't Meet a Child's Need for Mirroring," *Psychology Today*, September 16, 2019, https://www.psychologytoday.com/us/blog/conquer-fear-flying/201909/megaphone-parenting-cant-meet-childs-need-mirroring.
18. 백악관 대변인실, 이스탄불에서 열린 학생 좌담회에서의 버락 오바마 대통령의 발언, 2009년 4월 7일, https://obamawhitehouse.archives.gov/realitycheck/the-press-office/remarks-president-barack-obama-student-roundtable-istanbul.

2장 인정의 힘: 관계를 살리는 마법 같은 기술

1. Jonathan W. Kanter et al., "An Integrative Contextual Behavioral Model of Intimate Relations," *Journal of Contextual Behavioral Science* 18 (October 1, 2020): 75-91, https://doi.org/10.1016/j.jcbs.2020.09.001; Yan Ruan et al., "Can I Tell You How I Feel? Perceived Partner Responsiveness Encourages Emotional Expression," *Emotion* 20, no. 3 (April 1, 2020): 329-42, https://doi.org/10.1037/emo0000650.
2. Shelly L. Gable, Gian C. Gonzaga, and Amy Strachman, "Will You Be

There for Me When Things Go Right? Supportive Responses to Positive Event Disclosures," *Journal of Personality and Social Psychology* 91, no. 5 (November 1, 2006): 904-17, https://doi.org/10.1037/0022-3514.91.5.904; Amy Canevello and Jennifer Crocker, "Creating Good Relationships: Responsiveness, Relationship Quality, and Interpersonal Goals," *Journal of Personality and Social Psychology* 99, no. 1 (July 1, 2010): 78-106, https://doi.org/10.1037/a0018186; Kanter et al., "An Integrative Contextual Behavioral Model."

3. Timothy W. Smith, and J. Bradley Layton, "Social Relationships and Mortality Risk: A Meta-Analytic Review," *PLOS Medicine* 7, no. 7 (July 27, 2010): e1000316, https://doi.org/10.1371/journal.pmed.1000316.

4. Holt-Lunstad, Smith, and Layton, "Social Relationships and Mortality Risk."

5. Steven J. Linton et al., "Painfully Reassuring? The Effects of Validation on Emotions and Adherence in a Pain Test," *European Journal of Pain* 16, no. 4 (April 1, 2012): 592-99, https://doi.org/10.1016/j.ejpain.2011.07.011.

6. Laurence Alison and Emily Alison. "Revenge versus Rapport: Interrogation, Terrorism, and Torture," *American Psychologist* 72, no. 3 (April 1, 2017): 266-77, https://doi.org/10.1037/amp0000064.

7. Laurence Alison and Emily Alison, "Revenge versus Rapport," 270.

8. Laurence Alison et al., "The Efficacy of Rapport-Based Techniques for Minimizing Counter-Interrogation Tactics Amongst a Field Sample of Terrorists," *Psychology, Public Policy and Law* 20, no. 4 (November 1, 2014): 421-30, https://doi.org/10.1037/law0000021; Laurence Alison et al., "Why Tough Tactics Fail and Rapport Gets Results: Observing Rapport-Based Interpersonal Techniques (ORBIT) to Generate Useful

Information from Terrorists," *Psychology, Public Policy and Law* 19, no. 4 (November 1, 2013): 411–31, https://doi.org/10.1037/a0034564.

9. For a review of the research on validation and customer satisfaction, see Carol M. Werner et al., "Clinical Validation and Cognitive Elaboration: Signs That Encourage Sustained Recycling," *Basic and Applied Social Psychology* 24, no. 3 (September 1, 2002): 185–203, https://doi.org/10.1207/s15324834basp2403_2.

10. Alan E. Fruzzetti and John M. Worrall, "Accurate Expression and Validating Responses: A Transactional Model for Understanding Individual and Relationship Distress," in *Support Processes in Intimate Relationships*, eds. Kieran T. Sullivan and Joanne Davila (online ed: Oxford Academic, 2010), 121–50, https://doi.org/10.1093/acprof:oso/9780195380170.003.0005.

11. Chad E. Shenk and Alan E. Fruzzetti, "The Impact of Validating and Invalidating Responses on Emotional Reactivity," *Journal of Social and Clinical Psychology* 30, no. 2 (February 22, 2011): 163–83, https://doi.org/10.1521/jscp.2011.30.2.163.

12. Maddy Greville-Harris et al., "The Power of Invalidating Communication: Receiving Invalidating Feedback Predicts Threat-Related Emotional, Physiological, and Social Responses," *Journal of Social and Clinical Psychology* 35, no. 6 (June 1, 2016): 471–93, https://doi.org/10.1521/jscp.2016.35.6.471.

13. Nina Howe et al., "Siblings as Confidants: Emotional Understanding, Relationship Warmth, and Sibling Self-Disclosure," *Social Development* 10, no. 4 (November 1, 2001): 439–54, https://doi.org/10.1111/1467-9507.00174; Lawrence R. Wheeless and Janis Grotz, "The

Measurement of Trust and Its Relationship to Self-Disclosure," *Human Communication Research* 3, no. 3 (March 1, 1977): 250-57, https://doi.org/10.1111/j.1468-2958.1977.tb00523.x; Kristin Behfar, Matthew A. Cronin, and Kimberly McCarthy, "Realizing the Upside of Venting: The Role of the 'Challenger Listener,'" *Academy of Management Discoveries* 6, no. 4 (December 1, 2020): 609-30, https://doi.org/10.5465/amd.2018.0066.

14. Christina Gamache Martin, Hyoun Woo Kim, and Jennifer J. Freyd, "In the Spirit of Full Disclosure: Maternal Distress, Emotion Validation, and Adolescent Disclosure of Distressing Experiences," *Emotion* 18, no. 3 (September 4, 2017): 400.11, https://doi.org/10.1037/emo0000363.
15. Kevin G. Haworth et al., "Reinforcement Matters: A Preliminary, Laboratory-Based Component-Process Analysis of Functional Analytic Psychotherapy's Model of Social Connection," *Journal of Contextual Behavioral Science* 4, no. 4 (October 1, 2015): 281-91, https://doi.org/10.1016/j.jcbs.2015.08.003.
16. Vincent Guilamo-Ramos, "Dominican and Puerto Rican Mother-Adolescent Communication: Maternal Self-Disclosure and Youth Risk Intentions," *Hispanic Journal of Behavioral Sciences* 32, no. 2 (May 1, 2010): 197-215, https://doi.org/10.1177/0739986310361594.
17. Nicole M. Froidevaux et al., "The Link Between Adversity and Dating Violence Among Adolescents Hospitalized for Psychiatric Treatment: Parental Emotion Validation as a Candidate Protective Factor," *Journal of Interpersonal Violence* 37, no. 5.6 (March 1, 2022): NP3492.NP 3527, https://doi.org/10.1177/0886260520926323.
18. Sylvia A. Morelli, Jared B. Torre, and Naomi I. Eisenberger, "The Neural

Bases of Feeling Understood and Not Understood," *Social Cognitive and Affective Neuroscience* 9, no. 12 (December 1, 2014): 1890-96, https://doi.org/10.1093/scan/nst191.

19. Konstanze Albrecht et al., "The Brain Correlates of the Effects of Monetary and Verbal Rewards on Intrinsic Motivation," *Frontiers in Neuroscience* 8 (September 18, 2014), https://doi.org/10.3389/fnins.2014.00303.

20. Kristin Neff and Christopher Germer, The Mindful Self-Compassion Workbook: A Proven Way to Accept Yourself, Build Inner Strength, and Thrive (New York: Guilford Press, 2018), 9. 크리스틴 네프, 크리스토퍼 거머, 『나를 사랑하기로 했습니다: 마음챙김-자기연민 워크북』

21. Phan Y. Hong and David A. Lishner, "General Invalidation and Trauma-Specific Invalidation as Predictors of Personality and Subclinical Psychopathology," *Personality and Individual Differences* 89 (January 1, 2016): 211-16, https://doi.org/10.1016/j.paid.2015.10.016.

22. Marisa G. Franco, Myles I. Durkee, and Stacey E. McElroy-Heltzel, "Discrimination Comes in Layers: Dimensions of Discrimination and Mental Health for Multiracial People," *Cultural Diversity and Ethnic Minority Psychology* 27, no. 3 (May 3, 2021): 343-53, https://doi.org/10.1037/cdp0000441.

23. Brian A. Feinstein et al., "A Qualitative Examination of Bisexual+ Identity Invalidation and Its Consequences for Wellbeing, Identity, and Relationships," *Journal of Bisexuality* 19, no. 4 (October 2, 2019): 461-82, https://doi.org/10.1080/15299716.2019.1671295; Kelly E. Johnson et al., "Invalidation Experiences and Protective Factors Among Non-Binary Adolescents," *Journal of Adolescent Health*, February 1, 2019,

https://doi.org/10.1016/j.jadohealth.2018.10.021.

24. Michael W. Salter, "Invalidation: A Neglected Dimension of Gender-Based Violence and Inequality," *International Journal for Crime, Justice and Social Democracy* 1, no. 1 (November 5, 2012): 3-13, https://doi.org/10.5204/ijcjsd.v1i1.73.

25. Sara Edlund et al., "I See You're in Pain.The Effects of Partner Validation on Emotions in People with Chronic Pain," *Scandinavian Journal of Pain* 6, no. 1 (January 1, 2015): 16-21, https://doi.org/10.1016/j.sjpain.2014.07.003.

26. Steven J. Linton et al., "Can Training in Empathetic Validation Improve Medical Students' Communication with Patients Suffering Pain? A Test of Concept," *Pain Reports* 2, no. 3 (April 30, 2017): e600, https://doi.org/10.1097/pr9.0000000000000600.

27. Riikka Holopainen et al., "Physiotherapists' Validating and Invalidating Communication Before and After Participating in Brief Cognitive Functional Therapy Training. Test of Concept Study," *Advances in Physiotherapy* 25, no. 2 (September 23, 2021): 1-7, https://doi.org/10.1080/21679169.2021.1967446.

28. Linton et al., "Training in Empathetic Validation."

29. Edlund et al., "I See You're in Pain."

3장 보이지 않는 것을 보는 눈

1. Paul Rozin and Edward B. Royzman, "Negativity Bias, Negativity Dominance, and Contagion," *Personality and Social Psychology Review* 5, no. 4 (November 1, 2001): 296-320, https://doi.org/10.1207/s15327957pspr0504_2.

4장 고통을 낭비하지 마라: 상처를 성장으로 바꾸는 방법

1. Carl R. Rogers, *Client-Centered Therapy: Its Current Practice, Implications and Theory*, 70th anniversary ed. (London: Constable & Robinson Ltd, 2021), 230.

2. Carl R. Rogers, "The Necessary and Sufficient Conditions of Therapeutic Personality Change," *Journal of Consulting Psychology* 21, no. 2 (1957): 95-103, https://doi.org/10.1037/h0045357.

3. Carl R. Rogers, "Toward a Science of the Person," *Journal of Humanistic Psychology* 3, no. 2 (April 1, 1963): 72-92, https://doi.org/10.1177/002216786300300208.

4. Eugene T. Gendlin, "Obituary: Carl Rogers (1902~1987)," *American Psychologist* 43, no. 2 (February 1, 1988): 127-28, https://doi.org/10.1037/h0091937; Barry A. Farber and Erin M. Doolin, "Positive Regard and Affirmation," in *Psychotherapy Relationships That Work: Evidence-Based Responsiveness*, 2nd ed., ed. John C. Norcross (New York: Oxford University Press, 2011): 171.

5. David Lester, "Active Listening," in *Crisis Intervention and Counseling by Telephone and Internet*, eds. David Lester and James Rogers (Springfield, IL: Charles C. Thomas Publisher, 2012), 94.

6. Carl R. Rogers, "Significant Aspects of Client-Centered Therapy," *American Psychologist* 1, no. 10 (January 1, 1946): 415-22, https://doi.org/10.1037/h0060866.

7. Marsha M. Linehan, Building a Life Worth Living: A Memoir (New York: Random House, 2020), 214. 마샤 리네한, 『인생이 지옥처럼 느껴질 때』

8. 마샤 리네한, 『인생이 지옥처럼 느껴질 때』, 215.

9. BorderlineNotes, "Marsha Linehan-How She Learned Radical

Acceptance," YouTube, April 14, 2017, https://www.youtube.com/watch?v=OTG7YEWkJFI&t=11s.

10. 마샤 리네한, 『인생이 지옥처럼 느껴질 때』, 226.
11. Linehan, *DBT Skills Training*, "Interpersonal Effectiveness Handout 18: A 'How To' Guide to Validation."
12. Marsha M. Linehan, "Validation and Psychotherapy," in Empathy Reconsidered: New Directions in Psychotherapy, eds. A. C. Bohart and L. S. Greenberg (Washington, DC: American Psychological Association,1997), 360, https://doi.org/10.1037/10226-016.
13. Thich Nhat Hanh, *No Mud, No Lotus: The Art of Transforming Suffering* (Berkeley: Parallax Press, 2014). 틱낫한, 『고요히 앉아 있을 수만 있다면』
14. Viktor Emil Frankl, The Unconscious God (New York: Pocket Books, 1975), 137. 빅터 프랭클, 『무의식의 하나님: 심리치료학과 신학의 만남』
15. 틱낫한, 『고요히 앉아 있을 수만 있다면』, 10.
16. Vivek Murthy, "Work and the Loneliness Epidemic," *Harvard Business Review*, November 8, 2022, https://hbr.org/2017/09/work-and-the-loneliness-epidemic.

6장 ①주의 기울이기 - '듣는 힘'이 만드는 기적

1. Sam Schube, "Derek DelGaudio's Genre-Bending Magic Show Will Make You Feel Things," GQ, July 16, 2018, https://www.gq.com/story/derek-delgaudio-magician-profile.
2. Eric Dent, "The Observation, Inquiry, and Measurement Challenges Surfaced by Complexity Theory," in *Managing the Complex: Philosophy, Theory and Practice*, ed. Kurt Richardson (Charlotte, NC: Information Age Publishers, 2004).

3. Helen Parsons, "What Happened at Hawthorne?" *Science* 183, no. 4128 (March 8, 1974): 922-32, https://doi.org/10.1126/science.183.4128.922.

4. *My Octopus Teacher*, directed by James Reed and Pippa Ehlrich (Off the Fence and The Sea Change Project, 2020), 넷플릭스.

5. "The 93rd Academy Awards | 2021," Oscars.org, Academy of Motion Picture Arts and Sciences, 2023년 5월 2일 기준 다음 주소로 검색, https://www.oscars.org/oscars/ceremonies/2021.

6. Janis F. Andersen, Peter A. Andersen, and Arthur D. Jensen, "The Measurement of Nonverbal Immediacy," *Journal of Applied Communication Research* 7, no. 2 (November 1, 1979): 153-80, https://doi.org/10.1080/00909887909365204.

7. Janis Andersen, Peter Andersen, and Jensen, "Measurement of Nonverbal Immediacy"; Laura K. Guerrero, "Conceptualizing and Operationalizing Nonverbal Immediacy," in *Researching Interactive Communication Behavior: A Sourcebook of Methods and Measures*, eds. C. Arthur VanLear and Daniel J. Canary (Thousand Oaks, CA: SAGE Publications Inc., 2017), 61-75.

7장 [2] 따라 하기 – 관계를 이어주는 모방의 기술

1. Mariëlle Stel and Roos Vonk, "Mimicry in Social Interaction: Benefits for Mimickers, Mimickees, and Their Interaction," *British Journal of Psychology* 101, no. 2 (May 1, 2010): 311-13, https://doi.org/10.1348/000712609x465424; Tanya L. Chartrand and John A. Bargh, "The Chameleon Effect: The Perception-Behavior Link and Social Interaction," *Journal of Personality and Social Psychology* 76, no. 6 (January 1, 1999): 893-910, https://doi.org/10.1037/0022-3514.76.6.893.

2. Rick B. van Baaren et al., "Mimicry for Money: Behavioral Consequences of Imitation," *Journal of Experimental Social Psychology* 39, no. 4 (July 1, 2003): 393-98, https://doi.org/10.1016/s0022-1031(03)00014-3.
3. Rick B. van Baaren et al., "Mimicry and Prosocial Behavior," *Psychological Science* 15, no. 1 (January 1, 2004): 71-74, https://doi.org/10.1111/j.0963-7214.2004.01501012.x.
4. Stel and Vonk, "Mimicry in Social Interaction."
5. Bailey Maryfield, "Implicit Racial Bias," Justice Research and Statistics Association, December 2018, https://api.semanticscholar.org/CorpusID:231601864.
6. Michael Inzlicht, Jennifer N. Gutsell, and Lisa Legault, "Mimicry Reduces Racial Prejudice," *Journal of Experimental Social Psychology* 48, no. 1 (January 1, 2012): 361-65, https://doi.org/10.1016/j.jesp.2011.06.007.
7. Ron Tamborini et al., "The Effect of Behavioral Synchrony with Black or White Virtual Agents on Outgroup Trust," *Computers in Human Behavior* 83 (June 1, 2018): 176-83, https://doi.org/10.1016/j.chb.2018.01.037.
8. Mariëlle Stel, Kees van den Bos, and Michèlle Bal, "On Mimicry and the Psychology of the Belief in a Just World: Imitating the Behaviors of Others Reduces the Blaming of Innocent Victims," *Social Justice Research* 25, no. 1 (February 29, 2012): 14-24, https://doi.org/10.1007/s11211-012-0150-2.
9. Mariëlle Stel, Rick B. van Baaren, and Roos Vonk, "Effects of Mimicking: Acting Prosocially by Being Emotionally Moved," *European Journal of Social Psychology* 38, no. 6 (September 1, 2008): 965-76, https://doi.org/10.1002/ejsp.472.
10. Béatrice S. Hasler et al., "Virtual Peacemakers: Mimicry Increases

Empathy in Simulated Contact with Virtual Outgroup Members," *Cyberpsychology, Behavior, and Social Networking* 17, no. 12 (December 9, 2014): 766-71, https://doi.org/10.1089/cyber.2014.0213.

11. Nicolas Guéguen, "Mimicry and Seduction: An Evaluation in a Courtship Context," *Social Influence* 4, no. 4 (September 14, 2009): 249-55, https://doi.org/10.1080/15534510802628173.

12. Tanya L. Chartrand and John A. Bargh, "The Chameleon Effect: The Perception-Behavior Link and Social Interaction," *Journal of Personality and Social Psychology* 76, no. 6 (January 1, 1999): 893-910, https://doi.org/10.1037/0022-3514.76.6.893; Jessica L. Lakin et al., "The Chameleon Effect as Social Glue: Evidence for the Evolutionary Significance of Nonconscious Mimicry," *Journal of Nonverbal Behavior* 27, no. 3 (September 1, 2003): 145-62, https://doi.org/10.1023/a:1025389814290.

13. Andrew N. Meltzoff and M. Keith Moore, "Imitation in Newborn Infants: Exploring the Range of Gestures Imitated and the Underlying Mechanisms," *Developmental Psychology* 25, no. 6 (November 1, 1989): 954-62, https://doi.org/10.1037/0012-1649.25.6.954; Jeannette M. Haviland and Michelle Mary Lelwica, "The Induced Affect Response: 10.Week-Old Infants' Responses to Three Emotion Expressions," *Developmental Psychology* 23, no. 1 (January 1, 1987): 97-104, https://doi.org/10.1037/0012-1649.23.1.97.

14. '따라 하기'와 '공감'과 관련된 진화적 연구에 대해 살펴보고 싶다면 다음을 참조. Stel and Vonk, "Mimicry in Social Interaction."

15. Ursula Hess et al., "The Facilitative Effect of Facial Expression on the Self-Generation of Emotion," *International Journal of Psychophysiology* 12, no. 3 (May 1, 1992): 251-65, https://doi.org/10.1016/0167-

8760(92)90064-i; Daniel H. McIntosh, "Facial Feedback Hypotheses: Evidence, Implications, and Directions," *Motivation and Emotion* 20, no. 2 (June 1, 1996): 121-47, https://doi.org/10.1007/bf02253868; Mariëlle Stel and Kees van den Bos, "Mimicry as a Tool for Understanding the Emotions of Other," in *Proceedings of Measuring Behavior*, eds. Andrew Spink et al. (Eindhoven, The Netherlands: Noldus Information Technology, 2010), 114-17.

16. Stel and Vonk, "Mimicry in Social Interaction."
17. Barbara Müller et al., "Empathy Is a Beautiful Thing: Empathy Predicts Imitation Only for Attractive Others," *Scandinavian Journal of Psychology* 54, no. 5 (October 1, 2013): 401-406, https://doi.org/10.1111/sjop.12060; Jie Shen et al., "The Influence of Facial Attractiveness and Personal Characteristics on Imitation," *Journal of Social Psychology* 163, no. 1 (2023): 94-106.
18. Clara M. Cheng and Tanya L. Chartrand, "Self-Monitoring Without Awareness: Using Mimicry as a Nonconscious Affiliation Strategy," *Journal of Personality and Social Psychology* 85, no. 6 (December 1, 2003): 1170-79, https://doi.org/10.1037/0022-3514.85.6.1170.
19. Nobuyuki Nishitani, Sari Avikainen, and Riitta Hari, "Abnormal Imitation-Related Cortical Activation Sequences in Asperger's Syndrome," *Annals of Neurology* 55, no. 4 (April 1, 2004): 558-62, https://doi.org/10.1002/ana.20031.
20. John M. Gottman et al., "Predicting Marital Happiness and Stability from Newlywed Interactions," *Journal of Marriage and Family* 60, no. 1 (February 1, 1998): 5, https://doi.org/10.2307/353438; John M. Gottman, *What Predicts Divorce?: The Relationship Between Marital Processes*

and Marital Outcomes (Hillsdale, NJ: Lawrence Erlbaum Associates, 1994).

21. Julia C. Babcock et al., "A Component Analysis of a Brief Psycho-Educational Couples' Workshop: One-Year Follow.up Results," Journal of Family Therapy 35, no. 3 (August 1, 2013): 252-80, https://doi.org/10.1111/1467-6427.12017.

22. John M. Gottman and Julie Schwartz Gottman, Gottman Rapoport Intervention (The Gottman Institute, 2015).

8장 ③ 맥락 파악하기 - 보이는 행동 너머를 읽는 법

1. Jenny Lawson, "Our Stories Set Us Free," TEDx SanAntonio, January 8, 2020, https://www.ted.com/talks/jenny_lawson_our_stories_set_us_free?language=en.

2. Joan Didion: The Center Will Not Hold, directed by Griffin Dunne (Netflix, 2017), 넷플릭스.

3. Kate Sheehy et al., "An Examination of the Relationship Between Shame, Guilt and Self-Harm: A Systematic Review and Meta-Analysis," Clinical Psychology Review 73 (November 1, 2019): 101779, https://doi.org/10.1016/j.cpr.2019.101779; Amy Y. Cameron, M. Tracie Shea, and Alyson B. Randall, "Acute Shame Predicts Urges for Suicide but Not for Substance Use in a Veteran Population," Suicide and Life Threatening Behavior 50, no. 1 (September 16, 2019): 292-99, https://doi.org/10.1111/sltb.12588; Diana-Mirela Nechita, Samuel Bud, and Daniel David, "Shame and Eating Disorders Symptoms: A Meta-Analysis," International Journal of Eating Disorders 54, no. 11 (July 24, 2021): 1899-945, https://doi.org/10.1002/eat.23583.

4. Jac Brown, "Shame and Domestic Violence: Treatment Perspectives for Perpetrators from Self Psychology and Affect Theory," *Sexual and Relationship Therapy* 19, no. 1 (February 1, 2004): 39-56, https://doi.org/10.1080/14681990410001640826; Patrizia Velotti, Jeff Elison, and Carlo Garofalo, "Shame and Aggression: Different Trajectories and Implications," *Aggression and Violent Behavior* 19, no. 4 (July 1, 2014): 454-61, https://doi.org/10.1016/j.avb.2014.04.011; Jonathan Fast, *Beyond Bullying: Breaking the Cycle of Shame, Bullying, and Violence* (Oxford, UK: Oxford University Press, 2016).

5. Kathrin Ritter et al., "Shame in Patients with Narcissistic Personality Disorder," *Psychiatry Research* 215, no. 2 (February 1, 2014): 429-37, https://doi.org/10.1016/j.psychres.2013.11.019; Carlo Garofalo and Patrizia Velotti, "Shame Coping and Psychopathy: A Replication and Extension in a Sample of Male Incarcerated Offenders," *Journal of Criminal Justice* 76 (September 1, 2021): 101845, https://doi.org/10.1016/j.jcrimjus.2021.101845.

6. Karl Marx to Arnold Ruge, March 1843, Mark and Engels Internet Archive: Letters, https://www.marxists.org/archive/marx/works/1843/letters/43_03-alt.htm.

7. Linehan, "Validation and Psychotherapy," 353-92.

8. Nora D. Volkow et al., "Dopamine in Drug Abuse and Addiction," *Archives of Neurology* 64, no. 11 (November 1, 2007): 1575, https://doi.org/10.1001/archneur.64.11.1575.

9. Posted by Gabe Gentry, "Martin Luther King, Jr-.Where Do We Go from Here," YouTube, August 26, 2009, https://www.youtube.com/watch?v=GHJQCzv3dko.

10. Sergio González et al., "Circadian-Related Heteromerization of Adrenergic and Dopamine D4 Receptors Modulates Melatonin Synthesis and Release in the Pineal Gland," *PLOS Biology* 10, no. 6 (June 19, 2012): e1001347, https://doi.org/10.1371/journal.pbio.1001347.

9장 ④ 입장 바꿔보기 - "그 상황이라면 누구라도 그랬을 거야"

1. 시각화와 인지 처리 관련 연구에 대해 살펴보고 싶다면 다음을 참조. Christine D. Wilson-Mendenhall, John P. Dunne, and Richard J. Davidson, "Visualizing Compassion: Episodic Simulation as Contemplative Practice," *Mindfulness*, March 4, 2022, https://doi.org/10.1007/s12671-022-01842-6.
2. "Golden Rule Argument," Legal Information Institute, 2023년 5월 13일 기준 다음 주소로 검색, https://www.law.cornell.edu/wex/golden_rule_argument.
3. Franz Kafka, *The Trial: Introduction by George Steiner* (London: Everyman's Library, 1992). 프란츠 카프카, 『소송』
4. T. Christian Miller and Ken Armstrong, "An Unbelievable Story of Rape," *ProPublica*, February 29, 2020, https://www.propublica.org/article/false-rape-accusations-an-unbelievable-story.
5. Pulitzer Prize Board, "Explanatory Reporting," Winners by Category, 2023년 4월 30일 기준 다음 주소로 검색, https://www.pulitzer.org/prize-winners-by-category/207.
6. Miller and Armstrong, "An Unbelievable Story."

10장 ⑤ 마음 읽기 - 상대의 속마음을 알아채는 감각

1. Raquel Gilar-Corbi, Bárbara Yadira García Sánchez, and Juan Luis

Castejón, "Can Emotional Intelligence Be Improved? A Randomized Experimental Study of a Business-Oriented EI Training Program for Senior Managers," PLOS One 14, no. 10 (October 23, 2019): e0224254, https://doi.org/10.1371/journal.pone.0224254; Nicholas Clarke, "The Impact of a Training Programme Designed to Target the Emotional Intelligence Abilities of Project Managers," International Journal of Project Management 28, no. 5 (July 1, 2010): 461-68, https://doi.org/10.1016/j.ijproman.2009.08.004.

2. Elna Baker and Michelle Buteau, "638: Rom-Com, Act Two," February 9, 2018, in This American Life, produced by WBEZ, podcast, https://www.thisamericanlife.org/638/rom-com/act-two-23.

3. 오프라 윈프리가 해리 왕자, 메건 마클과 나눈 인터뷰, Oprah with Meghan and Harry, CBS, March 7, 2021.

4. Shirley Povich, "Legend, Truth Mix with Ruth: 100th Anniversary of Babe's Birth," The Washington Post, February 5, 1995, https://www.washingtonpost.com/wp-srv/sports/longterm/general/povich/launch/ruth1.htm.

5. Paul Ekman Group, "Micro Expressions," Paul Ekman Group, accessed August 3, 2022, https://www.paulekman.com/resources/micro-expressions.

6. Paul Ekman Group, "Micro Expressions."

11장 [6] 행동 보여주기 - 말보다 강한 메시지 전달법

1. 데이비드 뮤어가 볼로디미르 젤렌스키 대통령과 나눈 인터뷰, ABC World News Tonight, ABC, March 7, 2022.

12장 ⑦ 감정 나누기 - 더 깊이 연결되는 법

1. ABC News, "Jon Stewart Slams Congress Over Benefits for 9/11 Responders," YouTube, June 11, 2019, https://www.youtube.com/watch?v=_uYpDC3SRpM&t=2s.

2. Nelson Mandela, *Nelson Mandela by Himself* (New York: Macmillan, 2011), 144. 넬슨 만델라, 『넬슨 만델라 어록』

3. *Jimmy Kimmel Live!*, created by Jimmy Kimmel, 시즌 15/57회, ABC에서 2022일 5월 1일 방송.

13장 ⑧ 진심 보여주기 - 공감의 최고 단계

1. Mehmet Ümit Necef, "Research Note: Former Extremist Interviews Current Extremist: Self-Disclosure and Emotional Engagement in Terrorism Studies," *Studies in Conflict and Terrorism* 44, no. 1 (July 30, 2020): 74-92, https://doi.org/10.1080/1057610x.2020.1799516.

2. Necef, "Former Extremist Interviews Current Extremist," 77.

3. Necef, "Former Extremist Interviews Current Extremist," 78.

4. Necef, "Former Extremist Interviews Current Extremist," 79-80.

5. Necef, "Former Extremist Interviews Current Extremist," 80.

6. Bréne Brown, *Atlas of the Heart* (New York: Random House, 2021), 137.

7. Brown, Atlas of the Heart, 137.

8. Jennifer R. Henretty and Heidi M. Levitt, "The Role of Therapist Self-Disclosure in Psychotherapy: A Qualitative Review," *Clinical Psychology Review* 30, no. 1 (February 1, 2010): 63-77, https://doi.org/10.1016/j.cpr.2009.09.004.

9. Georg Simmel, "The Secret and the Secret Society," in *The Sociology of Georg Simmel*, ed. Kurt H. Wolff (Glencoe, IL: Free Press, 1950), 307.

14장 행동을 바꾸는 가장 강력한 방법

1. Alan E. Kazdin, *Parent Management Training: Treatment for Oppositional, Aggressive, and Antisocial Behavior in Children and Adolescents* (Oxford, UK: Oxford University Press, 2005). 앨런 카즈딘, 『말썽 많은 아이 제대로 키우기: 학습 원리에 따른 부모관리 훈련』

15장 아이의 마음을 여는 인정의 기술

1. Alan E. Kazdin and Carlo Rotella, *The Kazdin Method for Parenting the Defiant Child: With No Pills, No Therapy, No Contest of Wills* (Boston: Houghton Mifflin Harcourt, 2009).
2. Sheila E. Crowell et al., "Mechanisms of Contextual Risk for Adolescent Self-Injury: Invalidation and Conflict Escalation in Mother-Child Interactions," *Journal of Clinical Child and Adolescent Psychology* 42, no. 4 (July 1, 2013): 467-80, https://doi.org/10.1080/15374416.2013.785360; Chad E. Shenk and Alan E. Fruzzetti, "Parental Validating and Invalidating Responses and Adolescent Psychological Functioning," *The Family Journal* 22, no. 1 (June 20, 2013): 43-48, https://doi.org/10.1177/1066480713490900.
3. Shenk and Fruzzetti, "Parental Validating and Invalidating"; Elizabeth L. Krause, Tamar Mendelson, and Thomas J. Lynch, "Childhood Emotional Invalidation and Adult Psychological Distress: The Mediating Role of Emotional Inhibition," *Child Abuse and Neglect* 27, no. 2 (February 1, 2003): 199-213, https://doi.org/10.1016/s0145-2134(02)00536-7.
4. Molly Adrian et al., "Parental Validation and Invalidation Predict Adolescent Self-Harm," *Professional Psychology: Research and Practice* 49, no. 4 (August 1, 2018): 274-81, https://doi.org/10.1037/pro0000200.

5. Nirbhay N. Singh, Bethany A. Marcus, and Ashvind N. Singh, "Differential Attention," in *Encyclopedia of Psychotherapy*, eds. Michel Hersen and William Sledge (Philadelphia: Elsevier Science USA, 2002), 629-32; Thomas Sajwaj and Anneal Dillon, "Complexities of an 'Elementary' Behavior Modification Procedure: Differential Adult Attention Used for Children's Behavior Disorders," in *New Developments in Behavioral Research: Theory, Method, and Application*, 1st ed., eds. Barbara C. Etzel, Judith M. LeBlanc, and Donald M. Baer (Oxfordshire, UK: Routledge, 1977).

16장 사랑을 지키는 기술

1. John M. Gottman, Carrie Cole, and Donald L. Cole. "Negative Sentiment Override in Couples and Families," in *Encyclopedia of Couple and Family Therapy*, eds. Jay L. Lebow, Anthony L. Chambers, and Douglas C. Breunlin (Berlin: Springer, 2019), 2019-22.
2. Dean M. Busby and Thomas B. Holman, "Perceived Match or Mismatch on the Gottman Conflict Styles: Associations with Relationship Outcome Variables," *Family Process* 48, no. 4 (December 1, 2009): 531-45, https://doi.org/10.1111/j.1545-5300.2009.01300.x.
3. John M. Gottman, "The Roles of Conflict Engagement, Escalation, and Avoidance in Marital Interaction: A Longitudinal View of Five Types of Couples," *Journal of Consulting and Clinical Psychology* 61, no. 1 (January 1, 1993): 6-15, https://doi.org/10.1037/0022-006x.61.1.6.
4. John M. Gottman and Julie S. Gottman, "Gottman Method Couple Therapy," *Clinical Handbook of Couple Therapy*, 4th ed., ed. Alan S. Gurman (New York: Guilford Press, 2008), 138-64.

5. John M. Gottman, *The Marriage Clinic: A Scientifically Based Marital Therapy* (New York: W. W. Norton & Company, 1999).

17장 인정하는 리더가 이긴다

1. Charles Duhigg, "What Google Learned from Its Quest to Build the Perfect Team," *New York Times Magazine*, February 25, 2016, https://www.nytimes.com/2016/02/28/magazine/what-google-learned-from-its-quest-to-build-the-perfect-team.html.
2. 토리버치 재단에서 매트 사카구치와 나눈 인터뷰, '일 잘하는 팀은 뭐가 다를까'(What Sets Effective Teams Apart), 2023년 7월 24일 기준 다음 주소로 검색, https://www.toryburchfoundation.org/resources/build-my-team/what-sets-effective-teams-apart.
3. Amy C. Edmondson, *The Fearless Organization: Creating Psychological Safety in the Workplace for Learning, Innovation, and Growth* (Hoboken, NJ: John Wiley & Sons, 2019), xvi. 에이미 에드먼슨, 『두려움 없는 조직: 심리적 안정감은 어떻게 조직의 학습, 혁신, 성장을 일으키는가』
4. "Google's Project Aristotle," Re: Work with Google, Alphabet Inc., 2023년 7월 25일 기준 다음 주소로 검색, https://rework.withgoogle.com/print/guides/5721312655835136.
5. Amy C. Edmondson and Zhike Lei, "Psychological Safety: The History, Renaissance, and Future of an Interpersonal Construct," *Annual Review of Organizational Psychology and Organizational Behavior* 1, no. 1 (March 21, 2014): 23–43, https://doi.org/10.1146/annurev-orgpsych-031413-091305.
6. Gallup, *State of the American Workplace Report* (Gallup, 2017), 2023년 3월 1일 기준 다음 주소로 검색, https://www.gallup.com/

workplace/238085/state-american-workplace-rep ort-2017.aspx.

7. Catalyst and Edelman Intelligence, *The Impact of COVID-19 on Workplace Inclusion Survey* (Catalyst, 2020), 2023년 3월 1일 기준 다음 주소로 검색, https://www.catalyst.org/research/workplace-inclusion-covid-19.

8. Dale Carnegie and Associates, Inc., *What Drives Employee Engagement and Why It Matters: Dale Carnegie Training White Paper* (Dale Carnegie and Associates, Inc., 2012).

9. SHRM, *Global Culture Research Report* (SHRM, 2022), 2023년 2월 3일 기준 다음 주소로 검색, https://www.shrm.org/hr-today/trends-and-forecasting/research-and-surveys/Documents/SHRM%202022%20Global%20Culture%20Report.pdf.

10. Sylvia Hurtado, Adriana Ruiz Alvarado, and Chelsea Guillermo-Wann, "Creating Inclusive Environments: The Mediating Effect of Faculty and Staff Validation on the Relationship of Discrimination/Bias to Students' Sense of Belonging," *Journal Committed to Social Change on Race and Ethnicity* 1, no. 1 (December 6, 2018): 59-81, https://doi.org/10.15763/issn.2642-2387.2015.1.1.59-81.

11. Hurtado, Ruiz Alvarado, and Guillermo-Wann, "Creating Inclusive Environments," 74.

12. Casey Mulqueen, Amy Kahn, and J. Stephen Kirkpatrick, "Managers' Interpersonal Skills and Their Role in Achieving Organizational Diversity and Inclusiveness," *Journal of Psychological Issues in Organizational Culture* 3, no. 3 (October 1, 2012): 48-58, https://doi.org/10.1002/jpoc.21062.

13. Mulqueen, Kahn, and Kirkpatrick, "Managers' Interpersonal Skills," 49.

18장 회복력을 높이는 자기 인정의 기술

1. Dave Matthews Band, "Typical Situation," by Dave Matthews, recorded July 1994, track 5 on *Under the Table and Dreaming*, RCA, compact disc.
2. Judith S. Beck, *Cognitive Therapy for Challenging Problems: What to Do When the Basics Don't Work* (New York: Guilford Press, 2011).
3. Flávio Osmo et al., "The Negative Core Beliefs Inventory: Development and Psychometric Properties," *Journal of Cognitive Psychotherapy* 32, no. 1 (April 1, 2018): 67-84, https://doi.org/10.1891/0889-8391.32.1.67.
4. Kristin D. Neff, Stephanie S. Rude, and Kristin L. Kirkpatrick, "An Examination of Self-Compassion in Relation to Positive Psychological Functioning and Personality Traits," *Journal of Research in Personality* 41, no. 4 (August 1, 2007): 908-16, https://doi.org/10.1016/j.jrp.2006.08.002.
5. Mark R. Leary et al., "Self-Compassion and Reactions to Unpleasant Self-Relevant Events: The Implications of Treating Oneself Kindly," *Journal of Personality and Social Psychology* 92, no. 5 (May 1, 2007): 887-904, https://doi.org/10.1037/0022-3514.92.5.887; Juliana G. Breines and Serena Chen, "Self-Compassion Increases Self-Improvement Motivation," *Personality and Social Psychology Bulletin* 38, no. 9 (May 29, 2012): 1133-43, https://doi.org/10.1177/0146167212445599.
6. 크리스틴 네프, 크리스토퍼 거머, 『나는 나를 사랑하기로 했습니다: 마음챙김-자기연민 워크북』; Linehan, *DBT Skills Training*.
7. Edwin Rutsch, "Paul Ekman Talks Empathy with Edwin Rutsch," YouTube, May 10, 2011, https://www.youtube.com/watch?v=3i1QFv_PtqM.
8. 빅터 프랭클, 『빅터 프랭클의 죽음의 수용소에서』, 110.(Boston: Beacon Press,

1959). 원서는 1946년에 'Ein Psycholog erlebt das Konzentrationslager' 라는 제목으로 출간된 독일어판.

9. Ada Limón, "We Are Surprised," in *Bright Dead Things* (Minneapolis: Milkweed Editions, 2015).

10. "MARSHA LINEHAN: How She Learned Radical Acceptance," YouTube, April 14, 2017, https://www.youtube.com/watch?v=OTG7YEWkJFI.

맺음말

1. Sam Schube, "Derek DelGaudio's Genre-Bending Magic Show Will Make You Feel Things," *GQ*, July 16, 2018, https://www.gq.com/story/derek-delgaudio-magician-profile.

2. Mark R. Leary and Ashley Batts Allen, "Belonging Motivation: Establishing, Maintaining, and Repairing Relational Value," in *Social Motivation*, ed. David Dunning (New York: Psychology Press, 2011), 37-55.

인정의 기술

초판 1쇄 인쇄 2025년 6월 25일
초판 1쇄 발행 2025년 6월 30일

지은이 캐럴라인 플렉
옮긴이 정미나
펴낸이 오세인 | **펴낸곳** 세종서적(주)

국장 주지현
편집 최정미 | **표지디자인** co*kkiri | **본문디자인** 윤영미
마케팅 조소영 | **경영지원** 홍성우

출판등록 1992년 3월 4일 제4-172호
주소 서울시 광진구 천호대로132길 15, 세종 SMS 빌딩 3층
전화 (02)775-7012 **마케팅** (02)775-7011 | **팩스** (02)319-9014

홈페이지 www.sejongbooks.co.kr | **네이버 포스트** post.naver.com/sejongbooks
페이스북 www.facebook.com/sejongbooks | **원고 모집** sejong.edit@gmail.com

ISBN 978-89-8407-875-8 03190

- 잘못 만들어진 책은 바꾸어드립니다.
- 값은 뒤표지에 있습니다.